国外毛泽东研究译丛

主编 石仲泉 萧延中

Marxism, Maoism and Utopianism: Eight Essays

马克思主义、毛泽东主义与乌托邦主义

典藏本

[美] 莫里斯·迈斯纳 著
Maurice Meisner

张 宁 陈铭康 等 译

中国人民大学出版社

·北京·

出版说明

　　毛泽东是举世公认的 20 世纪最为重要的革命家、政治家和思想家之一，也是一位颇富个性的诗人。鉴于他对现代中国之思想、制度和社会所产生的深远影响，也鉴于他对建构 20 世纪国际政治格局所产生的重要作用，数十年来，对毛泽东本人及其思想体系的研究已经成为一个具有长久意义的学术领域。毛泽东研究不仅是中国的，也是世界的。尽管国外的毛泽东研究在理论目标、分析方式、社会功能和学术立场等方面与国内存在差异，但在全球化之"现代性"和比较政治学的宏观视角上，其研究成果，应当被看作毛泽东研究整体的一个重要组成部分。

　　基于这样的一种视域和理解，在毛泽东诞辰 120 周年之际，我们在众多国外毛泽东研究的学术著作中，精选翻译了这套"国外毛泽东研究译丛"，首先旨在推进毛泽东及其思想研究的深入扩展，同时也期望为人们进一步审视和反思 20 世纪人类的"现代性"过程，提供一个侧面的资料支持。

"国外毛泽东研究译丛"是编委会与中国人民大学出版社精心合作的科研出版成果。华东师范大学中国当代史研究中心的诸位专家，为本译丛的持续和拓展做出了大量建设性的贡献。秉承学术研究的基础准则，我们注意精选那些经过时间检验，具有较强理论价值和持久影响，持论公允、论说严谨的研究著述。对于那些具有严肃治学精神和审慎论证的学术作品，即使与我们的学术观点不尽一致，也在选择范围之内。

"国外毛泽东研究译丛"的作者都是享誉世界的知名专家，他们慷慨允诺我们翻译其各具特色的学术名著，是促成此一国际学术交流盛事的基础要素。国内各位权威专家慨然允诺担任译丛的顾问，是对我们译介工作的肯定和支持。审读专家们对选题和译文所提出的多方面的修改意见，也是译丛能够顺利出版的重要条件。在此，我们向上述所有关心、支持译丛翻译出版的专家、学者和单位，一并表示敬意和谢意。

对书中出现的引文，编译者采取如下的文献处理原则：凡国内有对应的公开发表的毛泽东著作，均按中文版本原文进行核校；凡属毛泽东文稿，但未公开发表者，按相关文献进行核校，如凡引用日本学者竹内实主编《毛泽东集》和《毛泽东集补卷》者，按该书进行核校；凡属不能确定是否为毛泽东著作的引文，则尊重原作者的引文，未加处理，如凡引用《毛泽东思想万岁》和国外报刊报道的文献，一律按外文原文译出。

译介工作本是一件永远达不到尽善尽美境界的苦差，语际书写过程中的误读、遗漏和错置，以及特定条件的局限所带来的问题等都在所难免。我们恳切期望和真诚欢迎来自国内外专家学者以及广大读者的指教和批评。

编委会

2013 年 8 月

中文版序

　　中国的马克思主义者面临着一个严酷的悖论。在人民共和国早先的几十年间，那时中国还很贫困，物质匮乏成为其追求社会主义的前提条件，未来共产主义乌托邦的各种景象还具有强大的生命力。今天，当中国从经济匮乏状况急速转变到一种相对富裕的境域时，未来社会主义社会的乌托邦景象则几乎被人们遗忘。正当社会主义的客观情景被逐渐现实化之时，建立一个社会主义社会的主观意志则有所消解。

　　如何解释这种不和谐呢？对许多观察者来说，这个貌似真实的悖论能被简单地加以阐明。在马克思的乌托邦阅读与经济不发达的联想之间，历史地存在着一个合乎逻辑的组合，对此存在着广泛的争议。这些观察者的观点被称之为具有影响力并被泛化了的"现代化理论"。

　　这种理论认为，马克思主义的诉求与其说是针对发达资本主义国家的无产阶级，毋宁说主要是针对一个前工业社会无政府主义的各种冲动和人们的心理现象，这种社会则仅仅开始一个现代工业主义痛苦的旅程。按照这种理论的说法，马克思主义所针对的问题，是在早期工业化社会中，人们根除传统经济模式的主观意愿和满足社会生活的心理需要，这种意愿和需要表达了一种被浪漫化了的，但却又是一种无可奈何的殇逝乡愁，并刺激出了平等主义乌托邦的未来幻梦。与此同时，马克思主义被知识精英所独占，并被发展成为一种形式上的意识形态。但是当下的这次现代工业进化已经发展到如此充分成熟的阶段，以至于马克思主义已失去了其历史的"活的灵魂"（raison d'etre）。教义变成了仪式，并最终逐渐褪色消失。正如马克思所说的资本主义生产者在无产阶级的形式中生产了自己的掘墓人一样，现在，马克思主义自身也在为现代工业社会创造物质基础的形式中生产出了对自己的否定。

这种理论还认为，无论在何种意义上，马克思主义关于资本主义生产者在无产阶级的形式中生产了自己掘墓人的这一命题，是在不发达的经济土壤中开花结果的。在这里，它被转换成一种"发展的意识形态"（即与"批判的意识形态"相对应的新形态——译者注），并需要得到特别的关注。被马克思主义所激发的、具有社会主义倾向的各式革命，已经被限定在经济上落后的国家之中，这毕竟是20世纪历史的一个显著事实。而且根植于这一土壤之中的社会主义政权，在经过一个工业发展时期之后，已经或早或迟地把自己容纳进了占优势地位的世界资本主义秩序的规范之中。

总之，几乎所有各种版本的"现代化理论"都假定，一个充分发展的经济，无论对于马克思主义，还是对于任何形式的乌托邦主义来说，都是无益的。这种争论正在由它所唤起的准辩证法意象的形式（意指所谓"马克思主义自身也在为现代工业社会创造物质基础的形式中生产出了对自己的否定"——译者注）中进行着。

然而，在我看来，虽然这些争论目前仍然被充分地关注，但我们没必要对此纠缠不休。因为这样就将把人类交付给久远的资本主义未来去托管。这种未来当然是一种广泛的假设。借用资本主义和"自由主义"所预期的普世性话语来说，就是人们已经（通过各种各样的方式）高声预言：我们正在迈向"历史的终结"，未来肯定是一个当下之逐渐延伸的平庸信念。但是，对于那些把历史视为过程而不是停滞的思想来说，"历史终结"的观念则是一种沮丧的期待。而且，这种关于历史在其现行资本主义阶段已经走到了顶点并且已经终结了的假设，使人特别地悲哀。然而，就资本主义而言，其自身巨大的生产力已经带来了不断拓展的开发、日益增长的异化、各民族间怪异的不平等，以及更加致命和愈加频仍的战争，而且这些都在一个日益增加且规模极大的范围内持续地展开着。那些能创构不同且更好未来的人们，假如你愿意的话也可称他们为"乌托邦徒"（"utopians"），将会拒绝关于在现行美国这一占主导地位的资本主义典型化身之中，历史已经走向终结的观念。

对那些不屑于"历史终结"诡称而继续为完全崭新和真实的人类世界努力奋斗的读者来说，这本书的中文译本将会对他们有所助益，这也是作者所期望的。但也必须承认，这部由8篇论文所组成的论著，对于未来所提供的消极教训要多于积极范例。这些论文大多数是在社会主义景观曾经昌盛之时，对于现代中国历史的一个时代所做的研究，是关于当乌托邦期望远远超越了其赖以实现之物质基础之时所发生的事情。"大跃进"运动（campaign）的悲剧就是这种多重不和谐所造成的必然后果。

然而，今天的中国正在开始享受半个世纪巨大经济进步所产出的果实。或许，新生的几代人将会着手把新增的物质成就与旧有的社会主义期望结合在一起。把成长中的物质丰盛与经一个多世纪奋斗所锻造出来的强劲革命传统相结合，这可能是给中国在现代世界历史中实现马克思的社会主义和民主理想，提供的最好机会。

莫里斯·迈斯纳

2003 年 12 月于美国威斯康星州

译者序

迈斯纳教授是国际知名的中国问题研究专家，美国威斯康星大学历史学教授，毕业于美国芝加哥大学，现为美国历史学会会员、亚洲研究协会会员。他长期从事中国近现代思想史、中国马克思主义思想史和中共党史的研究工作，从20世纪60年代后期开始，围绕毛泽东的思想与乌托邦社会主义的关系问题进行了广泛的研究。这方面的主要著述有：《李大钊与中国马克思主义的起源》、《中国共产主义理论中的苦行主义价值观和乌托邦目标》、《列宁主义和毛泽东主义：中国马克思列宁主义的某些民粹派观点》、《毛泽东主义的乌托邦思想和中国社会的前途》等。读者现在看到的这本《马克思主义、毛泽东主义与乌托邦主义》，是他在这一研究领域所撰8篇论文的合集，比较系统地反映了他的观点。此书英文版1982年问世，以后又得到多次再版。此后，迈斯纳教授又出版了长篇巨著《毛泽东的中国与后毛泽东的中国——中华人民共和国史》。其研究著述以理论逻辑的一致性和鲜明的个性表达而著称，在国际学术界产生了相当大的影响。

迈斯纳教授的这本文集，用了较大的篇幅，探讨毛泽东晚年的失误同他在社会主义问题上的乌托邦观念的关系。迈斯纳教授对毛泽东的某些乌托邦观念的理论实质，产生的思想和历史原因，在政治经济理论、价值观、理想及社会生活各方面的种种表现形态，做了富有深度和特色的系统分析。他的这种分析，给我们提出了许多有必要进一步研究的问题。例如，他认为："如果说毛泽东主义没有在中国创造出一个真正的社会主义社会，那么它确实造成了一个持久动荡的革命形势，为达到（或至少是追求）马克思主义的社会主义目标提供了可能性。如果马克思要改变世界而不是简单地解释世界的指令是衡量一个革命的马克思主义者的标准的话，那么，与列宁主义者相比，毛泽东最后或许可以被认定是一个更好的马克思主义者。……假如毛泽东的非列宁主义的（和非马克思主义的）民粹主义思想，最终会以某种方式来推进中国对马克思主义预言的乌托邦社会目标进行探索的话，那么，这可能是一切悖论中最为奇怪的一个。"（见本书第 90 页）此段论及毛泽东在中国对马克思主义的创造性发展，迈斯纳教授用自己独特的语言对其进行了富有深意和比较中肯的理论概括。诸如这样的评论，在本书处处可见，恕不赘引。

特别值得提及的是，在这部名著中，迈斯纳教授还通过自己独特、清晰的思想史分析，透视了中国改革开放的现实进程。他认为，现代化建设与社会主义并非同义语，并注意到在这场巨大的历史转型过程中，可能会出现诸如腐败和两极分化等令人十分忧虑的现象。其本质是对西方世界普遍的"现代性"症候的深刻透视。在以后的许多论文和辩论中，迈斯纳教授始终如一地坚持自己的这一观点，并反复声明他自己的观点是基于对马克思本人理论原理的真正理解和时代解读。现在看来，迈斯纳教授的"问题意识"是深刻的，并且他提出的"问题"已经引起了中国社会上下的高度关注。一位西方学者早在 20 多年前就能对此问题有所觉察并提出尖锐的批评，这一方面说明了理论认识的重要性，同时也表明一位严谨学者的思想洞见，这无疑是十分难能可贵的。在研究方法上，迈斯纳教授广泛运用的比较研究法也是值得赞许的。他以马克思、列宁有关社会主义的论述作为参照系审视毛泽东的观点和思路，确实有助于人们拓展思维空间和理论视野，深化对问题的思考，值得国内理论界借鉴。我们更看重迈斯纳教授提出的问题、观察的角度和研究的思路所具有的独特性，这将促使我们进行更为深入的思考和探讨。历史是客观的，只要是为社会进步而向历史寻求智慧，即使是对立观点的激烈碰撞，也会以迸发出的火花为我们照亮探索的道路。

这些都是我们选择译介此书的重要理由。

作为严肃的学术研究，我们也认为迈斯纳教授有些观点的立论值得商榷。例如，他认为，毛泽东在社会主义问题上的乌托邦观念的实质，是否认或忽视社会化生产力的决定作用，试图在一个落后的农业社会中建立社会主义制度；正是以此为基点，毛泽东才在社会主义革命和建设依靠力量问题上形成了实际上轻视工人阶级而重视农民的倾向，在经济发展战略上形成了立足农村的反城市倾向，在实际工作中形成了夸大主观能动性的唯意志论倾向。我们认为，一方面，迈斯纳教授的有些观点不是不可以继续研究的；但另一方面，也不能不指出一些基本的事实。毛泽东是在马列主义普遍原理指导下从中国的具体国情出发思考社会主义革命和建设一系列问题的。毛泽东的观点和思路无疑带有浓厚的中国特色，但在社会主义要不要以社会化大生产为基础这个问题上，他却从未对科学社会主义的基本观点产生过怀疑。无论在戎马倥偬的战争年代，还是在新中国成立之后，毛泽东都反复强调中国迅速实现工业化的重要性和迫切性，并一再以近百年来中国因落后而备受屈辱的惨痛事实唤起人们对此的高度重视。至于怎样才能使中国从落后的农业国变成先进的工业国，在不同的历史时期，毛泽东则有不同的考虑。毛泽东关于新民主主义社会的构想，实质上是要以这种过渡性的社会形态替代完整的资本主义发展阶段，为社会主义创造必要的社会物质条件；毛泽东提出的过渡时期总路线实际上表明他形成了生产力发展和生产关系改造可以同步进行的新思路；在进入全面建设社会主义的历史时期之后，毛泽东探索的则主要是如何在新制度下迅速发展生产力的方法问题。尽管这种观点和思想在某些具体问题上确有脱离实际的缺陷和失误，但它们在整体上毕竟体现了科学社会主义的基本原理，反映了中国革命的特殊规律。

在社会主义革命和建设的依靠力量的问题上，也应指出如下事实：第一，无论在革命战争年代还是在和平建设时期，毛泽东都坚定地以无产阶级作为领导力量，对此从未有过任何怀疑。第二，由于农民在总人口中占很大比重，无产阶级在革命和建设中必须以广大农民作为最可靠的同盟军，领导他们共同前进。这是毛泽东的一贯思想。这种思想完全符合中国社会的实际情况和科学社会主义关于工农联盟的理论。第三，毛泽东对个体农民既是劳动者又是小私有者的两重性，始终有清醒的认识，因此他在社会主义革命即将开始时一再告诫全党，"严重的问题在于教育农民"。第四，长期在农村从事革命斗争的经历，无疑使毛泽东更了解农民，并有意无意受到农民意识的某些影响，但显然不能就此得出毛泽东只是代表和依靠农民的结论。

迈斯纳教授是在马克思早期关于社会异化的理论框架内评述现代中国的伟大社会改革的。作为中国改革开放的亲身经历者和历史见证人，我们虽然理解和尊重迈斯纳教授严谨的理论推导，但是仅在美国中部安静的书斋里，是推导不出13亿人应该如何走向社会主义和共产主义的基本结论的。常识告诉我们，任何收益都同时意味着付出代价。绝对的理想状态只是准则而不是教条。对迈斯纳教授把改革开放所必须付出的代价与这场伟大变革所创造出来的多方面价值等量齐观，甚至把改革开放的理论同毛泽东的思想和现代化建设做简单二元对立的观点，我们不能表示认同。对于书中其他类似的观点，我们相信中国的广大读者能够做出正确的评估和判断。

最后，我们要提醒读者注意一个涉及历史分析的学术术语的使用问题。迈斯纳教授著作中所使用的一个核心分析概念是populism，通常译为"民粹主义"。把19世纪俄国"民粹主义"的思想体系的分析方式和话语路径直接引用到现代中国历史情境中，需要学术界进一步细致地探讨。正如有学者指出的那样：

在社会现代化过程中可能产生的民粹主义与其说是一种独立的意识形态或政治体制，还不如说是一种超意识形态和超政治体制。正如有人形象地所说的那样，它是一种"政治涂料"，它可以涂在截然相反的不同意识形态和政治体制上。迄今为止，它不仅与自由主义、保守主义、民主主义等联姻，而且也与法西斯主义、民族主义、权威主义等结合；它不仅为社会党、民主党、共和党和绿党所使用，也为法西斯主义者、无政府主义者、皇权主义者和政治野心家所运用。民粹主义是一种极为复杂的现象，它有左的一面，又有右的一面，有进步的一面，又有反动的一面，有先进的一面，又有落后的一面。它有民主的内涵，但最终极可能走向专制独裁；它有爱国的情调，但常常导致极端的民族主义；它反对精英政治，但结果经常是个人集权；它貌似激进，但实质上经常代表保守落后的势力。因此，民粹主义对于现代化和社会进步来说，或许是福音，但很可能是祸害。[1]

作为美国的马克思主义学者，迈斯纳教授为描述和分析毛泽东的有关思想，做了大量理论准备工作和文献资料的梳理，这是本书具有一定学术价值的基础。作者在运用史料方面存在某些缺陷，一些立论的引证往往不够准确全面，对毛泽东某些观点的描述失实，把一些不属于毛泽东的观点当作分析毛泽东的思想的依据。当然对于西方学者，我们对此不应予以特别的苛求。由于文化背景和思想体系的不同，要求迈斯纳教授对所有问题都做出符合中国人思想习惯的价值判断，不仅是不切实际的，而且也有悖于译介事业的基本宗旨。

本书根据美国威斯康星大学出版社 1982 年英文版译出。参加翻译工作的有：陈葆华（第一、二章）、田松年（序、第三章）、朱宝宪（第四章）、平新乔（第五章）、赵立平（第六章）、张宁（第七章）和梁刚（第八章）。参加校订工作的有：张宁（序、第一、二、四、六、八章）、陈铭康（第三、五、七章）、陈启伟（第一章部分）和张爱茹（第七章部分）。前此，本书已由中央文献出版社以《毛泽东与马克思主义、乌托邦主义》为名出版，内部发行。此次公开出版，由本"译丛"编委会组织人员，根据原著对译文做了逐一校译，纠正了若干笔误。中国人民大学国际关系学院的魏万磊同志补译了参考文献和全书索引，并对引文做了再次核对，统一了全书的核心概念和关键术语。

　　由于水平所限，本书的翻译和编审工作难免有不妥之处，敬请读者指正。

"国外毛泽东研究译丛"编委会

2004 年 10 月于北京

目　录

序　　1

第一章　马克思主义与乌托邦主义　　1

第二章　毛泽东主义中的乌托邦社会主义论题:城乡关系　　21

第三章　列宁主义和毛泽东主义:中国马克思列宁主义的

　　　　若干民粹主义观点　　58

第四章　毛泽东主义中的乌托邦目标与苦行价值观　　91

第五章　巴黎公社在中国马克思主义者思想中的反映　　102

第六章　对毛泽东的崇拜　　121

第七章　毛泽东主义未来观中的乌托邦成分和非理想化成分　　143

第八章　乌托邦的形式化:毛泽东主义时代后的

　　　　中国马克思主义　　166

注释　　185

参考文献(一)　　209

参考文献(二)　　213

索引　　221

序

1981 年 6 月 27 日，在中国共产党成立 60 周年之际，毛泽东主义以后的中华人民共和国领导人，公布了他们拖延已久的对毛泽东在中国革命历史上地位的评价。中国共产党做出的冗长的决议，虽然断定毛泽东"对中国革命的功绩远远大于他的过失"，但对他最后 20 年的领导工作，仍然提出了严厉的批评。决议开了一个长长的清单，历数了毛泽东从"大跃进"运动到"文化大革命""浩劫"所犯的"左"倾错误及其造成的"封建专制主义"的恶果。按照官方的评价，毛泽东晚年最突出的错误之一，是曾被传统的马克思主义称之为"空想的"、"非科学的"那种政治和思想倾向。毛泽东被指责"夸大了主观意志和主观努力的作用"，沉溺于"脱离实际的"思想和实践方式，对共产主义理想境界的到来抱有完全不切实际的期望。

在谴责毛泽东主义的乌托邦思想方面，西方研究中国现代历史的学者，长期以来走在中国现在的政治和思想领导人前面。从 1958 年"大跃进"运动以来，大多数外国学者就认为毛泽东的思想和政策与可能是普遍必然的现代经济和政治发展过程完全不一致，是轻率的空想，荒谬的狂热。在毛泽东主义时代，有不少其他西方评论家曾在毛泽东主义中发现了非常之多的优点，但他们现在终于认识到，他们观察问题的方式是错误的（既然北京方面已正式揭露了这些错误），并且加入了对毛泽东的继任者奉行的新路线的普遍赞扬之中。研究人民共和国的中国学者和大多数西方学者，异乎寻常地同声称颂中国新领导人的"实用主义"和他们对"四个现代化"的认真追求。

像在北京领导人和外国评论家中流行的方式一样，把毛泽东主义的乌托邦思想丢进历史的垃圾堆，自然是非常符合时代的普遍倾向的。因为在我们生活的时代，对未来美好社会的乌托邦幻想，不仅在工业化的资本主义世界，而且在表面上是"社会主义"的世界中，已经差不多消失了。弗兰克·曼纽尔和弗里奇·曼纽尔敏锐地判定，如果先进的资本主义国家没有在自己技术的社会重负之下被压垮的话，它们就要忍受令人痛苦的自我矛盾：

> 正当新的、辉煌的科学力量变得对我们有用之时，我们却面临一种贫困——缺少对乌托邦的虚构想象……科学家告诉我们，他们现在能够以合理的精确度，略述在中间空虚的彗星或小行星上建立一个太空移民聚居地所必需的过程。但当描述人们在那儿将要做什么时，这个领域中最活跃的人物也只是在一个无重力的新环境中，为我们重现了包括花园俱乐部和其他一切在内的城市郊区。

两位曼纽尔有很好的和更充分的理由对如下现象大发感慨："制造一切可能的东西的科技手段的积累与可悲的目标贫乏之间脱节。"[1]

在某些共产党国家里，目标的贫乏同样令人可悲。在过去数十年里，很多人认为社会主义革命似乎是未来的希望，而现在则清楚地表明，社会主义社会并未产生。现代经济发展目标取代了马克思主义关于共产主义乌托邦的幻想——与此相应，某些官方的马克思列宁主义学说，几乎变得和一些现代流行的思想别无二致。而思想宣传仅仅用来掩盖官僚主义作者们陈腐的民族主义目的。"社会主义"国家都是世界工业舞台上的后来者，它们仿效资本主义前辈"积累着技术手段"，上演着历史的模仿剧。

我们的时代，是共产主义国家和资本主义国家同样经历着可怜的目标贫乏和令人震惊的缺少幻想的时代。对于想象人类的未来要比现代工业社会包含更多假定的"合理性"的人们来说，匆忙地称赞中国和其他地方的乌托邦思想的再现，也许还不是时候。毛泽东主义的乌托邦思想的烙印可能不再和政治有任何关联，但它确实具有历史上的意义，它的意义应当用历史上的和从人的角度能理解的语言来领会。把毛泽东的乌托邦思想作为一种不幸的历史失误加以消除——不管由正统的马克思主义、列宁主义者还是由公认的"现代化过程"的理论家来完成这种消除——无助于促进人们理解过去，也不会像以往那样，为那些仍然憧憬和争取新的更美好的未来的人们，提供本来必需的指导。

本书是一个探索，或更确切地说，是一系列从不同的理性和历史的出发点探索毛泽东主义思想中那些空想方面的互相联系的过程。它首先是关于毛泽东主义的思想史的研究，应当着重指出，这个研究限于（和限定在）与毛泽东的思想的空想方面直接相关的论题和问题上。当然，毛泽东还有许多其他方面的思想，但从整体上讨论毛泽东主义的理论或由它而来的政治实践，不是眼下进行的探索的目的。但毛泽东思想的空想方面在历史上并不是无关紧要的，本书也不希望仅仅是一种思想史方面的研究。虽然毛泽东的"空想"确实背离了马克思主义和列宁主义的正统观念，但下列各章将会表明，这对于将马克思主义理论的主要遗产改造为在现代中国历史环境中切合革命需要的学说，还是必不可少的。我还要进一步指出，在革命胜利后人民共和国的历史中，很多独具特色的东西之所以形成，同 1949 年之后毛泽东的乌托邦思想有着千丝万缕的联系。毛泽东主义的乌托邦思想不是舶来的思想珍玩，而是一种与现代和当代中国的社会政治历史紧密相关的历史现象。

本书的目的不在于评估毛泽东主义时代的历史成果。在早先的一本书里，我提出了我一直坚持的看法——毛泽东主义试图在一个经济落后的国家建设社会主义社会，并且断言，尽管这个尝试在历史上值得注意，但人们最终将会发现它离目标还很遥远。[2] 毛泽东

xii

像大多数革命家一样——也许比他们更为热心——竭力要在他的时代获得在历史上不可能达到的东西，以便获得可以得到的东西。但凡历史评价，无论哪一种，总想切近毛泽东和毛泽东主义的时代（历史评价没有一锤定音的）。毛泽东主义的时代将作为伟大的乌托邦插曲之一记载在世界历史上，试图理解马克思主义在现代世界的命运和乌托邦主义的作用的人们，不管其政治信仰如何，都将继续关心毛泽东主义的历史。在经历了缺乏乌托邦憧憬的年代之后，这也许是值得回顾的历史。

本书的八章中有五章原来曾作为文章发表过。感谢这些文章原来的出版者，他们同意我将这些文章收入现在这本书中。这五篇文章（第二、三、四、五章和第七章）是在"文化大革命"期间——现在北京称之为"十年浩劫"的时期写成的，它们无疑带有那个时期的痕迹和缺点。但既然我现在和当时对毛泽东主义性质的看法实质上是一样的，我就不打算为在历史上充当事后诸葛亮所能偶尔得到的可疑的好处去重写它们。除了风格上的变化以外，它们在内容和阐述方面仍保持了原先写作的样子，未做任何剪裁来适应当前流行的说法。有三章（第一、六和八章）是专门为本书准备的。

xiii 谨向威斯康星大学研究院学术研究委员会和社会科学研究理事会致谢，他们给我提供了写作本书的大部分自由时间。我特别感谢林恩·卢伯克曼，他的意见和洞察力对本书的内容有很大贡献。此外，他为筹备本书的出版做了大部分必需的工作。我也要感谢威斯康星大学出版社总编辑伊丽莎白·斯坦伯格，她是使我思想振奋、得到精神鼓励的永久源泉。我把这本书满怀深情地献给我的儿子杰夫，他将把对现代技术带给人类的益处的赞赏同对一个更美好的新世界的社会幻想结合起来。

莫里斯·迈斯纳
于威斯康星州麦迪逊市
1981 年 8 月

第一章

马克思主义与乌托邦主义

一、历史与乌托邦

刘易斯·芒福德有一次曾经指出，"乌托邦"一词既可以用来指人类希望的顶峰，又可以用来指人类愚蠢的顶峰。芒福德还指出，托马斯·莫尔在他著名的著作中把这个词引入了现代政治论述，并指出其两种截然不同的希腊语来源：*eutopia* 的意思是"福地乐土"，而 *outopia* 的意思是"乌有之乡"，从而意识到这个词的两种含义。[1]

"乌托邦"的词意含糊——既表示努力追求"福地乐土"的崇高，又表示寻找"乌有之乡"的徒劳——反映了乌托邦思维方式固有的含混性以及它同历史的含糊不清的关系。因为乌托邦是超历史的道德理想的产物，道德要求与历史现实之间的关系是一种最微妙而不确定的关系。乌托邦是人类所希望的完美的前景，而历史则是人们正在创造的不完美的前景，它们两者并不是一致的。正是由于这种不一致的意识才赋予乌托邦思想以道德感伤的意义及其历史的含糊性。在道德上，乌托邦或许是"福地乐土"，而在历史上，它却可能是"乌有之乡"。

然而乌托邦一词的模糊含义恰恰是它的优点，而不是它的缺点。正因为乌托邦在历史上从未实现过——它的确是某种在历史上未必会有而且也许是不可能实现的东西——才赋予乌托邦思想以理智的和历史的持续活力。乌托邦幻想的历史意义和效用一直为人们所注意。乌托邦关于世界应该如何的概念与现实的世界发生抵触，就产生了马克斯·韦伯所谓"现实存在与理想"之间的紧张感，同时也对未来产生一种希望感，从而为人类企图按照自己的理想改变世界的活动创造了基本前提。[2]

历史的动力（而且的确是一种历史必然的动力），不是乌托邦的实现，而是对它的奋力追求。正像韦伯曾经指出的："人们必须一再为不可能的东西而奋斗，否则他就不可能达到可能的东西了。"[3]也正像卡尔·曼海姆所警告的那样："如果摒弃了乌托邦，人类将会失去塑造历史的愿望，从而也会失去理解它的能力。"[4]但是如果不同时摒弃历史和乌托邦，历史发展的进程就绝不可能完全按照乌托邦的模式来塑造。假如乌托邦业已实现，那么它也就失去其历史意义了。因为历史是一种不完美的状态，包含着过程和变化；而乌托邦是一种完美的状态，应当是静止的、不动的、无生命和枯燥的状态。如果乌托邦已然实现，就将标志着历史的终结。

在启蒙运动导入了把历史看作进步这种观念以前，乌托邦和历史的这种含糊不清的关系是不成其为问题的，或者至少还没被认为是一个问题，乌托邦思想充满了历史乐观主义。截至18世纪末叶，西方世俗的乌托邦思想的悠久传统，既不含有历史的期望，也不要求政治上的积极行动。正像朱迪思·希克拉曾指出的那样：从柏拉图到托马斯·莫尔先生及其效法者，乌托邦都是一个使人沉思而不是使人行动的超历史的范型；它是一种现实道德判断的准则，而不是一种对未来的规定。[5]各种古典的乌托邦反映了它们的创造者所处的历史条件，而且至少是常常隐含地对现存社会秩序的弊病给予彻底的批判，从这个意义上看，它们当然是"历史的"东西。卡尔·考茨基把托马斯·莫尔看成是"空想社会主义之父"[6]也许是错误的。但是他把莫尔《乌托邦》一书中描绘的理想社会的详细图景解释为16世纪英国的"针锋相对之物"[7]则大概是正确的。然而，如果莫尔把乌托邦这个孤岛想象成一种完美的社会秩序，那么他对这个理想的实现就不那么乐观了。莫尔忧郁地说，乌托邦社会是"我所憧憬的，但并不期待它随后就能实现"[8]。他并没有号召人们采取政治行动去按照他煞费苦心设计出的理想社会改造英国。

既缺乏历史乐观主义又缺乏政治上的积极行动，这也是中国传统中的乌托邦倾向的特点——至少在帝国主义侵入和中国接纳现代西方观念和意识形态从而使中国传统文化发生崩溃以前是如此。著名的儒家"大同"（大和谐的王国）概念就属于一种理想化的不可复返的古代的朦胧境界。它被认为是不可复返的这一事实才使"大同"成为这样一个观念，它增强了而不是损害了儒家顺应往昔世界的愿望。两千多年来，儒学中并非正统的"公羊"思想在精神上和政治上都处于休眠状态，直到 19 世纪末才按照近代西方关于进步的观念和学说被重新解释为乌托邦式的思想。另外，世俗的道家乌托邦（这有别于流俗的道教，道教有时变成与农民起义相联系的救世思想），如庄子的"至德境界"，绝未摆脱道家主张的使社会政治活动减少至最低限度的训诫，也未摆脱道家对历史的谴责，即认为历史是对自然状态的疏远化，也是对人类自然状态的疏远化。[9]

一种具有重大历史意义的世俗乌托邦思想在中国有可能出现以前，在西方就已呼之欲出了。但直到近代资本主义、启蒙运动和法国革命这三大冲击把乌托邦和历史进步观念联系起来，世俗乌托邦思想才成为一种强大的历史力量。乌托邦和历史进步观念这二者的结合在马克思的思想中得到了最有力的表达。

二、马克思主义与乌托邦主义

马克思主义既代表了关于未来社会的乌托邦幻想的最强有力的方面，同时又对"乌托邦主义"提出了最猛烈的批判。一方面，马克思主义理论预言了人类从"必然王国"向"自由王国"的飞跃，这个飞跃将标志着由人类的"前史"向"真正的人类历史"的戏剧性的过渡，这个过渡将在共产主义社会中实现。尽管马克思和恩格斯不愿意详细描绘未来社会的图景（这是大家都知道的），但他们的确对未来共产主义社会的图景作了描述："在那里，每个人的自由发展是一切人的自由发展的条件。"[10]这个社会将把"各尽所能，按需分配"*的原则写在它的旗帜上。

马克思和恩格斯对他们所设想的共产主义乌托邦还有其他一些预见（glimpse），如在描述随着废除劳动分工制度而出现的自由王国时说：

> 在共产主义社会里，任何人都没有特殊的活动范围，而是都可以在任何部门内发展，社会调节着整个生产，因而使我有可能随自己的兴趣今天干这事，明天干那事，上午打猎，下午捕鱼，傍晚从事畜牧，晚饭后从事批判，这样就不会使我老是一个猎人、渔夫、牧人或批判者。[11]

对未来共产主义社会的这样一些乌托邦的想象尽管在马克思、恩格斯的著作中是零星散见的，却构成了马克思主义理论的一个重要组成部分，它对于理解马克思主义在现代世界上的吸引力具有重要的意义。马克思所构想的共产主义社会中"全面发展的人"，能够以创造性的、相互合作的方式实现其全部人的潜力，"就好像（他有）一个脑一样"。尽管人们很难设想一个比马克思对"全面发展的人"的这种描绘更具有田园诗意的乌托邦幻想了，但马克思仍然把其他社会主义理论所阐述的未来理想社会图景当作"乌托邦"加以谴责。在马克思主义传统中，"乌托邦"一词被赋予极其轻蔑的含义。在马克思主义的词汇中，凡属乌托邦的东西，充其量也不过是指对未来的空泛的幻想，而且常常是指反对历史进步要求和阶级斗争必然性的一些反动思想。

马克思既提出一个未来共产主义乌托邦的幻想，又把类似的一些社会主义的和共产主义的幻想谴责为"乌托邦的"（并且因而是反动的），这是怎么回事呢？尽管马克思认为当时那些空想社会主义者的有些方案是凭空臆造的、稀奇古怪的，但他未必反对他们著作中描述的种种社会理想。马克思也并没有把他们的乌托邦幻想作

* 《马克思恩格斯选集》，2 版，第 3 卷，306 页，北京，人民出版社，1995。通篇都是马克思对其未来社会理想所作的最动人的陈述。他写道："在共产主义社会高级阶段，在迫使个人奴隶般地服从分工的情形已经消失，从而脑力劳动和体力劳动的对立也随之消失之后；在劳动已经不仅仅是谋生的手段，而且本身成了生活的第一需要之后；在随着个人的全面发展，他们的生产力也增长起来，而集体财富的一切源泉都充分涌流之后，——只有在那个时候，才能完全超出资产阶级权利的狭隘眼界，社会才能在自己的旗帜上写上：各尽所能，按需分配！"（同上书，305～306 页。）

为原则上不可能的东西而加以拒绝。实际上马克思和恩格斯常常称赞那些乌托邦幻想家们的著作的社会批判作用。莫尔的《乌托邦》和康帕内拉的《太阳城》就被视为早期无产者革命斗争的最初的"理论表现"[12]，克劳德·亨利·圣西门、查尔斯·傅立叶、罗伯特·欧文的著作也受到了赞誉，因为"这些著作抨击现存社会的全部基础。因此，它们提供了启发工人觉悟的极为宝贵的材料"[13]。

如果说乌托邦思想家们在他们所处的时代中曾经起到过批判社会和历史进步的作用，那么现在他们的时代已经过去了。随着成熟的资本主义和成熟的现代无产阶级的出现，随着作为"无产阶级运动的理论表现"的马克思的"科学社会主义"的产生，坚持乌托邦社会主义思想方式已经成为工人阶级运动及其社会主义使命的障碍了。马克思和恩格斯指出："虽然这些体系的创始人在许多方面是革命的，但是他们的信徒总是组成一些反动的宗派。这些信徒无视无产阶级的历史进展，还是死守着老师们的旧观点。"[14]乌托邦社会主义者之所以成为马克思主义者所谓的"空想家"，不是因为他们所追求的目的，而是因为他们缺少达到那些目的的适当的手段。按照马克思的说法，乌托邦社会主义思想体系中手段与目的的矛盾是历史作用的结果，更确切地说，是产生那些思想的未充分发展的历史条件的反映。的确，马克思对乌托邦社会主义的批判在本质上是对乌托邦社会主义者们不了解现代历史的作用的批判，他们不承认历史所强加的限制，也没有估计到历史提供的可能性。

马克思所谴责的乌托邦社会主义思维方式，其特点不是对历史的信念，而是（从 18 世纪法国哲学家那里继承下来的）对一种永恒的理性王国的信念，他们很有自信地假定，这个理性王国一旦获得正确的理解，就能按照乌托邦的理想改造社会历史现实，从而使世界符合于理性的要求。因而，乌托邦主义者特别强调人类的意志，尤其强调那些持有真理和理性的天才人物的适时出现，这些天才人物的思想和行为通过道德的榜样和按照理性的指示形成的社会典范的感召力，会自然而然地吸引人的善良的天性。这些想法反映了他们不能把历史看作一个客观过程，也不能在道德理想和历史事实两者之间建立起任何紧密的联系。正像恩格斯在诊断空想社会主义者的心理状态时所说的那样：

> 真正的理性和正义至今还没有统治世界，这只是因为它们没有被人们正确地认识。所缺少的只是个别的天才人物，现在这种人物已经出现而且已经认识了真理；至于天才人物是在现在出现，真理正是在现在被认识到，这并不是历史发展的进程所必然产生的、不可避免的事情，而纯粹是一种侥幸的偶然现象。这种天才人物在 500 年前也同样可能诞生，这样他就能使人类免去 500 年的迷误、斗争和痛苦。[15]

因此，对于乌托邦社会主义者来说，社会主义并不是历史的产物，而是绝对真理的偶然表现。如恩格斯指出的：这样的真理"是不依赖于时间、空间和人类的历史发展的，所以，它在什么时候和什么地方被发现，那纯粹是偶然的事情"[16]。在乌托邦社会主义概念中，乌托邦社会的到来是听凭人类自由意志支配的，自由意志的运用是不受历史条件制约的。与此相反，在马克思主义的理论中，正是历史条件规定和限制着人类要改变世界的愿望和思想的力量，因而，社会主义的完成是依赖于人类业已创造的社会历史发展阶段的。马克思的经典表述是："人们自己创造自己的历史，但是他们并不是随心所欲地创造，并不是在他们自己选定的条件下创造，而是在直接碰到的、既定的、从过去承继下来的条件下创造。"[17]

马克思和恩格斯并没有因为早期乌托邦社会主义者确曾相信那些用真理武装起来并受正当愿望鼓舞的人能够"随心所欲地"创造一个完满的秩序而谴责他们。因为早期社会主义者的思想不可能超越时代加于他们的种种限制。他们是处在现代工业刚刚萌芽、无产阶级还处在摇篮的时代。早期社会主义思想反历史的和"空想的"特征反映了 18 世纪末资本主义的这种不发达状况，正像恩格斯对马克思主义的见解所做的概括那样：

不成熟的理论，是同不成熟的资本主义生产状况、不成熟
的阶级状况相适应的。解决社会问题的办法还隐藏在不发达的
经济关系中，所以只有从头脑中产生出来。社会所表现出来的
只是弊病；消除这些弊病是思维着的理性的任务。于是，就需
要发明一套新的更完善的社会制度，并且通过宣传，可能时通
过典型示范，从外面强加于社会。这种新的社会制度是一开始
就注定要成为空想的，它越是制定得详尽周密，就越是要陷入
纯粹的幻想。[18]

然而，无论乌托邦主义者的思想与历史现实相距多远，也无论
他们对未来的幻想多么奇妙，仍然应当把他们视为在当时起过历史
进步作用的人物而加以称赞，他们的确也被誉为"社会主义创始
人"。恩格斯说："使我们感到高兴的，倒是处处突破幻想的外壳而
显露出来的天才的思想萌芽和天才的思想"[19]。

因此，马克思和恩格斯所批判的不是乌托邦主义者对社会主义
未来的乌托邦式的追求，而是他们在充分发达的资本主义时代，在
资本主义社会的产物即现代无产阶级已经开始登上历史舞台时，仍
然坚持乌托邦的思维方法。早期乌托邦主义者不能认识历史对未来
社会主义乌托邦的实现所加的种种限制，他们的后继者则更不能认
识到现代资本主义历史时期为社会主义提供的种种可能性。资本主
义的本质和它所带来的、过去隐藏着的解决社会弊病的办法现在已
显而易见了，并已为马克思主义的科学思维所彻底揭示了。马克思
指出，现代资本主义为社会主义打下了物质基础，同时也产生了能
建设未来社会主义社会的革命阶级——注定要成为全人类解放的实
行者的现代无产阶级。然而现代乌托邦主义者既不理解资本主义的
历史作用，也不理解无产阶级的革命作用。乌托邦主义者只看到了
资本主义所犯的种种罪行，却看不到它为社会主义提供的可能性。
在无产阶级身上，他们看到的只是在资本主义社会中深受剥削的一
部分人，却看不到它是一个注定要成为社会主义未来的承担者、具
有潜在创造力的革命阶级。马克思指出，乌托邦社会主义者"看不

11

到无产阶级方面的任何历史主动性，看不到它所特有的任何政治运动。……在他们的心目中，无产阶级只是一个受苦最深的阶级"[20]。

正是由于没有认识到马克思主义理论规定为社会主义的实际历史基础的东西——主要是指资本主义是社会主义的基本前提、无产阶级是以把资本主义包含的各种社会主义可能性转化成一个完整的社会主义现实为历史使命的革命阶级这两个论点——"乌托邦"这个词才在马克思主义词汇中成了贬义词。

乌托邦主义者拒绝接受马克思主义的这两个基本假设，在逻辑上还伴有乌托邦社会主义思想特有的其他一些特征，即认为天才人物的思想和愿望是重新塑造社会历史现实的决定性因素；认为社会主义能够通过道德示范、通过建立社会小区域的典型试验、并通过向全社会作道德呼吁来实现；以及一种给未来社会主义乌托邦描绘详尽周密图景的嗜好。根据马克思主义的观点，乌托邦社会主义的计划与现代历史现实相背离，充其量不过是对所谓"乌有之乡"的一种徒劳的探求。最糟糕的是，在现代工业时代，乌托邦社会主义已经堕落成了一种仅仅用以缓和阶级斗争的反动思想体系，因而它阻碍了马克思所说的"现代历史的进程"*。

如果说马克思主义对乌托邦主义的批判主要集中在乌托邦社会主义倾向于依靠思想的力量而不是依靠历史的力量这一方面，那么，这并不是因为马克思和恩格斯否认思想和理想在创造历史中的作用。马克思主义奠基者们如此详尽地批判乌托邦思想这个事实本身就表明，在实现社会主义方面，他们赋予思想以重要的意义。马克思主义理论本身绝没有克服乌托邦的二重性，即作为应然之物的道德理想和现实事物的历史必然规律之间的对抗。因为，我们确实可以设想，马克思在宣告共产主义的历史必然性之前就已经得到了共产主义在道德上是可以向往的结论。然而，正是通过把道德上可向往的东西同似乎有理由证明为历史必然的东西联系起来，马克思才使得乌托邦主义成为现代历史中这样强大的一股力量。马克思主义远没有破坏乌托邦主义对完美的未来社会秩序的幻想，而是使社会主义未来成为似乎是现在正在发生作用的客观历史过程的逻辑的

* 《共产党宣言》题为"社会主义的和共产主义的文献"的第三部分对空想社会主义进行了最严厉的马克思主义的批判。（参见《马克思恩格斯选集》，2版，第1卷，302～305页。）后来列宁对民粹派分子进行了类似的批判，民粹主义是空想社会主义19世纪以来在俄国的主要代表。

和必然的结果，从而强化了乌托邦主义。共产主义乌托邦已不再仅仅是对一个可能在历史上是"乌有之乡"的境界的梦想，而是一个在被历史所保证的未来（或者至少是如果人们根据历史提供的可能性去行动就有保证的未来）有其现实存在的"幸福"。对于马克思和恩格斯来说，共产主义"是那种消灭现存状况的**现实的**运动。这个运动的条件是由现有的前提产生的"[21]。

因此，马克思主义和乌托邦之间的关系具有两重性。一方面，马克思主义设计了一个据说蕴涵在当时历史中的共产主义未来的乌托邦幻景；另一方面，马克思主义又把许多社会主义的观念和幻想谴责为"乌托邦的"，他把这些思想同资本主义的早期阶段联系起来，认为它们是前工业社会落后条件的不成熟的思想反映，并认为它们是与现代历史"实际活动"相脱离的。

在以后各章里出现的"乌托邦主义"一词，都是既在马克思主义的积极意义下又在其消极意义下使用的，因为这两重意义都关系到对本书研究的课题即毛泽东思想的理解。作为马克思主义的中国形态，毛泽东主义（在西方世界"毛泽东主义"为人们所知，中国官方经典的说法则叫"毛泽东思想"）是继承并在某些方面改造了马克思主义对未来共产主义乌托邦的积极的幻想，同时又是带有马克思和恩格斯轻蔑地称之为"乌托邦"的许多特征的一种学说。

在说明乌托邦主义在现代历史中的作用时，除了马克思主义理论中所提出的那些问题外，还有其他一些争论问题。在开始研究"毛泽东主义"的乌托邦思想特征之前，我们先简单考察一下这种更广泛的历史问题，这也许是有益的。

三、乌托邦主义与现代社会理论

"乌托邦"既是"福地乐土"又是"乌有之乡"。西方学者大都采用后一含义，忽视前一含义。

"乌托邦"的东西，正像这个词的通常用法那样，是指原则上不能实现的东西。由此可见，那些力求达到"不可能的东西"的人

们至多是一些在追求"乌有之乡"的无望的白日做梦者，或常常不
过是一些被驱使去作出非理性行动的危险的狂热派。现代西方思想
和学术的主流大抵是把乌托邦的思维方式与被赞为"理性的"、"现
实主义的"、"有理智的"、"经验的"和"实用的"思维方式相对照
的。因此，人们经常警告我们要注意乌托邦的幻想和普救众生式的
预言侵入现实世俗政治领域的危险，并鼓励我们为乌托邦的愿望和
思想体系的消失而喝彩，也为它们的残存和复兴而叹惜。J. L. 塔
尔蒙、诺曼·科恩、汉纳·阿伦特、卡尔·波珀、亚当·乌拉姆以
及同似乎过早地宣布了"思想体系的终结"的思想学派有联系的那
些人的深刻反乌托邦的著作之得到广泛的接受，实际上就证明了西
方学术界下面这一占统治地位的观点，即乌托邦主义者为达到"乌
有之乡"所做的努力不仅是徒劳的，而且在政治上是危险的，在历
史上是有害的。

在这里，我们面临的问题当然不仅仅是确定"乌托邦主义"一
词含义的语义学问题。人们赋予乌托邦主义的种种含义和在说明人
类历史经验时对这个术语的各种不同理解和使用，深刻地反映了对
历史变迁的不同认识，反映了关于历史是（或应该是）怎样和在何
处运动的种种不同观点，而且最重要的是因为它反映了关于革命在
现代世界历史中的作用的不同看法。如果革命是由乌托邦的希望和
期望所鼓舞的，则那些对乌托邦主义感到厌恶的人们也应该谴责革
命，这才是唯一合乎逻辑的。因此，科恩在中世纪欧洲的"革命救
世主义"中发现了 19 世纪以来大多数革命运动的根源、"20 世纪许
许多多革命动乱的序幕"和现代集权主义的先驱。[22]塔尔蒙相信，
正是法国启蒙运动的"政治救世主义"产生了"雅各宾派和马克思
主义的乌托邦概念"，因为它释放出了一种"集权民主主义"的
"革命精神"，这种精神在西欧虽终于消亡了，却注定要"向东方传
播，直到在俄国找到它的自然归宿"[23]。我们可以随着乌拉姆再向
东移，他认为，在现代西方，"社会主义思想的大量乌托邦特征表
现了……退却的激进主义反对工业主义和自由主义凯旋进军的一种
后卫战"[24]。革命乌托邦主义的威胁现在来自西方之外的广大地区，

在那里极端的乌托邦主义已然"退却",而现代工业主义和自由主义还没有取得胜利。因为正像乌拉姆直率而雄辩地提问的那样:难道"所有乌托邦思想和很多社会主义思想只是对西方的价值和传统的一种批判吗?"[25]

我们没有必要开一个长长的名单,把既谴责乌托邦主义又谴责革命的西方近现代著作家都列举出来,特别在人们觉察到革命的乌托邦主义威胁已潜伏在非西方国家的情况下更是这样。我们只需指出,虽然现代对革命(以及对激励革命的乌托邦冲动)的偏见在西方社会思潮中长期以来一直是突出的——确实就像现代革命史一样长——但随着革命中心在 20 世纪已从西方发达工业国家转向经济落后的亚洲、非洲和拉丁美洲,这种偏见近几十年来已获得越来越广泛的传播,而且声浪愈来愈高。正如乔治·佩蒂所说:

> 似乎可以说,从美国和法国革命时代到 1940 年前后,西方的一般看法是:在需要的时候革命是有益的,而需要革命的条件可能相当经常的出现。当然也有与此相反的论调,但是看来它们至少是在数量上被压倒了。大约从 1940 年以来,对这一信念的怀疑一直在慢慢地增长着……现在革命的支持者在先进的西方已经很少听说了,人们最关心的是作为强权政治工具以对付革命的手段以及能使国家和政府最迅速而有效地把革命变为不必要的东西所采取的各种方法。军事力量作为保卫现存制度的直接手段得到了特别重视;也有相当多的人觉得把军事力量强调得太过分了。然而人们大都同意应该避免和阻止革命的爆发。[26]

16

正像爱德华·哈利特·卡尔对我们西方各个时代的特质所概括的那样,从西方因袭保守的学者那里流传下来的传统箴言是告诫人们"不要相信那些激进的和可望不可即的思想,要回避任何含有革命气味的东西,如果我们必须前进的话,也要尽可能放慢、尽可能谨慎地前进"[27]。当然这个告诫也同样无保留地提供给了非西方世界。如果说经济落后的国家必须前进，那么他们最好也应该不通过革命，而且去这样做时一定不要有乌托邦式的革命狂热。因为一般认为，"乌托邦与现代化的目标之间存在根本的矛盾"[28]。然而如果革命爆发了，提出的补救方法则是：变成了统治者的革命者们将由于对权力的责任而变得清醒，承认这种矛盾，并选择"现代化"。

诚然，西方有一种强烈而持续不断的学术传统，这种传统以在历史上更可理解的和富于人道同情心的说法讨论乌托邦主义。但是这类学术文献所提供的见解大都局限在对西方历史经验的理解上，而且似乎对那些讨论当代非西方国家的革命和社会的作者并没有什么影响。*

似乎可以说，有关现代中国革命历史和政治的论述大多反映了在西方一般学术思想中占主导地位的反对乌托邦主义和反对革命的倾向，因为它们给予"稳定性"和"平衡性"以高度规范的价值。特别是对现代中国来说，人们已习惯于并且偏爱政治经济生活中"官僚职业化"和"手段合理性"的所谓优点以及一般意义上的常规化和制度化的进程。遗憾的是，对于什么正在制度化，什么应该制度化的问题却很少提及。因此，在大多数文献中碰到像"毛泽东主义的乌托邦主义"或"毛泽东的幻想"之类的说法时，读者就常常被告知：某种政治上的异常行为和经济上的不合理行为的因素侵入了历史舞台。

四、乌托邦主义与集权主义

对于反对乌托邦的人们来说，比之乌托邦主义同革命的联系及其与"现代化"的不相容更为不祥的，是通常认为乌托邦思想与集权政治之间存在着的某种因果联系。常见的具有广泛影响的论点是，任何提出关于未来的乌托邦幻想的思想体系，对于现代集权主义都应负有部分责任，同时也是现代集权主义的一个基本特征，并且在一种以马克思主义的空想目标做救世主义许诺的形式上，尤其应对共产主义的集权主义负有责任。**

* 例如，最近几本关于乌托邦主义的优秀著作的编者之一认为："（在本卷中）这种描述完全是从大西洋的范围出发的，这一点可能说明其欲加掩饰的地方色彩。中国和伊斯兰世界的乌托邦传统不可避免地被忽视了，而西方传统又一直难以吸收。"（参见 Frank E. Manuel, ed., *Utopias and Utopian Thought*, Boston: Beacon press, 1967, p. xv.）对 Frank E. Manuel 和 Fritzie P. Manuel 撰写的卓越而感人的 *Utopian Thought in the Western World*（Cambridge, Mass.: Harvard University Press, 1979）一书也可以这样说。

** 这个一般论证并不只是适用于现代历史，而且可以扩及古代，例如，柏拉图的著作在一些学者看来，就在本质上是集权主义的，因为他的哲学的精神实质是按照一种"善"的幻景来重新铸造社会政治秩序的。谢尔登·沃林曾指出：说柏拉图是一个集权主义者，这是冤枉。（参见 Sheldon Wolin, *Politics and Vision*, Boston: Little, Brown and Co., 1960, Chapter 2。）

正像塔尔蒙曾如此有力地论证过的，现代集权专制的基础是一种假设"事物的完美模式"[29]必然到来的独特的救世主义倾向。据此看来，当代某些共产主义国家所具有的特征大体可以通过以下情况来说明：即它们像得到天启般地接受了马克思主义乌托邦的许诺，相信一个完全平等的社会将普降人间；现代集权主义统治，根据对历史发展必然会拯救全世界这一必然规律的信念，不仅被证明是合理的，而且是本质上由这一信念决定的。因此正像沃尔德马·格里恩所刻画的那样，共产主义的集权主义本质上是以马克思的"乌托邦来世说"为基础的一种"世俗化的社会政治宗教"，这种看法当然与人们公认的共产主义"集权主义模式"的一个基本前提是相似的。[30]大家可能还记得，关于共产主义集权主义的模式主要是卡尔·弗里德里克构制的，他为"所有集权主义社会"归纳出五个基本特征，第一个是："围绕着关于人类最终之完善社会的基督教千年盛世式的要求而建立的官方意识形态。"[31]

这里我们看到的不仅是认为乌托邦主义是人类愚蠢的极限、是对"乌有之乡"的追求的观点，而且是把乌托邦主义看作现代历史中最黑暗的一种邪恶力量的观点。我们还部分地看到了迈克尔·沃尔泽所尖锐指出的那种"在历史学家、社会学家和政治学家当中已司空见惯的把激进主义和集权主义轻率而错误地加以等同"的现象。[32]正是由于激进的乌托邦主义必然在政治上产生邪恶影响的这种假定很容易出现而又广泛流传，因此，在考虑乌托邦的历史作用时，就很容易从一开始就谴责它。人们之所以很容易产生这种设想，是因为下面这种看法包含着某种表面的普遍真理：那些执著于对未来完美秩序的乌托邦幻想的历史活动家们（他们决心要实现这一未来）可能觉得，为了实现他们所追求的也许是不可避免的目标，即使采取最不道德的手段，也是不受道德谴责的。可是，如果把这个表面上的自明之理当做一个普遍有效的通则接受下来，那么，从一开始就有使人们对乌托邦主义的历史看法发生歪曲的危险。

那种认为乌托邦主义与集权主义在一切情况下都存在着必然的

* 巴林顿·穆尔在论述集权主义的产生不能完全归因于工业主义或等同于工业时代时，考察了以前三种集权主义专制的实例：中国的秦王朝（公元前 3 世纪）；印度的摩揭陀王朝（公元前 4 世纪）；加尔文的日内瓦。在这三个例子中只有最后一个涉及一种可模棱两可地指认为是乌托邦思想体系的东西。秦朝法家学说的特点是"对政治行为采取严格的非道德的和根据法律的理性态度"，摩揭陀的印度的例子也是这样。（ See "Totalitarian Elements in Pre-Industrial Societies," in Barrington Moore, *Political Power and Social Theory*, New York: Harper & Row, 1965, pp.30-88.）

** 斯大林主义中的反乌托邦主义的特征体现在 1929—1932 年的文化动荡时期，斯大林对标志苏维埃历史头十年特征的所有乌托邦式的社会试验与文化试验进行了突然的镇压。[参见 Richard Stites, "Utopia and Experiment in Russian Revolution"（在凯南俄国问题高级研究所1981年5月学术会议上的论文）。]

因果联系的看法在严肃的历史研究面前是经不住检验的。不论是现代还是以往的时代，都曾出现过一些集权主义的制度和社会，但并未伴有乌托邦思想体系和救世愿望。*

显然，有很多历史条件和力量促成集权主义国家的产生，这些条件包括外部威胁和战争以及各种经济的和其他内部的危机。如果认为隐藏在背后的决定性因素永远是一种特殊的救世主义或乌托邦的倾向的话，那就似乎是把问题过分简单化了。这里，简要指出两个现代史上的例子大概就足以说明问题了。

在现代中国的历史上，国民党政权（无论 1949 年以前在中国内地还是 1949 年以后在台湾）所具有的显著的集权主义特征显然与任何乌托邦思想体系从未有过什么联系，因此，甚至也从未与任何严肃的社会变革纲领有过什么联系。讨论这个问题更恰当的例子大概要算是苏联了。回顾一下这个事实是很有教益的：列宁在布尔什维克革命前夜（尤其是在《国家与革命》一书中）和新生的苏维埃政权初期提出的马克思主义的乌托邦诺言和构想，在 1918 年中期以后就渐渐地从他的讲话和文章中消失了。而这个时候正好是苏维埃政权日益变成的官僚国家的时候。我们还可进一步指出，斯大林主义的俄国（这是完全集权主义模式的最主要的历史实例）不是乌托邦主义胡作非为的典型历史实例，而是乌托邦目标和愿望之形式化的典型历史实例。斯大林把马克思主义的目标"搁置起来"，使这些目标变为空泛的形式，然后玩世不恭地巧妙利用那些形式化了的马克思主义信条和目标，从思想体系上使一个残酷的官僚集权国有的政策和实践合理化。他的这种做法是一段尽人皆知的历史，没有必要在这里重谈。**

乌托邦主义和集权主义之间的联系之变成颇有争论的问题，其原因正是由于人们通常没有能够把真正的乌托邦主义同乌托邦的形式化区别开来。而这种差别对于严肃认真地分析乌托邦主义的社会历史意义，尤其是对于理解毛泽东主义的乌托邦思想的性质和作用是非常重要的。

五、乌托邦的效用

不是乌托邦革命者的乔治·利希特海姆曾指出："各种文明都是建立在从未实现过的、但又是任何进步不可或缺的乌托邦救世愿望之上的"[33]，在评价这个历史上的自明之理时，人们千万不要忽视乌托邦主义的含混之处，也不应忽视其潜在的危险性。维克多·雨果乐观地宣称，乌托邦也许并不是"明天的真理"，但是人民拥有想象一个美好未来的能力，这对于作出有意义的努力去改变今日之现状却是至关重要的。因为人们必须先有希望然后才有行动，如果人们的行动要想不是盲目的，不失其目的，那么其希望就必然寓于对更美好未来的幻想中。的确，人类的行动既是有目的的，也是面向未来的，这是人类固有的和特有的一种属性。在这一方面，乌托邦的效用是显而易见的。乌托邦关于未来的幻想的作用不仅仅是对现存社会制度的批判，而且还提供了代替现存社会秩序的东西。因而它的作用不仅在于使人们意识到现状的不完美，而且也促使人们按照乌托邦的理想来改造现状。弗雷德里克·波拉克分析"未来图景"在历史发展中的作用时，对乌托邦主义的历史意义做了独具卓见的表述：

> 首要的和最重要的是人们表现出的时代精神分裂症，即他们想象另外一个根本不同的世界和时代的二重性的心理能力。由精神领袖和富于幻想的信徒们组成的一群精英登场了。他们创造了一些比现实更好的未来社会的积极图景。其中的某些图景恰巧同智力上的洞察力和审美上的要求相结合，产生了同当时社会的和精神的种种需要的共鸣，在民众中唤起了极大的热情。于是，社会便被这些把人们引向另外一个更美好未来的幻想的力量点燃了。这些幻想中所包含的种种诺言通过历史的过去和现在爆发出来了，同时又打开了通向被隐藏着的现在与未来的大门。在这一过程中，社会从很多可能的对未来的诺言中

抓住或者选择了某种诺言，用以推动现在，这些关于未来的图景形成了文化运动的主要推动力之一，并通过其强弱的交替而在文明的兴衰过程中起着压倒一切的作用。[34]

只有人类才有能力设想"另一个与现实根本不同的世界和时代"，这种能力显然对于历史的发展具有根本重要的意义。因为，如果说是人民创造的历史，而人民并不是纯粹被动地充当非人格的、不变的"历史动力"的工具，那么对历史的创造就是以人类有能力构想与现实不同的未来世界为前提条件的。这种"对未来的想象"与人类历史经验的一个持久不渝的特征，即与现实世界的不完善和对应有的世界的幻想之间的冲突有关。现实与理想之间的这种冲突感是乌托邦意识的根源，这是宗教的与世俗的乌托邦主义的一个基本的和普遍的特征。不过这种冲突无论多么强烈，都未必会导致有重大历史意义的行动。这种冲突很可能（或许并不常是如此）导致以下种种企图，如为了寻求个人得救而逃脱这个肮脏的世界，或在一种许诺在来世能够消除痛苦和享受最幸福生活的救世主的宗教思想体系中消散这种冲突。为了使乌托邦的期望所产生的冲突成为社会变革的动力，它们必须在一个全面的世界观中找到一个位置，这种世界观致力于韦伯所说的"按照一种更富伦理的状况对世界进行共同的革命的改造"[35]。同时，这个世界观必须承认摆脱传统束缚的那些价值，因而以一种崭新的方式使人类行为趋向在此时此地实现乌托邦目标。进一步说，乌托邦的世界观只有当其满足了被压迫和被剥夺了权利的社会集团的社会经济和心理的需要并与之相一致时，才变成一种超越现实的力量[36]；对未来提出一种乌托邦的幻想，而又劝告人们要忍受现状，这种思想所起的作用不过是为现存状况的合理性做思想上的辩护。因此，理解乌托邦主义的社会历史意义的关键，不仅在于它的"富于幻想的信徒"的品格和其预言的内容，而且在于群众对他们的反应。如果没有人听，预言式的说教和乌托邦的呼吁在历史上也就无关紧要了。彼得·沃斯利曾指出，"广大信徒所坚持的价值的本质"，对于理解乌托邦领袖们如何

"能够容易地动员起支持的力量、在某些情况下甚至取得了强加于他们的支持"[37]具有头等重要的意义。因此，无论这个先知的个性多么重要，多么能够引起他人的兴趣，我们还是要把注意的焦点扩及领袖和信徒的关系的性质，扩及下面这样的问题，即"凡具有可能是乌托邦的或至少是散乱而不实际的愿望的信徒们"如何以及为什么能"因为一个适合的领袖明白表述和加强了他们的这些愿望而紧紧地追随着他"[38]。如果用稍微不同的说法来说，正像莱因哈德·本迪克斯所阐述的那样，这个问题决定着使"少数人的鼓动变成多数人的信念"的那些情况。*

只有当乌托邦幻想家们的说教在群众当中拨动了反响的和弦的那些罕见的历史时刻，才会引起（虽然绝非有保证的）革命的爆发并同过去彻底决裂，这种革命和决裂，在批评乌托邦的人看来非常令人痛苦，而在乌托邦党人看来，则对于历史进步至关重要。**

人们可能指出，这里并没有区分乌托邦主义的宗教形式和世俗形式。尽管从分类学的角度来说，可能有一个清晰的分界线，但是难以找出有意义的历史的差别——至少就乌托邦或宗教救世思想都要求人类在此时此地行动、而并不劝诫人们在等待来世的乌托邦天堂时忍受现世之苦难而言是这样。的确，在几乎整个人类历史中，对世俗生活的最深刻的改变都是由许诺天国将降临人间的宗教乌托邦教义所造成的。受基督教鼓舞的中世纪欧洲农民革命运动和现代穆斯林革命不过是漫长的历史记录中的两个例证。此外，即使在最世俗的现代革命和乌托邦运动中也不可能忽视宗教暗中相助的巨大作用。显然，我们应该记住，对千年王国的狂热崇拜常常逐渐转化

* Reinhard Bendix, *Max Weber: An Intellectual Portrait*, Garden City, N. Y.: Doubleday, 1962, p. 259. 与马克斯·韦伯相比较，沃斯利似乎把这个问题定义得更精确并处理得更清晰。他批评韦伯把注意力集中在了先知的个性上而忽略了领袖和追随者的关系、领袖的启示等关键问题。这一批评与其说是对韦伯发起的突然进攻，倒不如说是对某些追随者发起的突然进攻。诚然，"少数人的鼓动"怎么会"变成多数人的信念"，这是韦伯提出和讨论的一个主要问题。"韦伯的追随者们"是否以适当方式研究了这个问题则完全是另外一个问题。

** 必须承认，这段陈述的看法在本书中未予以注意。后面几章着重研究毛泽东主义的乌托邦思想本质。很遗憾，忽视了毛泽东与追随他的群众之间的关系问题。一方面是由于可利用的原始资料有限，另一方面也由于作者的局限性。但即使是对于诸如农业合作化运动（1955—1956）、"大跃进"（1958—1960）和"文化大革命"（1966—1969）这类群众运动的粗略回顾，也充分表明毛泽东主义的教训在中国社会中引起了深远的反响，在很多重要的历史关头毛泽东实际上迎合了群众的愿望。

为世俗的政治运动。*

对宗教的乌托邦和世俗的乌托邦的传统的区分，虽然无疑是重要的，但更多的也许是模糊而不是阐明乌托邦主义的历史作用。

比宗教的乌托邦和世俗的乌托邦的区别更为重要的是（至少对于当前的讨论是这样）乌托邦主义的积极形式和消极形式的区别。消极的乌托邦主义常常采取的形式主要是对美好社会的学究式的描述，它是世俗的和西方形式的乌托邦思想的悠久传统的一部分，这种乌托邦思想可以追溯到柏拉图，它在整个中世纪总是作为一种持久不断的倾向反复出现，在托马斯·莫尔的著名作品中可以找到更新的表达。在18世纪各种不同性质的乌托邦以及伴随早期工业时代而来的大量乌托邦社会主义方案中，它也总是一再地浮现出来。无论以怎样的形式出现，无论是新形式还是旧形式，它都是一种延续至今的传统思想，尽管有些人也许为当今时代缺乏乌托邦的想象力而悲叹。[39]诚然，对乌托邦的学究式描述并非不具有历史意义，至少就它们揭露了现实社会的弊端并向人们宣示了新的可能性而言，并非没有历史意义。然而，积极形式的乌托邦主义的历史意义显然比前者大得多，而且显然与现在的讨论关系更加密切。它不仅提出了对未来社会的幻想，而且把这种幻想与下面这种期望结合起来，即认为它的降临或多或少已迫在眉睫，至少是正在到来的过程中，一种乌托邦主义可使人们相信能够靠自己在现世的行动创造完美的新秩序；因此，这种乌托邦主义就要求根据对必然的东西的幻想去采取集体的政治行动以改造社会。这种积极的乌托邦精神至少在其世俗的形式上是现代工业时代的一种有特色的现代产物，正像前面提到的，它在19世纪马克思主义理论中找到了特别有力的表达。

然而马克思主义是一种无论对政治积极主义还是政治消极主义都可以通达顺应的学说。马克思虽然津津乐道地说任务在于改变世界，而不仅仅是理解世界，但是世界并没有按照马克思主义在先进工业国家中设想的图景来改变，马克思曾设想社会主义革命会首先在这些国家里发生。对马克思主义学说做决定论的解释是以考茨基和普列汉诺夫为主的"正统马克思主义"的特点，它促成了马克思主义社会民主党的改良主义政治实践。按照这种决定论的解释，人们假定未来社会主义乌托邦应当或多或少地是客观的非人格的历史力量和规律的自发产物。对马克思主义的这种解释劝导人们应该依靠历史的作用，并消除了马克思主义的能动的和乌托邦的动机。在"科学的"马克思主义理论中，是不容许用"应该的东西"去思考的，因为这种想法认为只要静待不可避免的事就可以了。普列汉诺夫宣称："社会民主党人是随着历史的潮流游泳的"，又说"历史进步的力量与人类的意志和意识无关"[40]。共产主义乌托邦的幻想依然存在，但其实现则依赖于本质上被认为是进化的客观历史发展进程。正如威尔伯特·穆尔指出的，进化论的历史概念"是不打算把目的包括在内的。进化论的变化的主要特征是机遇而不是计划……如果在进化过程中会产生某种乌托邦的社会秩序，那也将经历漫长的时间才会到来，并且从根本上说是偶然的东西"[41]。

26

随着马克思主义由西欧的故乡向经济落后的不发达国家的转移，政治行动主义和乌托邦的目标就愈来愈趋于渗透到这种学说当中。对历史变化的一种唯意志论的态度和对千年天国的一种乌托邦的期待已成为马克思主义要在经济落后地区找到有意义的政治表达方式的必要因素，而不复是一种外来的理智珍玩。在列宁主义中就有了某些迹象，在作为毛泽东主义而渐为人们所知的马克思主义的中国变种中，则更是如此。列宁教导说（毛泽东又重新强调说），如果马克思主义为社会主义规定的物质的先决条件不存在的话，那么就必须用人的意志和能力在此时此地去创造那些先决条件，并在这个过程中开始建设未来社会主义社会的工作。

如果没有对马克思的乌托邦的解释，没有被这种解释所认可的唯意志论和政治行动主义的推动，马克思主义在政治上就会是孱弱无力的，而且与世界非工业化国家在历史上毫无关系。此外，如果对社会主义未来的一种富有活力的乌托邦幻想没有存在下来，那么，在马克思主义引导下成功地进行了革命的经济落后地区，马克思主义就会变成一种现代化的思想体系，仅此而已。在苏联和其他

27　地方，马克思主义的命运就是这样，这为亚当·乌拉姆的预言提供了历史证据。他预言："社会主义者一旦掌握了政权，就把最充分地开发社会生产资源作为自己的任务。"社会主义国家"绝不会以不同于资本主义的方式前进"，"社会主义延续并加强了资本主义的所有主要特征"[42]。

　　对于作为革命理论的马克思主义来说，行动主义的乌托邦对它的生命力具有极端重要性。马克思主义在西方先进的工业化国家中，由于缺乏那种乌托邦精神而渐渐变成一种使自身适应于资本主义福利国家的社会改良主义的思想体系。

　　在毛泽东主义的形成史中可以看到同这种人所皆知的马克思主义缓和化过程背道而驰的最显著实例，因为被官方奉为"马克思主义、列宁主义、毛泽东思想"（至少在毛泽东主义时代是这样称谓）的观念体系是作为一种乌托邦思想体系的马克思主义的最重要的历史实例。现在毛泽东已退出了历史舞台，也许"毛泽东主义"也同他一起成为过去了。然而，中国毛泽东主义时代的思想史，对于试图理解马克思主义的命运和乌托邦主义在现代世界中的作用的人们来说，仍然是至关重要的。这个历史大概能使我们更好地认识曼海姆的告诫："如果放弃了乌托邦，人类就会失去塑造历史的愿望"；也可以更好地认识韦伯的信条："人们必须一再为不可能的东西而奋斗，否则他就不可能达到可能的东西了。"

第二章

毛泽东主义中的乌托邦
社会主义论题：城乡关系

卡尔·马克思曾写道：近代历史"是农村的城市化，而并不像古人所说，是城市的农村化"[1]。毛泽东似乎想倒转近代历史进程的方向。在毛泽东主义者的理论与实践中，认为创造近代革命历史的是农民，他们通过制伏城市中大部分保守的居民而把革命推向顶峰。在革命胜利以后的年代，毛泽东的"农村学说"表现在强调发展农村区域的社会经济，强调社会改革真正所在地应该在农村，并且强调城里的居民应当到农村去，和农民同住、同劳动，只有这样才能取得"无产阶级"革命者的荣誉。

然而，在作出毛泽东是头足倒置的马克思的结论以前，首先应该指出，虽然马克思把现代城市优于农村作为历史的进步加以称赞，但他还是关注城乡之间的历史性分离的。他认为，这种现象是由于人类异化的"史前"期的社会劳动分工所造成的。再者，对马克思来说，问题的解决并不是在现今的资本主义社会中实现农村的城市化，而是在未来社会主义和共产主义阶段消灭城乡差别。

毛泽东完全同意马克思曾预言过的乌托邦式的理想；在毛泽东主义理论中占有突出地位的马克思主义对未来共产主义社会的最初设想并没有什么特色。同时，在毛泽东主义中，这种理论上的关心不仅表现为一种乌托邦式的希望，而且也表现为对直接的实际发展问题的关注。中国正如其他以农业为主的国家一样，没有什么社会问题比先进城市和落后农村之间存在着差别的问题更急迫了。这一差别，不仅表现在经济方面，而且表现在政治和文化方面，还表现在观察问题的态度上（它对于公共政策的各个方面都具有重要的含义）。对于那些以平均主义作为社会主义最终目的的人来说，马克思关于城乡之间分离的历史分析在理论和实践中都有特殊的重要意义，而且，马克思主义消灭城乡差别的目标对他们也特别有吸引力。

虽然毛泽东接受马克思宣布的乌托邦目标，但他在对这一问题的历史分析上与马克思完全不同；毛泽东解决这一问题时试图采用的手段与马克思、列宁可能想到的手段也毫无共同之处。在考察毛泽东主义思想和行动史中的城乡关系问题时，一种相当普遍的现象使人们感到震惊，这就是在毛泽东主义中出现的概念和术语与19世纪西方形形色色的社会主义理论、特别是那些曾被称之为"乌托邦"的理论相似。

马克思主义理论在不发达国家扎根时带有某种"前马克思主义"的社会主义意识形态的特点，这是不足为奇的，对马克思主义者来说尤其如此。马克思主义以现代工业资本主义的存在和发展为前提，而乌托邦社会主义的理论来源却存在于现代经济发展的初期；像马克思主义一样，它们对早期工业主义的不公正表示愤慨，但与马克思主义不同的是，它们不承认或者不了解现代资本主义的历史和社会后果。如果在历史环境和思想方式之间存在某种因果联系（人们可以假定这是一个普遍的历史事实）的话，那么，下面的情况似乎不是不符合逻辑的：适应前工业的或早期工业文化的思想，应该出现在今日流行于世界各经济落后地区的革命马克思主义意识形态中。

本章试图首先辨别毛泽东主义理论中那些"乌托邦"社会主义的成分，特别是当它们在毛泽东主义关于现代历史和现代革命进程中城乡关系问题的理论中暴露出来时。其次是评价它们的理论内容及其社会历史作用。这不仅需要对马克思主义的原意与后来的毛泽东主义理论之间的差别作比较研究，而且需要对马克思主义和19世纪西方其他社会主义思想体系之间存在的某些理论上和历史上的区别进行考察。

一、马克思主义

根据马克思主义学说，全部历史都以城市和乡村之间"持久的斗争"为标志。恩格斯曾写道："文明时代"（与原始公社的社会结构相对立）的显著特征之一"是把城市和乡村的对立作为整个社会分工的基础固定下来"*。

城市与农村地区的长期对立，在马克思的历史学说中是一个非常重大的现象。正像马克思在《资本论》中系统阐明的："一切发达的、以商品交换为媒介的分工的基础，都是城乡的分离。可以说，社会的全部经济史，都概括为这种对立的运动。"[2]

虽然城市和农村之间的差别是一种普遍历史现象，但是这种差别在西方历史演变过程中已成为发展的动力，这一进程把历史从古代引向现代资本主义。正如马克思对这一过程所描述的那样，城市和乡村处于长期的对立关系中，并交替地为历史各阶段的进步提供了基础。马克思主义所做的分析，突出特点是历史的进步与城市的至高无上相一致。相反，农村的优势往往与历史的停滞或倒退时期相关联。例如，马克思和恩格斯对古希腊和古罗马的衰落与封建主义的崛起曾作如下说明：

> 古代的起点是**城市**及其狭小的领域，中世纪的起点则是**乡村**。地旷人稀，居住分散……这种情况决定了起点有这样的变化。因此，与希腊和罗马相反，封建制度的发展是在一个宽广得多的……地域中开始的。趋于衰落的罗马帝国的最后几个世纪和蛮族对它的征服本身，使得生产力遭到了极大的破坏；农业衰落了，工业由于缺乏销路而一蹶不振，商业停滞或被迫中断，城乡居民减少了。这些情况以及受其制约的进行征服的组织方式，在日耳曼人的军事制度的影响下，发展了封建所有制。[3]

* 《马克思恩格斯选集》，2 版，第 4 卷，176～177 页，北京，人民出版社，1995。在《德意志意识形态》中，马克思和恩格斯对这一问题作了卓越论述："物质劳动和精神劳动的最大的一次分工，就是城市和乡村的分离。城乡之间的对立是随着野蛮向文明的过渡、部落制度向国家的过渡、地域局限性向民族的过渡而开始的，它贯穿着文明的全部历史直至现在……"（《马克思恩格斯选集》，2 版，第 1 卷，104 页。）然而，对这个问题最有趣、最详细的讨论可在马克思后来的著作，特别是在其《政治经济学批判大纲》中找到。

值得注意的是，马克思并没有把这种新的集中于乡村的封建制度的出现归咎于经济发展的基本过程，反而主要归咎于偶然的政治因素，也就是归咎于野蛮人的多次征服及其对人口和生产力所产生的破坏作用。马克思在任何地方都没有说过封建主义对于"古代的"生产方式是不可避免的或者说它是历史的必然结果，也不存在这种含义：即封建主义在历史发展过程中是一个阶段。相反，以农村为基础的封建制度被描述为是由于生产力的破坏和人口的衰退而引起的倒退的结果。

然而，马克思主义者所关心的事并不是封建主义的由来，而是封建主义向资本主义的过渡。就后一点而言，随着自由民的城镇和封建的农村之间不断的冲突，商业城镇在封建社会的缝隙中逐渐出现，这成为马克思主义解释现代资本主义起源的关键。在中世纪晚期，随着大规模贸易的发展，商业资本主义的积累，城市手工艺行业的专门化，以及农村过剩人口流入城市，城镇开始从农村中逐渐分离出来，这种分离反映了资本和地产之间的分离，并加剧了"乡村反对城市的连年不断的战争"。虽然与封建社会的政治军事起源和农村早期的优势完全不同，这种正在发生变化的城乡关系被归结为经济因素，但是城市必然赢得这场战争。城镇中的劳动分工迅速扩散开来，特别是现代制造业的发展，导致了封建制度的瓦解，使现代资产阶级取得了胜利。这个阶级在把出现在大城市的大部分人口变成了被压迫阶级——现代城市无产阶级的同时，势必把以往一切有产阶级容纳于自身之内。在马克思和恩格斯看来，资本主义的崛起不仅与城市优于农村相关，而且资本主义的出现还预示着城市化的工业国家优于田园式的农业国家——资本主义生产方式的持久性只有到了资本主义完成世界范围的统治时，才能被确证。[4] 马克思和恩格斯并不怀疑资本主义生产方式的普遍胜利是现代历史发展的必然。《共产党宣言》指出：

> 资产阶级使农村屈服于城市的统治。它创立了巨大的城市，使城市人口比农村人口大大增加起来，因而使很大一部分

居民脱离了农村生活的愚昧状态。正像它使农村从属于城市一样，它使未开化和半开化的国家从属于文明的国家，使农民的民族从属于资产阶级的民族，使东方从属于西方。[5]

33

尽管马克思和恩格斯把现代化的资本主义城市优越于国内外的"乡村"作为历史的进步来称赞，但他们在道义上仍然谴责城市和农村之间的这种对立状态。他们说："城乡之间的对立只有在私有制的范围内才能存在。城乡之间的对立是个人屈从于分工、屈从于他被迫从事的某种活动的最鲜明的反映，这种屈从把一部分人变为受局限的城市动物，把另一部分人变为受局限的乡村动物，并且每天都重新产生二者利益之间的对立。"[6]因此，消灭城乡之间的对立是获得社会主义革命所许诺的"人类真正生活"的先决条件。为了向共产主义过渡，马克思和恩格斯在各项措施中曾设想无产阶级一旦获得政治上的统治权，就应"把农业和工业结合起来"，同时"通过把人口更平均地分布于全国的办法逐步消灭城乡差别"[7]。

然而，马克思主义关于最终消灭城乡对立的革命过程的观念是坚持以现代化城市为中心的。资本主义生产力已经导致了城市对农村最终的政治、经济优势，同时也为未来社会的社会主义改造奠定了必要的（以城市为基地的）物质基础和社会条件，即大工业和现代无产者。

对于马克思来说，现代史的舞台是城市，而城市的主要角色是城市的两大阶级——资本主义大生产已不可避免地将整个社会划分为资产阶级和无产阶级。在现代史这一概念中，农村和它的居民充其量只扮演了一个微不足道的角色，而且可能还是反面角色。可以假定，大部分农村居民将被抛入城市无产者的队伍，其余部分将变成乡村无产者，即以资本主义生产为基础的大型农业企业中的雇佣劳动力。

34

恩格斯依据马克思主义立场，对这个问题所作的经典论述是："我们的小农，同过了时的生产方式的任何残余一样，在不可挽回地走向灭亡。他们是未来的无产者。"[8]

　　这样，作为农民的农民被假定为将大规模地从历史舞台上消失。即使他们不消失，马克思也认为，继续存在着的农民在政治上与创造近代历史无关，或者更不幸，他们将成为潜在的反动势力，这种势力作为社会基础，可能服务于使历史倒退的恺撒式专政和波拿巴主义式的个人崇拜。这种发展倾向是可能的，这种倾向将使现代化城市的天空中游动着农村反动社会势力复苏的幽灵。[9]

　　值得注意的是，无论是在马克思主义关于封建主义向资本主义转变的分析中，还是在其关于即将到来的社会主义革命的理论中，人们找不到任何地方谈及在近代历史中农民可以作为一种独立的或具有创造性的力量。尽管农民在封建社会中是剥削的主要受害者，但是，在推翻封建主义的社会经济和政治制度方面起历史进步作用的却是资产阶级，而农民在很大程度上只是这一转变过程中的被动的牺牲品。的确，马克思和恩格斯并没有排除这样的可能性：农民可能对于城市工人和资本家之间的最终斗争做出某种积极的贡献，但是他们所能够做的仅限于充当无产阶级的"助手"，而这也只限于他们在思想上、政治上接受城市工人阶级领导的时候。马克思在分析1871年巴黎公社时简明地指出（这个文件被奉为马克思式的无产阶级革命和无产阶级专政的经典，尽管这一历史事件本身失败了）：巴黎无产者的公社制度"把农村的生产者置于他们所在地区中心城市的精神指导之下，使他们在中心城市有工人作为他们利益的天然代表者"[10]。总之，在马克思主义原著中，历史进步和革命创造力的源泉在城市中，近代史就其近代性和进步性而言，不外是"农村城市化"的历史。

　　而且，马克思对工业化所必需的政治和经济的集中形式也作了肯定的评价。把工业和农业大规模地组织起来，并提高以更复杂的技术为基础的劳动分工的专门化程度，被看作创造经济繁荣的必要条件，也是未来社会主义社会所必须依赖的条件。马克思和恩格斯不仅肯定了在大型经济企业中集中领导的优越性，而且认为近代资本主义国家的集权化也是历史的进步（甚至预示着社会主义革命）。当把完成资本主义革命说成是社会主义到来的前奏时，马克思和恩格斯说："资产阶级日甚一日地消灭生产资料、财产和人口的分散状态。它使人口密集起来，使生产资料集中起来，使财产聚集在少数人的手里。由此必然产生的结果就是政治的集中。"[11] 虽然集中的资产阶级国家机器在社会主义革命中即将被"打碎"（而不仅是被接收），但是，接踵而来的"过渡时期"也将暂时加强对政治与经济的集中控制。马克思和恩格斯曾预言："无产阶级将利用自己的政治统治，一步一步地夺取资产阶级的全部资本，把一切生产工具集中在国家即组织成为统治阶级的无产阶级手里"[12]。除此之外，随着无产阶级革命的成功，将要采取的具体措施中有"信贷集中"[13]、"把全部运输业集中在国家手里"[14]。

36

　　不用说，马克思把政治和经济的集中过程看成是资本主义和社会主义初级阶段中的历史性进步，而这个集中过程预示了城市化；这是一个为近代史所需要的加强城市对农村统治的过程。马克思并非不知道集中化和城市化的社会代价。他怀着深切的同情描述了大工厂和人口拥挤的城市中日益壮大的无产阶级所受的非人待遇，描述了把农民从他们的土地上赶走、除掉被他们奉为传统和习惯的旧的社会生活的过程，把这视为人类可悲的牺牲。但是，根据马克思的观点，这是历史进步的代价。这种代价是必须付出的。然而，正是这个受到非人待遇的无产阶级终究会成为人类解放过程的动力。正是这种大规模的工业化为一个崭新社会的诞生创造着经济前提。正如在国家消亡之前必须先实行国家的集权化一样，城乡差别的最终消除也必须以城市对农村地区实行彻底的统治为先导。

　　此外，历史发展的进程是不可逆转的，避开城市化和工业化影响的任何希望都不存在。针对怀有这种企图的人，马克思作了如下答复："工业较发达的国家向工业较不发达的国家所显示的，只是后者未来的景象。"[15] 的确，一个早产的社会革命（在资本主义生产力充分发展起来之前发生的社会革命）充其量是徒劳的，甚至可能会造成历史的倒退。

　　因此，当使资产阶级生产方式必然消灭、从而也使资产阶

37

级的政治统治必然颠覆的物质条件尚未在历史进程中、尚未在
历史的"运动"中形成以前，即使无产阶级推翻了资产阶级的
政治统治，它的胜利也只能是暂时的，只能是**资产阶级革命**本
身的辅助因素（如 1794 年时就是这样）。……同样，如果资产
阶级实行阶级统治的经济条件没有充分成熟，要推翻君主专制
也只能是暂时的。人们为自己建造新世界，不是如**粗俗之徒的**
成见所臆断的靠"地上的财富"，而是靠他们垂死的世界上所
有的历来自己创置的产业。他们在自己的发展进程中首先必须
创造新社会的**物质条件**，任何强大的思想或意志力量都不能使
他们摆脱这个命运。[16]

更为不祥的是在任何强行加快历史前进速度的企图中，都潜伏
着倒退。俄国民粹主义者曾建议"跳过"资本主义阶段，因为这样
做可以避免工业化和城市化带来的罪恶，马克思和恩格斯在回答上
述建议时提到了其可能性问题。恩格斯在 1874 年至 1875 年就这一
问题概括了马克思的主要观点：

只有在社会生产力发展到一定程度，发展到甚至对我们现
代条件来说也是很高的程度，才有可能把生产提高到这样的水
平，以致使得阶级差别的消除成为真正的进步，使得这种消除
可以持续下去，并且不致在社会的生产方式中引起停滞或甚至
倒退。但是生产力只有在资产阶级手中才达到了这样的发展程
度。可见，就是从这一方面说来，资产阶级正如无产阶级本身
一样，也是社会主义革命的一个必要的先决条件。因此，谁竟
然断言在一个**虽然**没有无产阶级**然而**也没有资产阶级的国家里
更容易进行这种革命，那就只不过证明，他还需要学一学关于
社会主义的初步知识。[17]

因此，马克思把近代历史的特征描绘成"农村的城市化"，并
非只是换个说法而已；这一命题对于他对现代历史过程及其社会主

义结局的分析来说，是至关重要的。对于马克思来说，城市是历史进步的象征，因此，社会主义的先决条件存在于城市之中。工人在现代工厂和大城市中所受的非人待遇，工人的贬值，工人愈来愈沦为更复杂和更专门化的技术和分工的奴隶，工人在难以忍受的庞大的经济和政治组织重压下的进一步异化——这一切城市化和工业化的罪孽，都是人类为自己的最终解放而必须付出的历史代价。新社会只能建立在过去的物质成就上并将承受着过去的重担。社会主义只能是资本主义的产物，因此在各方面，社会主义社会"都还带着它脱胎出来的那个旧社会的痕迹"[18]。马克思认为，人类与其异化的史前史的决裂必然使历史过程达到其现代化的突变点。

二、马克思主义与乌托邦社会主义

种种关于未来平等社会秩序的乌托邦幻想，就像社会思想史一样古老，它们在所有主要的文明社会的不同历史发展阶段中都一再重复出现。社会主义固然同这种古老传统不无关系，但很显然，它是西欧早期工业资本主义的发展所引起的一种现代的思想反应。更确切地说，社会主义理论的出现，应该看成是工人和知识分子这两类人对法国革命和工业革命这两大社会变革所作出的特定反应，绝不仅仅是、也不能简化成一种延绵已久的对自由和正义的追求。

西欧工业资本主义的发展引起了一系列社会的和政治的创伤性变革，马克思主义则是对于这种变革的一种社会主义的思想反应。马克思主义既不像它的一些信仰者所宣称的那样，是一种永恒的真理；也不像一些批评家要我们相信的那样，是古老的犹太—基督教先知传统的现代翻版*。

马克思主义区别于它在 19 世纪的那些理论对手们、区别于马克思和恩格斯曾斥之为"乌托邦"的那些社会主义学说之处，可大致归结为以下三点：首先，马克思主义认为，在社会历史发展进程中，现代工业资本主义是一个具有进步意义的必不可少的阶段。其次，马克思主义者相信，城市工业无产阶级确实是一个富于创造性

*这一观点广泛为人们所接受，它带有很大的欺骗性。阿诺德·汤因比是这种观点的代表：马克思把"历史必然性"的女神放在耶和华的位置上当做上帝特选的子民，救世主的王国是由无产阶级独裁政权组成的；犹太启示录的显著特点是通过他的破旧伪装表现出来的。（See Arnold Toynbee, *A Study of History*, New York: Oxford University Press, 1947, p. 400.）

的革命阶级，它历史地承担了突破资本主义秩序、宣告一个新的无产阶级社会到来的重任。最后，马克思主义者相信历史进程的客观实在性，相信对历史进程可以进行科学分析，这种分析表明，人们具有认识历史必然性的潜力，而这些观点同那些依赖于道德示范和性善论的理论是水火不相容的。

这类观点从未出现在傅立叶、圣西门、欧文或其他人的乌托邦社会主义理论之中——无论马克思有多少观点与他们相同，或有多少观点是来源于他们的理论。无政府主义和民粹派的类似乌托邦的社会主义思想曾广泛流传于经济不发达的欧洲国家（以卢梭和蒲鲁东为其先驱），这类理论也没有包含马克思主义的上述三个观点。虽然乌托邦社会主义者在谴责资本主义工业制度所带来的社会弊病方面，其猛烈程度并不逊于马克思主义者，但是，他们的批判总是对新经济秩序非正义性的道德评判，而对这一制度的本质和作用却并没有作出任何历史性的分析。正如恩格斯所说："以往的社会主义固然批判了现存的资本主义生产方式及其后果，但是，它不能说明这个生产方式，因而也就制服不了这个生产方式；它只能简单地把它当作坏东西抛弃掉。"[19]乔治·利希特海姆也曾进一步指出，乌托邦社会主义者总是"把对作为一种生产制度的资本主义的批判同否定工业化看成一回事"[20]。

由于对现代工业化的这种模棱两可的态度，乌托邦社会主义理论为解决社会问题而提出的方法自然也含糊不清。在乌托邦社会主义者的著作中，无产阶级只是受剥削的客体，而没有被看作将要挣脱锁链的主体。他们认为解决社会问题要依靠教育的方法、道德典范的感召力以及理想社会模式对人们的吸引力，而这些模式是由那些具有理智并通晓社会真理的人所设计的。马克思和恩格斯曾这样准确地评论道："诚然，他们也意识到，他们的计划主要是代表工人阶级这一受苦最深的阶级的利益。在他们的心目中，无产阶级只是一个受苦最深的阶级。但是，由于阶级斗争不发展，由于他们本身的生活状况，他们就以为自己是高高超乎这种阶级对立之上的。他们要改善社会一切成员的生活状况，甚至生活最优裕的成员也包括在内。因此，他们总是不加区别地向整个社会呼吁，而且主要是向统治阶级呼吁。他们以为，人们只要理解他们的体系，就会承认这种体系是最美好的社会的最美好的计划。"[21]

空想社会主义思想在这方面最引人注目的地方，是它非常强调精英政治的作用。虽然乌托邦社会主义理论家挺身而出抗议资本主义工业化的种种社会不公正行为，但是，他们并没有赋予无产阶级——资本主义制度的主要受害者——以铲除不平和改变社会的使命，却只是一般地呼吁人们接受永恒人性的善的本质。尽管他们笃信理性和人类道德的善的力量，但在他们心目中，新的完美社会秩序的最终承担者却只能是他们这些社会规划家自己。结果是，那些超阶级的天才人物成为历史的创造者，只有他们才拥有真理和理性。

41

基本上可以把乌托邦社会主义看成是"前资本主义"时期反对资本主义制度的思潮，是一种普遍的思想模式，它最能吸引那些现代资本主义发展早期阶段的受害者（手工业者、农民以及那些自封为他们代言人的知识分子）。在19世纪欧洲经济不发达国家中肯定可以找到这种思想方式的根源。马克思主义则是资本主义发展较成熟阶段的思想产物，因为它承认现代资本主义制度及其社会后果，所以，能够为经济发达国家的城市工人和知识分子所广泛接受。由于存在着这些历史背景和理论上的深刻区别，人们能够弄懂，在城乡关系问题上，马克思主义和非马克思主义的社会主义理论在基本概念上有着本质不同。

为了研究的方便，在此我们不准备探讨那些社会主义先驱者们与被马克思、恩格斯斥之为"乌托邦"的那些当代思想家之间的区别。我们暂时也不打算专门论述19世纪上半叶西欧的乌托邦社会主义理论与下半叶俄国兴起的民粹派理论之间的区别。作为乌托邦社会主义的一种形式，俄国民粹主义以及它与马克思主义、毛泽东思想的关系将在第三章中讨论。我们这里所感兴趣的是描述一种一般思想模式的轮廓，它是对早期资本主义工业化之社会后果作出的形形色色非马克思主义反应的思潮的基础。一般说来，所谓"乌托邦社会主义"，只是在作为马克思对资本主义的分析的对比物这一意义上，才成为一种有历史意义的政治思想传统。

表现乌托邦社会主义思想一般的和基本的特征的是它的历史观。这种历史观认为，从根本上说，历史可以被看成是"自然"和"反自然"这两种发展力量的斗争。卢梭和一批 19 世纪的乌托邦社会主义者把社会罪恶的原因归结为强加在社会之上的反自然的制度，认为正是它们扭曲了人类善良的天性。因此，他们认为解决社会问题的办法在于铲除这些反自然的制度（或阻止它们进一步发展），随着人类的各种合乎自然的愿望得以自由发展，将出现一种理想的社会秩序。要实现这一任务就必须坚信人类意识的力量，相信道德规劝和开明人士的社会示范作用会自然而然地唤起所有人的天性，从而铲除那些虚伪的制度。

从这种唯心主义的、非历史的观点出发，资本主义制度及其社会形态和影响被看成是反自然和极不道德的现象，现代城市作为资本主义工业社会的标志和中心，也被看成是社会腐化和非人性化的主要根源。对于资本主义城市的谴责出现在法国大革命中发展起来的巴贝夫主义理论中。*

巴贝夫主义理论带有很强的土地均分论倾向，是现代社会主义和共产主义思想的最早的表述。菲利普·米歇尔·包纳罗蒂这个巴贝夫主义的主要思想家就曾主张城市人应"返回土地"，以实现一种平等的社会秩序："农业和满足生活第一需要的种种技艺才是社会真正赖以生存的根基。无论人们去耕耘土地，还是为农民提供商品和娱乐，只有当人们亲身从事这些职业时才称得上是自然意义上的生活。"[22]正如塔尔蒙所评论的那样，包纳罗蒂"从资本主义大城市中看到了'许多社会弊病'的症状"，看到了"内乱爆发的确切前兆"，他认为旧体制的种种弊端无不与大城市紧密相连：在城市中，一部分人被迫终年辛劳，而另一些人则游手好闲；农村被全面破坏，城市拥挤不堪，成为富人寻欢作乐的场所，成为大部分引人注目的不平等、贪婪、嫉妒和社会骚乱的发源地；应该恢复农业在古代的那种首要和崇高的地位，为了实现理想社会，就必须解散城

*正如利茨姆评论的那样："巴贝夫主义是作为早期城市无产阶级反对资产阶级统治的一次不成功的反抗而载入史册的……巴贝夫主义的重要性在于它预示了产业工人阶级出现后共产主义运动的主题。"（*The Origins of Socialism*，p. 21）关于法国革命中的早期社会主义和共产主义理论与 19 世纪"乌托邦社会主义"之间关系的讨论，详见上书，17～38 页。

市，"让市民们返回农村，住在使人身体健康、心情愉快的乡村里"[23]。

这种反城市的倾向通过模糊的现代共产主义平等观念表达出来，并成为乌托邦社会主义思想的主要内容。根据这一观点，近代的城乡划分并不像马克思主义认为的那样，是历史合乎逻辑的发展结果，而是一种反自然的现象，它使人们之间产生隔阂，并使人类异化。既然资本主义制度总体上说是反自然的，那么现代资本主义城市强迫人们接受的生活方式也是背离真正的人类需要的。针对工业社会和资本主义制度的种种社会弊病，乌托邦社会主义者提出了他们的解决方案。他们认为应当建立以乡村为基础的小型社会主义公社网，这些公社依靠道德号召和社会示范逐步发展，最后瓦解以城市为基础的资本主义制度。*

乌托邦社会主义者设想的并试图建立的理想公社有一个特别引人注目之处，即平均土地。他们的自给自足的社会主义公社建立在农村较偏远的地区，地点的选择既是出于他们的意愿，又有其必然性——不仅因为他们不得不避开资本主义社会经济关系和政治统治而独立地发展和发挥作用（并且由此表现出区别于资本主义的新的社会发展模式），也因为他们认识到了乡村生活给社会带来的好处。傅立叶著名的法伦斯泰尔计划是由 1 600 人自愿组成一些团体，他们一起耕种 5 000 英亩土地。傅立叶主义者普遍敌视现代大工业和技术，他们认为务农才是人类自然的职业，并且赞扬农民简朴的美德。**

虽然一些乌托邦主义者认识到了现代工业技术潜在的社会益处，从而希望将这些工业技术置于生产者社会集体的控制之下，但

*乌托邦社会主义者关于如何实现社会主义的设想与从封建社会向资本主义社会转化过程这一普遍为人们所接受的观点之间存在着有趣的相似性。在后者的转化过程中，资产阶级城市在封建制度之外发展起来，并最终削弱以至推翻了封建制度。乌托邦社会主义公社也是打算建立在资本主义社会势力范围之外的，并曾设想以同样方式发挥作用。马克思主义的观点则认为，向社会主义转变是一个历史性的剧变过程，社会主义只能在资本主义制度的物质和社会基础上产生，并且只能通过资本主义生产方式内部的矛盾冲突产生。资本主义制度除了为社会主义提供了必要的经济条件外，还带来了现代无产阶级，即社会主义历史的创造者。总之，正如马克思在《共产党宣言》中所说的那样：资产阶级还创造了"它自身的掘墓人"。

** 关于傅立叶的共产制公社的设想，参见 *Selections from the Works of Fourier*，Julia Franklin, trans., London：Swan Sonnenschein, 1901, 尤其是 137～154 页。虽然傅立叶并不是全盘反对现代工业，但是在新的乡村背景之下，农业占首要地位，而现代工业只屈尊次要地位。傅立叶写道："工厂不像今天这样集中在城市中，那里到处是疲惫不堪的人们拥挤在一起，以后工厂将遍布全球中的田野和共产制公社。这样人们在从事工厂劳动时就永远不偏离这样一种有吸引力的道路，它必然使工厂成为农业的附属和变种而不是一种独立的职业，无论对一个地区还是每个个人来说都是这样。"（同上书，119 页。）

即使在这些人设计的理想公社中，耕种土地也仍然占有突出和高尚的地位。埃蒂耶纳·卡贝尔本人作为一个"乌托邦共产主义者而不是乌托邦社会主义者"，是工业化的热心支持者。然而，正如乔治·利希特海姆评论的那样，由于卡贝尔受到 18 世纪自然法伦理学传统的深刻影响，他认为"关于人性，存在着若干放之四海而皆准的命题，一旦人们领悟了这些命题，结论便只有一个：返回'自然'（即前资本主义的秩序），这样，真正的人性才能复归"[24]。在按卡贝尔的想象所描述的完全平等的伊加利亚中，尽管大部分居民借助于现代技术，但他们却积极从事农业生产。[25] 罗伯特·欧文是一个富有的产业家，他深信科学和工业能产生无限的经济财富，可他却提出了这样的观点：社会的重新布局应该建立在以农业为基础的社会主义公社之上，这些公社是大体上自给自足的"乡村联合体"。[26]

乌托邦社会主义者们对待现代工业和技术的态度有很大不同，有些人对此采取鲁德分子式的敌视态度，另一些人则肯定，正确运用工业和技术必将给社会带来益处。尽管如此，他们一致反对将现代工业城市作为向社会主义转变的开端，而把模范社会主义公社作为这种转变的代表，这些公社远离近代资本主义，在资本主义体系之外的偏远乡村发挥作用。一般说来，这些模式展示了理想社会的这样一幅图景：农业和工业在新的乡村背景下的联合（方式和程度不一）。这种理想暗含的反对现代工业化城市的倾向成为乌托邦社会主义理论的基础。这一倾向以后得到了蒲鲁东特别是俄国民粹主义者的大力支持，最终成为当代乌托邦社会主义传统的核心。马丁·布伯（20 世纪乌托邦社会主义最优秀的代言人）就认为，"农业、工业和手工业在现代乡村公社的联合"才是最理想的社会布局，也是实现社会主义社会的途径。[27]

乌托邦社会主义思想的普遍反城市的观念反映在其特点各异的众多信念之中。这些信念否定现代城市所具有的种种特点。早期社会主义文献的重要主题之一，是对任何形式的大型组织抱着极深的怀疑态度。"集中化的现象"在政治领域表现为现代的官僚国家；

在经济领域则以现代资本主义工业组织的形式出现。对于这种集中化的强烈敌视态度在蒲鲁东的作品中表现得最为明确和激烈。他写道："那些干扰社会的所有混乱现象，公民所受的压迫和国家的衰败，究其根源，主要是单一等级制的权力集中造成的……我们应该尽早除掉这个可恶的寄生物。"[28]他提出的解决这一社会弊病的途径（与其他乌托邦社会主义的方法相吻合），是建立一个由自治公有体组成的自由联邦，这样可以避免陷入集中化和官僚化的困境。他乐观地宣称："民众的迁移和重新分布仅仅还是个开端"，社会生活的中心正以这种方式离开人口过于集中的城市，移至"新的农业和工业集群"[29]。

46

　　与这种敌视现代大规模集中化组织的态度紧密相连的是对专业化分工的厌恶。例如：在傅立叶理想的法伦斯泰尔中，其成员将从事各种各样的职业，参加许多活动，每两小时调换一个工作。这种理想完全是个人主义的，它使得一个人可以把多种体力劳动与内容广泛的文化活动及学术研究结合起来，以此满足人类对多样性及自我完善的一种很自然的期望。这种反对专业分工的倾向是建立在非理性主义的基础之上的。在这种理想社会中，没有必要建立教育机构，因为青年人将在生活和工作相协调的自然社会环境中进行自我教育。*

　　受过高等教育的知识分子在那里没有地位，因为他们的专业训练必然会带来体力劳动和脑力劳动的分离，而这正是与新秩序不协调之处。后来克鲁泡特金在他的无政府主义（民粹派空想社会主义传统的一个变种）中着重强调了这种观点。他主张废除高等教育机构，建立把学习与劳动相结合的"学校工厂"，这样就可以消除脑力劳动和体力劳动的对立。[30]在早期乌托邦主义者中，非理性主义表现为卢梭主义者对知识分子普遍抱有的不信任态度，后来又特别明显地体现在蒲鲁东和魏特林等人的著作中（魏特林是法国乌托邦社会主义思想的杰出代表人物）。[31]

　　乌托邦社会主义思想的其他主要特点（虽然不普遍）还有禁欲主义和绝对平等主义。乌托邦社会主义者反对作为城市资产阶级生

*Cole 指出（*History of Socialist Thought*, vol. 1, p. 65）："傅立叶希望孩子们能依照他们自己的爱好，自由自在地跟着他们的师傅从事多种学徒训练，这样可以学到许多不同的技艺……他认为学习的最好方式是实践，激起孩子们学习欲望的方法是给他们实践的机会。"

活之特征的奢侈豪华，称颂艰苦朴素的美德；针对现代工业社会中存在着的极端不平等现象和界限分明的社会等级分化，他们要求社会迅速实现全面平等。马克思认为他们这种禁欲主义是人类全面自我异化的表现，而全社会的平等则是一种不成熟的在当时甚至是反动的思想要求，它是当时工业资本主义发展还不充分，无产阶级还不够成熟的结果。*

乌托邦社会主义者所猛烈谴责的集中化和专业化分工当然都与现代化的城市紧密相连。正是在城市中，大工业才得以发展，并由此不可避免地带来一系列可怕的社会后果；正是在大城市里，日趋复杂的专业化分工才破坏了人们个性的完整。城市是官僚国家政权所在地，也是那些受过高等教育的专家和知识精英们涌现并聚集的地方。乌托邦社会主义者主张通过脱离城市来铲除现代资本主义带来的所有罪恶和不平等现象，包括对城乡的反自然的划分。

根据乌托邦社会主义理论，现代资本主义、现代集中化政体和资本主义形式的现代大工业这些危害社会的主要罪恶都源于城市。但是，乌托邦社会主义者作为异己物来理解的城市工业化的种种力量，在马克思主义理论看来，却恰恰是通向社会主义明天的自然的历史必由之路。在肯定现代工业资本主义的历史进步方面，没有一个马克思主义者比列宁做得更出色。

三、列宁主义、斯大林主义和苏联经验

马克思主义在俄国的历史，从某种意义上说，就是城市战胜农村的历史。马克思主义取代民粹主义（后者是西欧乌托邦社会主义传统在俄国的主要表现形式）的发展过程，恰恰发生在 19 世纪最后十年俄国工业增长最迅速的时期，这个过程在俄国革命知识分子的历史上标志着城市统治农村的思想开始占主导地位。1917 年布尔什维克的胜利，证明了城市在政治上战胜了农村。斯大林的工业化方针又将这一过程推至顶点，他把城市的经济建立在对农村的剥削之上。

* 马克思和恩格斯认为：刚刚诞生的无产阶级所做的最初的尝试，都不可避免地遭到失败，其思想代表是乌托邦社会主义。"这是由于当时无产阶级本身还不够发展，由于无产阶级解放的物质条件还没有具备，这些条件只是资产阶级时代的产物。随着这些早期的无产阶级运动而出现的革命文献，就其内容来说必然是反动的。"（《马克思恩格斯选集》，2 版，第 1 卷，303 页。）

　　俄国马克思主义明确地反对民粹派观点，即通过非资本主义的、平分土地的道路来实现社会主义的信念。普列汉诺夫和列宁都否认超越资本主义发展阶段的可能性（而承认这种可能性则被谴责为乌托邦）。他们还反复强调马克思关于城市统治农村的基本原理（并使之普遍化），事实证明，普列汉诺夫和列宁是比马克思本人还正统的马克思主义者，而且列宁在这一观点上比他的马克思主义导师——普列汉诺夫更正统。普列汉诺夫和列宁都认为，俄国民粹主义是乌托邦社会主义的一种形式；他们对民粹主义的长篇大论的批判与马克思和恩格斯当年批判西欧乌托邦社会主义思想的文章在内容上非常相似。列宁认为，现代资本主义生产力已经在俄国取得了统治地位；传统农业组织的集体主义的特点已经为现代经济力量和阶级差别所削弱，现代城市工业化的逐步发展以及随之而来的现代工业无产阶级的出现，都使革命的中心从农村转移到城市。[32] 对列宁来说，"我们国家并不存在足以使我们游离于社会一般规律之外的历史特殊性"[33]。这些规律规定了资本主义的未来及其给社会带来的所有后果，包括城市对农村的完全统治。列宁坚持认为："城乡分离、城乡对立、城市剥削乡村（这些是发展着的资本主义到处都有的旅伴）……因此，城市比乡村占优势（无论在经济、政治、精神以及其他一切方面）是有了商品生产和资本主义的一切国家（包括俄国在内）的共同的必然的现象，只有感伤的浪漫主义者才会为这种现象悲痛。与此相反，科学理论指出了大工业资本为这一矛盾带来的**进步**方面。"[34]

　　有些人否认现代资本主义制度所具有的进步特点和潜在力量，他们把实现社会主义的希望建立在对传统农业生活的原始形态所进行的返祖式的理想化上面。然而现代社会经济发展的力量证明这些人缺乏历史远见，因为那些普遍的不可逆转的巨大力量已经摧毁了乌托邦主义者美化了的前资本主义社会关系。虽然民粹主义者首先提出了资本主义制度的问题（这在他们的时代是具有进步意义的），但他们后来已经变成了"反动的空想家"，始终"幻想'为祖国'探寻'另外的道路'"[35]。作为小资产阶级反动思想的传播者，他们

50　代表着穷途末路的小生产者的利益，并赞同"助长停滞现象和各种亚洲式的东西"[36]。

1900 年后，列宁曾求助于农民阶级这个很有潜力的革命同盟军，这样做并不是因为他开始认识到农村的社会主义革命潜力，而主要是出于一种暂时的政治策略的考虑。在资产阶级民主革命中，俄国资产阶级向沙皇专制政府妥协，从而未能在这一革命中起到应有的政治作用，因此，农民阶级才在列宁的革命战略思想中占有一席之地。无须全面探讨列宁关于农民在革命中的作用问题的种种论述便可看出，其核心观点是："在民主革命阶段"，由于城市自由资产阶级在政治上的软弱无能，农民便成为它的政治替代品。

无论这种从马克思主义基本理论演变而来的战略有什么内在含义，列宁仍然坚持了他的马克思主义基本立场，坚持认为现代历史中的经济、社会和思想的真正的进步力量存在于城市中。这种战略思想既没有消除他对农民和落后的农村的不信任态度，也没有减弱他对民粹主义思想的敌视情绪。他坚持把民粹主义看成是"乌托邦性质的"，是小资产阶级农民利益的代表。无产阶级与农民阶级联盟只不过是局限于资产阶级民主革命阶段的一种权宜之计。在没有革命的资产阶级的条件下，这种联盟成为推进历史发展进程的一种手段，而当革命进入社会主义阶段后，这种联盟将是无法维持的。即使是在完成资产阶级民主革命任务的过程中，农民也仅仅是作为次要的伙伴参加这种非正统联盟的，无产阶级不仅要与农民结成联盟，还要"领导"农民。列宁还坚信：无产阶级和农民阶级将由两个不同的政治党派来代表，一个是"社会主义的"（即布尔什维克），另一个是"民主主义的"。布尔什维克是一个以城市工人为基础的政党，不需要在农村有什么基础；后者是社会革命党人，布尔什维克把它视为"民主主义"农民的政治代表。

51　这种非正统形式的资产阶级民主革命有一个政治公式，那就是"工农民主专政"。这里既不讨论这个有趣的公式之模棱两可之处，也不必说明在列宁的理论和实践中它的历史是多么自相矛盾，这里只需要注意一点：即它与布尔什维克胜利以后的政治现实不相干。

国家政权掌握在以城市为基础的、宣称自己体现着"无产阶级觉悟"的政党手中。1918年对社会革命党人的镇压摧毁了表面上维系的农民对政治的参与。布尔什维克在农村不断扩大自己的政治力量，还把城市党员派到农村，从怨气十足的农民手中强行征粮——这些都进一步加深了农民对城市和国家所一贯采取的不信任态度。

期望在发达资本主义国家完成的社会主义革命——失败了。布尔什维克虽然在俄国这样一个经济落后的国家成功地进行了反对资本主义的革命，但革命胜利后，俄国外对险恶的国际环境，内临人数众多心怀不满的农民阶层，这种情况是列宁主义理论所始料未及的。因此，正统的马克思主义关于农村和城市关系的论述成为布尔什维克解决这一问题的理论基础。列宁在其他方面的观点以及他所领导的革命虽然不尽符合马克思主义的正统思想，但列宁及其追随者却坚持马克思主义的这一思想：城市拥有现代历史的进步力量，而农村则蕴涵着潜在的停滞和保守的力量。

列宁肯定曾一度怀疑过在一个经济和文化都很落后的国家能否建立社会主义社会，他在晚年曾对布尔什维克革命的道德和历史的正确性深感忧虑和内疚。斯大林主义的暴行和不合理性绝不是列宁主义所固有的。但是，在列宁遇到的、后来被斯大林称为"社会主义在一国取得胜利"的问题的范围内，列宁的一些基本观点和政策的延伸就预示着斯大林当政时所进行的"从上层开刀的革命"。列宁认为，如果布尔什维克革命仍然局限在落后的俄国这个范围中，那么这场革命仅仅是一场资产阶级革命而已，所以，胜利后首先和最紧迫的任务是继续发展资本主义经济，这种发展当然应该在社会主义政权领导下进行。这意味着，城市工业化需要一种很强大的国家机器，它可以向农村施加政治影响，还可以从农业生产中提取城市工业发展所必需的资金。列宁关于必须加快经济发展的思想（从1918年后半年起他曾反复强调这一点）后来表现为他的专家治国倾向（集中体现在以下几点：他提出社会主义等于苏维埃加电气化，提倡向资本家学习，他对泰勒制的经济效率很感兴趣，还强调重工业的发展）；还表现为全盘肯定集中化的长处，一贯对农村持

52

反感态度，对一切形式的自发性组织不信任。以上这些都是列宁主义的思想观点。斯大林以此为出发点制定了把城市工业化建立在强制性的农业集体化之上的方案，其性质和社会后果是有目共睹的。斯大林主义虽然证明了马克思关于现代历史只能表现为"农村城市化"趋势这一论点，但对马克思提出的消灭城乡差别的目标，斯大林并没有做出任何贡献。苏联工业化模式以及它所培植的城市精英，实际上进一步扩大了现代城市和落后的乡村之间的差别。

四、毛泽东主义

现代历史上一件具有讽刺意义的大事是：为先进工业国家的城市工人阶级而创立的马克思主义学说，居然变成了"落后的"农民国家中反对资本主义的革命运动所依据的主要思想体系。在马克思主义历史上具有讽刺意义的还有，马克思主义理论的若干当代翻版恰恰吸收了当年被马克思和列宁斥之为"乌托邦"的那些社会主义思想和观念。

当代马克思列宁主义思想体系中出现了一些类似"乌托邦"的观点，产生这一现象的关键是如何看待现代资本主义。乌托邦社会主义理论认为资本主义是一种反自然的和异化的现象，因而在实现新的社会主义秩序时，应当摒弃资本主义。反之，马克思主义则认为，资本主义生产力的充分发展（及其全部结果）为社会主义制度创造了社会和物质的先决条件，乃是历史的必然。虽然列宁在革命策略问题上远非正统马克思主义，但他却从未背弃马克思主义的这一基本前提，即社会主义以资本主义为其先决条件。

现代中国的历史状况使人难以接受马克思关于资本主义进步性的信念。现代资本主义工业并不是在中国土生土长的，而是在外国帝国主义庇护下发展起来的。就20世纪中国工业资本主义的发展而言，它不但带来了西方早期工业化的所有社会弊端，而且是以极端的形式出现的：它主要集中在外国统治区，首先是通商口岸。如果早期工业化的后果使人们普遍认为资本主义是一种异化的、罪恶的制度，那么，现代中国历史的经验就更进一步证实了这一看法。虽然一些比较西方化的中国马克思主义者试图捍卫正统的马克思主义观点，但中国的实际情况却很难使人相信，一个就其根源而言是如此异己、就其形式而言是如此畸形的资本主义制度内部竟会包含有任何社会主义因素。因此，毛泽东主义的论述一般倾向于把资本主义和帝国主义相提并论，并把它们都看成是外来的入侵势力，从而试图从其他地方寻找改造中国社会的社会主义道路。

从理论上讲，由于当时中国不存在相互竞争的其他社会主义思想，所以中国的马克思主义者很容易拒绝马克思主义对资本主义的历史分析。这种情况与早期马克思主义理论和俄国马克思主义的发展历史截然不同，它们是在同形形色色的乌托邦社会主义思想作斗争中发展起来的，而这些乌托邦社会主义思想都无视新生的资本主义生产力的社会历史意义。由于中国的马克思主义者从未遇到过非马克思主义社会主义理论在政治意识形态方面的挑战，因此，他们无须像当初列宁那样努力捍卫和坚持马克思关于资本主义是社会主义先决条件的论断，而这一论断，无论从中国历史的现状来看，还是从中国共产党人自己的社会主义理想来看，都显得很不协调。而且，中国人选择共产主义首先是在政治上致力于马列主义革命运动，过了很久以后，才在思想上接受马克思主义理论。在这样一个缺乏马克思主义社会民主传统的国家里，中国共产党人远不像它的西方或俄国伙伴那样被马克思主义理论原则所牢牢束缚。这样，许多中国马克思主义者（以毛泽东为代表）才感到较易于不重视或重新解释马克思关于资本主义是一种历史进步现象的观点，当然，在这种情况下，更说不上承认资本主义是社会主义的基本前提了。

在对待资本主义的问题上，毛泽东的理论存在着许多含糊不清之处，之所以如此，其中大多是出于恪守正统马列主义意识形态的需要和一些政治策略方面的考虑。暂时抛开这种意识形态或策略上的考虑不谈，毛泽东思想在这个领域中有两个基本观点：第一，中国的资本主义不可避免地紧紧依附于外国帝国主义。第二，中国革命，包括资产阶级民主革命和社会主义革命两个阶段（前者是毛泽东理论中反复说明的一个基本概念），是世界范围内社会主义力量同资本主义帝国主义势力所进行的斗争的一个组成部分，而中国（至少是隐含地）在世界革命进程中是先锋。这两个命题是为毛泽东更大的需要服务的，即否认中国社会主义的未来要依赖现代资本主义生产力的社会和物质结果，或者否认缺少这种生产力将对实现社会主义革命的目标构成障碍。

　　毛泽东主义理论文献中最突出的论题之一是把资本主义与帝国主义相等同。这一观点与毛泽东主义在革命战略和胜利后的发展战略中对城乡关系的认识有着密切的联系。此论点出现在毛泽东作为一名马克思主义者所写的早期著作中[37]，以后又在理论上表述为"近代中国社会的主要的矛盾"是"帝国主义和中华民族的矛盾"[38]。正如毛泽东在 1926 年指出的那样[39]，这里所谓中华民族不包括那些"同帝国主义相勾结"的阶级和集团，即军阀、官僚、买办阶级、地主以及附属于他们的部分知识界人士。这些人实际上被看成是内部的异己分子，他们依附于凭空强加给中国的外来资本主义，在社会上、经济上，尤其是（对毛泽东来说）在思想上与外国资本主义帝国主义的统治紧密相连。资产阶级的其他部分有可能是异己的、应被排除在中华民族之外的，他们在政治上左右摇摆不定，是靠不住的中间势力。毛泽东通常对他们采取不信任的态度，这反映在他 1926 年发表的《中国社会各阶级的分析》这篇著作中。在这篇反映他的思想精华的文章中，毛泽东系统地分析了各个社会集团在以"推翻国际帝国主义"为目标的革命中所采取的不同态度，他说：

　　　　至于动摇不定的中产阶级，它的右翼应被看做是我们的敌人；即使目前还不是，将来很快也会是；它的左翼，可能成为我们的朋友，不过不会是真正的朋友……我们真正的朋友到底有多少呢？有三亿九千五百万。我们真的敌人有多少呢？有一百万。那些中间分子，他们有可能成为我们的敌人，也有可能成为我们的朋友，这样的人有多少呢？有四百万。即使我们将这四百万中间分子当作敌人，总共也不足五百万人，三亿九千五百万人只需打个喷嚏也足以将他们打翻在地。[40]

虽然毛泽东总是将可能成为进步势力的民族资产阶级与反动的大买办资产阶级区别开来，但事实上，民族资产阶级在毛泽东的革命阵线中并没有什么地位。的确，中国的资产阶级通常被看成是反动的和异己的。毛泽东在 1939 年写道："民族资本主义有了某些发展，并在中国政治的、文化的生活中起了颇大的作用；但是，它没有成为中国社会经济的主要形式，它的力量是很软弱的，它的大部分是对于外国帝国主义和国内封建主义都有或多或少的联系的。"[41] 此外，毛泽东对中国历史进行的一般性分析，也强调了民族资本主义的异己性质。在把马克思主义关于西方社会历史发展分期的正统观点（或许是违心地）应用于中国的具体情况时，毛泽东注意到，虽然中国是"历史悠久而又富于革命传统和优秀遗产的国家"，但中国"自从脱离奴隶制度进到封建制度以后，其经济、政治、文化的发展，就长期地陷在发展迟缓的状态中"[42]。中国的封建社会延续了三千年。毛泽东这样写道："直到十九世纪的中叶，由于外国资本主义的侵入，这个社会的内部才发生了重大的变化。"[43] 外国势力的侵入逐步瓦解了传统的封建经济，并且"又给中国资本主义生产的发展造成了某些客观的条件和可能"[44]。这些可能性部分地表现为"民族资本主义……初步的发展"[45]。

同买办资本主义中的大资产阶级一样，民族资本主义中的民族资产阶级也被归源于外国资本主义，因而也带有异己的性质。虽然民族资产阶级为了它本身的利益也有反对帝国主义的倾向，但正像毛泽东所强调的那样，它紧紧地依附于使它得以产生的外国资本主义。

我们很明显地感到，在毛泽东的思想中，资本主义或资产阶级无论采取什么形式，在中国都被看成是异己的。由于中国共产主义理论认为马克思关于西方历史阶段的划分具有普遍意义[46]，因此，毛泽东感到有必要做一番解释："如果没有外国资本主义的影响，

56

57 中国也将缓慢地发展到资本主义社会。"[47] 然而，毛泽东关于中国资本主义萌芽的奇特的分析引出了这样的问题：自己内部的资本主义的发展是否可以认为符合人们的愿望。马克思在分析西方封建社会向资本主义转变时，认为历史发展的动力最初是在封建社会的束缚之外活动的；主要的阶级斗争是新兴的资产阶级和旧的封建贵族之间的斗争；农民虽然是历史转变中的牺牲品，但绝不是历史进程中的主要角色。相反，根据毛泽东的理论，中国封建社会的主要矛盾是农民阶级与地主阶级之间的矛盾，而不是资产阶级与封建阶级之间的矛盾。与此有联系的另一个观点是："在中国封建社会里，只有这种农民的阶级斗争、农民的起义和农民的战争，才是历史发展的真正动力。"[48] 毛泽东的《实践论》在区分"感性认识"和"理性认识"时所举的历史例证，也隐含了这样的看法：资本主义在西方历史上是自然的，但在中国却未必如此。他注意到，西方无产阶级根据他们在现代资本主义社会中的亲身经验达到了对世界的真知，并且通过马克思主义理论对这种经验的科学总结而逐渐"理解了资本主义社会的本质"。而在中国，"第二阶段才进到理性的认识阶段，看出了帝国主义内部和外部的各种矛盾，并看出了帝国主义联合中国买办阶级和封建阶级以压榨中国人民大众的实质，这种认识是从一九一九年五四运动前后才开始的"[49]。因此，虽然在分析西方社会主义革命前景时，"资本主义"和"无产阶级"的范畴是合适的，但对中国走向社会主义的道路来说，适当的范畴应该是"帝国主义"和"中国人民"。

58 无论人民希望怎样解释毛泽东对中国传统社会中自生自长的资本主义萌芽的看法，他都确实认为，现代资本主义生产关系是由帝国主义的侵略带入中国的，因此资本主义制度在中国即使不算一种非自然的现象，至少也肯定是一种异己的现象，而且绝对不是社会主义的历史前提。从一开始，毛泽东就没有借助于马克思关于资本主义生产力中含有社会主义潜力的观点，而是从"中国人民"中寻找社会主义的源泉。"人民"在这里当然是指广大农民阶级，即毛泽东在 1926 年称之为革命的"真正朋友"的那"三亿九千五百万人"这个有机整体。值得注意的是，在《中国社会各阶级的分析》一文中，毛泽东在评价各社会阶级的革命潜力时，所使用的尺度几乎都是笼统的整数。[50] 如果说"四百万"有反革命潜能的"中产阶级"可以忽略不计的话，那么，城市无产阶级也同样可以忽略不计，因为他们毕竟只占"三亿九千五百万人"中很小的一个部分。更值得注意的是毛泽东1927年初发表的著名的《湖南农民运动考察报告》一文，可以看出，农民起义的自发性吸引了他。他说，那极富创造力的、势如暴风骤雨的农民力量"迅猛异常，无论什么大的力量都将压抑不住"[51]。在这篇以一种质朴的形式表达了毛泽东主义革命观的长文中，从头到尾，既没有提到资本主义，也没有提到它产生的现代各社会阶级。

　　后来，到了20世纪60年代初期，毛泽东更明确和深入地表达了他对资本主义和社会主义关系的理解。他指出，在中国比在西方先进的工业国家更易实现社会主义，因为在中国更少受到现代资本主义经济发展力量和资产阶级思想的"侵蚀"。[52]

　　由于毛泽东淡化了马克思关于资本主义是社会主义的先决条件这一论断，合乎逻辑的结果是，他对无产阶级和资产阶级这两个马克思主义所谓的现代历史上的两大革命阶级就不那么关心。如果说民族资产阶级在"民族"革命或"资产阶级民主"革命阶段并不是必不可少的力量，那么，无产阶级在社会主义革命阶段自然也并非必不可少。这里我们无须讨论毛泽东在他的实践中（虽然并不是在其正式的理论中）以众所周知的方式抛弃了城市无产阶级。所谓"无产阶级的领导"仅仅意味着"中国共产党的领导"，更确切地说，就是指那些具有正确的无产阶级社会主义觉悟的革命家的领导；无论这种思想觉悟取什么样的形式，它都无须同真正的无产阶级建立任何有机的或组织上的联系。虽然毛泽东的理论正式地区分了资产阶级民主革命与社会主义革命这两个不同的阶段，但当毛泽东重新给资产阶级民主革命下定义时，这种区别就不复存在了。毛泽东深入地研究了从"旧式的一般的资产阶级民主主义的革命"向"新式的特殊的资产阶级民主主义的革命"转变的过程。无须认真

59

研究这些论述，只要注意到下面这一点就足够了："新民主主义革命"的目标"不是资本主义的，而是社会主义和共产主义的"，革命的领导权"担负在中国无产阶级的政党——中国共产党的双肩之上，离开了中国共产党的领导，任何革命都不能成功"[53]。

毛泽东主义总是倾向于在那些最少受到资本主义影响的社会领域中寻找社会主义的源泉，例如，在较少涉及资本主义社会经济关系的农民阶层中，或在没有受到资产阶级思想侵蚀的知识分子中。这是因为在乌托邦社会主义理论中，资本主义制度及其现代社会的社会产品和物质产品从未被认为是以社会主义方式重新组织社会的先决条件。马克思把资产阶级和无产阶级看成是现代历史中的两个最活跃的阶级，而毛泽东则关心农民与知识分子的关系。

毛泽东主义与乌托邦社会主义理论的其他相似之处正好是它与马克思主义相背离之处，二者密切相连。像乌托邦社会主义一样，毛泽东主义并不认为经济落后是实现社会主义目标的障碍，反而认为它可以成为建设社会主义的一种优越性。正因为这样，毛泽东才宣称，中国革命的特点或优点是"一穷二白"，认为处于前工业社会的中国正在为全球社会主义和共产主义的未来开辟道路。

肯定"落后的优点"同马克思对历史客观决定性力量的坚定信念是不完全一致的，或者说，这种观点就意味着历史发展的结果依赖于"主观因素"，即那些富于献身精神的人们及他们的思想觉悟、道德价值观与行动。毛泽东主义与乌托邦社会主义传统持同样的观点，即认为社会主义制度的实现并不依赖于物质生产力的发展，而依靠一代"新人"的美德——这些人能够也必将把他们的社会主义思想意识赋予历史现实。马丁·布伯认为，社会主义制度的实现"并不依赖于技术状态如何"，而是依赖于"人民及其精神"[54]。他的这种乌托邦社会主义公式虽然是非马克思主义的，但却与毛泽东主义不谋而合。

我们发现，毛泽东主义对于那些与现代经济发展有关的组织和制度都很厌恶，这一点与19世纪的乌托邦社会主义思想也有相似之处。对专业化分工的偏见，对于政治和经济的大规模集中化组织形式的反感，对所有官僚主义现象的坚决反对态度，以及对于正规高等教育的不信任——毛泽东思想的这些方面众所周知，无须赘述。毛泽东和乌托邦社会主义者一样，不愿意承认"现代化"的种种不良后果是历史进步所要付出的必要代价。这不仅是因为他认为这种代价过高，还因为，如果不存在一个最终导致社会主义的客观历史过程，那就难以保证支付了这种代价就一定能实现所预期的社会主义目标。

61

　　总之，在以下三个重大问题上（一般认为这是区别马克思主义同乌托邦社会主义的分水岭），毛泽东主义都明显地倾向于乌托邦社会主义。首先，毛泽东主义反对马克思主义的这一前提：现代工业资本主义是历史发展过程中的一个必要的和进步性的阶段，它是社会主义制度的先决条件。其次，毛泽东主义否认（在其理论中是含蓄的，而在其实践中则最明显不过地表现出来）马克思主义关于工业无产阶级是社会主义未来的承担者这一观点。最后，马克思主义坚信历史的客观规律性，而毛泽东主义则用唯意志论的观点取而代之，他认为人们的思想意识和道德潜力是社会历史发展的决定因素。

　　毛泽东主义的这些不同于马克思主义之处直接体现在它对现代历史中城乡关系的看法上。毛泽东主义认为，中国资本主义是帝国主义侵略的产物，并带有帝国主义的性质，这就从根本上决定了毛泽东对中国资本主义的态度。这样，外国势力在中国现代城市中的统治这一事实便影响到毛泽东主义对城乡关系的理解。在毛泽东看来，城市不过是外国统治的舞台，而不像马克思确信的那样，是现代革命的舞台。正是毛泽东的这种观念导致了他强烈的反城市偏见，并相应地导致了他那种强烈的农民倾向：城市等同于外来影响，而农村才是本民族的。这种观念还使毛泽东对城市产生一种更普遍的怀疑态度，即认为城市是资产阶级思想、道德和社会腐败现象的根源。即使1949年以后，外国人早已离开了中国的城市，他的这种怀疑仍未消除。这种怀疑态度驱使毛泽东没有接受马克思主义关于工业化意味着城市化的正统观点，而是采取一种变通的因而是非异己的现代经济发展的非城市道路。尽管如此，毛泽东却对马克思主义消灭城乡差别的理想感兴趣，因为，它不仅是一个很吸引人的社会目标，同时也是一个很吸引人的民族目标。

这种现代的反城市思潮也许可以在中国传统里找到其先驱者。罗兹·默菲指出，孔子认为，可以在乡村生活的德行中找到智慧与真理，而在人们漠视大自然的城市中，真理被掩盖了，德行被削弱了。[55]这种看法体现了一种中国传统的对大自然的仰慕之情。这里不需要探究这种传统的反城市观点是否还在影响现代中国人的态度。无论传统社会中农民对寄生的以行政为基础的城市如何憎恶*，孔夫子的弟子们对乡村美德的称颂有怎样的影响，毫无疑问，在现代反城市观念的形成中，最重要的因素乃是现代帝国主义的入侵，正是这种入侵使中国城市成为外国的领地，成为外国统治的象征。

这里可以顺便提到现代历史上一个较早的例子，正如魏斐德所指出的那样，在鸦片战争中，英国的入侵在广东省的乡绅和农民中引起了反城市和反洋人的激愤情绪，乡下人认为广州城里都是汉奸、商人及同商人勾结的腐败的政府官员。[56]

寄生在国内的外国人都住在城市里，这样一种对城市的"前民族主义的"印象在20世纪中国民族主义中成了一个更为重要的主题。因为中国的城市是按照西方模式逐步发展起来的，所以，城乡之间在文化和社会经济方面的差别也就变得愈来愈大。民族主义者对此的反应是，到农村（受外国影响较小的地区）去寻找民族复兴的真正源泉。那些最富于民族主义倾向的早期中共党员，如李大钊和毛泽东，都是农民革命最早和最积极的倡导者，他们情愿并热衷于放弃城市，这绝非偶然，因为在他们看来，城市是保守主义和道德败坏的异己堡垒。这与另一些中国共产党人形成鲜明对照：他们或多或少地把西方正统形式的马列主义理论作为国际革命理论接受下来，并把社会主义的希望建立在城市工业的发展之上，建立在西方模式的城市无产阶级的革命潜力之上。农本主义和民族主义是世界现代史上两个关系密切的现象，而这种现象在现代中国历史上表现得最充分。由于中国革命是以在农村问题上修正马列主义为基础

*关于中国传统城市（即卫戍城：官僚机构和富裕的乡绅居住的地方）与农村的关系，参见费孝通所著《中国的乡绅》一书（芝加哥大学出版社1953年版），尤其是91～107页。费孝通概括了中国传统的农村关系：经济活动在那些设防的行政中心，它不是靠生产者之间物物交换进行的，而是靠消费者获取物品的权力来进行的，参见上书，98页。中国农民是否认为城市具有寄生性，如果他们这样认为，那么这一点对他们当中反城市的倾向有何影响——这些问题在传统中国的文献中很少讲得清楚。

的，因此，中国革命的特点必然是以农村为基础向外来势力控制的
大城市发动进攻。

毛泽东的反城市偏见并非单单是一场农村革命的产物。这在他
的早期著作尤其是《湖南农民运动考察报告》中就表现得很明显。
在这篇文章中，我们还可以发现，毛泽东除了贬低城市在革命过程
中的作用、使之成为一个微不足道的角色之外，还认为，西方化的
城市知识分子所掌握的外国知识和文化不但不符合农民的需要，而
且不如农民自己掌握的知识。他说：

> 我从前做学生时，回乡看见农民反对"洋学堂"，也和一
> 般"洋学生"、"洋教习"一鼻孔出气，站在洋学堂的利益上
> 面，总觉得农民未免有些不对。民国十四年在乡下住了半年，
> 这时我是一个共产党员，有了马克思主义的观点，方才明白我
> 是错了，农民的道理是对的。乡村小学校的教材，完全说些城
> 里的东西，不合农村的需要。……如今他们却大办其夜学，名
> 之曰农民学校。……农民运动发展的结果，农民的文化程度迅
> 速地提高了。不久的时间内，全省当有几万所学校在乡村中涌
> 出来，不若知识阶级和所谓"教育家"者流，空唤"普及教
> 育"，唤来唤去还是一句废话。[57]

64

在这篇文章中，毛泽东还进一步提出，留在城市的革命者容易
受到资产阶级思想腐蚀，政治上容易变得保守。当"农民在乡里造
反"的消息传到长沙时，"各方面的人……无不一言以蔽之曰：'糟
得很。'即使是很革命的人吧，受了那班'糟得很'派的满城风雨
的议论的压迫，他闭眼一想乡村的情况，也就气馁起来，没有法子
否认这'糟'字"[58]。解决问题的方法在于让那些富有潜力的"革
命人民"脱离城市的腐化生活，到革命力量聚集的农村中去。在历
史和政治情况截然不同的情况下，即使1949年后，毛泽东一直用
"到农村去"这种方法解决问题。

无论在战争年代，还是胜利以后的时期里，毛泽东早期对城市

的消极态度一直支配着他对城乡关系的理解。把城市与外国的和反动的东西联系起来，把农村看成真正民族的和革命的。这一点隐含在毛泽东的理论中，十分明显地表现在其实践活动中。作为一个实例，毛泽东所谓"对抗性矛盾"之一就是城市与农村之间的矛盾。他告诉我们，在西方资本主义社会里面，"那里资产阶级统治的城市残酷地掠夺乡村"[59]，在现代中国社会中，"那里外国帝国主义和本国买办大资产阶级所统治的城市极野蛮地掠夺乡村"[60]，因此，形成了双方这种带有极端性质的对抗性矛盾。

整个中国共产党革命的历史经验无疑大大加强了毛泽东对城市的不信任态度。在革命的历史中，农民革命者的确包围和"推翻"了城市的统治。但是，之所以采取导致最后胜利结局的这种独特的政治策略，部分地却是由于早先对农村革命潜力的确信和对城市的否定态度。早在这种政策还远未完全形成、在实践上也还未得到检验以前，毛泽东就已经把城市看成反革命资产阶级（他们被看作外国帝国主义的代理人或潜在的盟友）统治的堡垒，那里通常是外来的社会影响和思想腐蚀的发源地。当然，在城市里还有城市无产阶级，但无论人们如何同情他们的处境，对于毛泽东来说，这个阶级并无多少革命潜力。从数量上讲——毛泽东经常从数量上说明问题——城市无产阶级在"革命人民大众"中只占很小的比例。

毛泽东关于城市和乡村在革命过程中所处地位的见解起源于他的一个更广泛的观念，即以社会主义为目标的革命不需要依靠现代工业资本主义及其产物——城市无产阶级。反之，革命的成功依赖于广大农民大众和"非城市化"的知识分子，这些知识分子愿意也能够与农民相结合，并给他们指引正确的道路。

早期的思想惯性和中国革命的具体经验都是使毛泽东作出"革命的农村"和"保守的城市"这种区分的原因。这一观点在毛泽东的思想中是根深蒂固的。在革命胜利后的中国历史上，它又被赋予了深刻的内涵，以致最后变成了一个关于世界革命过程的、影响遍及全球的观点：由经济落后地区构成的"革命农村"将战胜欧美发达国家构成的"城市"。马克思相信，现代历史使得农村依赖于城市，"农民的国家依赖于资产阶级国家"；而毛泽东则坚信，现代革命的历史表明，农村将战胜城市，农民国家最终将战胜资产阶级国家。

虽然中国的共产主义革命是以农村为基础的，并且毛泽东主义的领导人也是倾向农村的，但这场革命的最后目标，正如约翰·刘易斯所说，"始终是城市"[61]。早在1939年，毛泽东就号召把注意力转向"城市工作"，因为，虽然中国革命必须采取"农民游击战争"的形式，而且有"在农村区域首先胜利的可能"[62]，但"革命的最后目的，是夺取作为敌人主要根据地的城市"[63]。1949年3月，当进入内战的最后阶段、城市不断落入红军之手时，毛泽东宣布，"党的工作重心由乡村移到了城市"[64]。

在这场由乡村的农民打胜了最后几场决定性战役的革命中，1949年共产党对城市的占领，同以往精彩的各个战役相比，可谓是一个乏味的结束曲。共产党对城市的控制，并没有涉及革命的政治行动，而是采取了大批农民军队对城市中心实行军事占领的方式。毛泽东的对城市和市民的不信任仍然存在（这些人对革命的胜利没做出什么大的贡献），以后，在极为不同的历史背景下，当他遇到新的问题时，这种不信任又重新出现。毛泽东确实宣布了"由城市领导乡村的时期"的开始。但就在同一篇文章中，他却告诫革命者要警惕城市资产阶级的"糖衣裹着的炮弹"[65]的腐蚀，指出农村"艰苦奋斗的作风"[66]有可能被城市生活所助长的"贪图享乐不愿再过艰苦生活的情绪"[67]所取代。

尽管如此，正是在20世纪50年代初期，毛泽东提出了革命胜利后的发展以城市为中心的政策，这一政策产生的社会结果后来又遭到他的批判。人民共和国正式成立前，毛泽东在《论人民民主专政》一文中，就把马克思主义的乌托邦目标推迟到将来某一个不确定的时间，而着眼于"目前的任务"，即建设一个强大的国家政权，加速经济发展。[68]因为城市已经成为新的"工作重心"，"目前的任务"就是按照苏联的发展模式，强调城市重工业的发展和建立以城市为中心的政治、经济官僚体制。1953—1957年的第一个五年计划的社会及政治后果是众所周知的：出现了压制活力的官僚机构和官僚主义行为以及新的社会不平等，突出地表现为城市中出现了一批享有特权的政治行政精英和技术知识精英；城市经济的发展给农业部门带来了一定损害；思想堕落的倾向（其中最值得注意的是：马克思主义的社会主义目标被形式化，以及虽然不在口头上但却在实践中背弃了农民革命所倡导的平等的、"艰苦奋斗"的价值观念）；日益现代化的城市与落后的农村之间在政治、经济和文化等方面的差别越来越大。

革命胜利后，革命就不再是一种能动的创造，它总会制度化，这是一种司空见惯的现象。在毛泽东主义对这种现象的对策中，马克思主义消灭城乡差别的目标逐渐获得了非常突出的地位，毛泽东主义与乌托邦社会主义思想的相似之处也变得非常清楚。这尤其表现在"大跃进"时期的农村公社化运动中，以及随之产生的"从社会主义向共产主义过渡"的理论中。对于城市工业化的种种社会后果，毛泽东所采取的措施是农村实行工业化，把政治重心和社会经济重心从城市转移到新的农村公社。人民公社不仅是发展经济的主要部门，也是中国向乌托邦共产主义"跃进"的基本社会单位。

68　1958 年 12 月 10 日，共产党的正式决议明确规定了公社的性质及其社会历史作用。这个决议虽然绝不是乌托邦倾向最明显的文化，但却表现出当时对太平盛世的渴望。

> 1958 年，一种新的社会组织像初升的太阳一样，在亚洲东部的广阔的地平线上出现了，这就是我国农村中的大规模的、工农商学兵相结合的、政社合一的人民公社。……农村人民公社制度的发展……为我国人民指出了……农业中的集体所有制逐步过渡到全民所有制的道路。社会主义的"按劳分配"（即按劳付酬）逐步过渡到共产主义的"按需分配"（即各取所需）的道路，城乡差别、工农差别、脑力劳动和体力劳动的差别逐步缩小以至消失的道路，以及国家对内职能逐步缩小以至消灭的道路……现在也可预料，在将来的共产主义社会，人民公社

将仍然是社会结构的基层单位。[69]

　　在"大跃进"中，卷帙浩繁的理论文献深入探讨了公社以及它们在"从社会主义向共产主义过渡"过程中所起的作用，以上只是这种文献的部分论点。在毛泽东关于中国社会主义道路的论述中，有两个方面对我们目前的讨论有重要意义：第一是公社化运动中明确的反城市内涵；第二是人的觉悟和道德品质在实现马克思主义终极目标方面所起的异乎寻常的作用。

　　"大跃进"运动把经济和政治生活分散到相对自治和自给自足的农村公社的整个设想，意味着彻底推翻了革命胜利后从苏联移植来的模式，而采取了旨在（至少是部分地）削弱新的城市精英的权力和声誉的政策。强调"农村工业化"和把工业生产与农业生产结合起来的非常激进的计划，都意味着在很大程度上降低了城市及其居民在实现经济增长和社会变革过程中所起的作用。与此相似，以教育与生产劳动相结合为基础（通过"红专大学"和许多"半工半读"方案来实现）的新教育政策，降低了以城市为中心、面向城市的高等教育制度的价值。人们寄希望于那些新型农村学校，它们应培养出既有社会主义觉悟又有专业科学知识的"新农民"。据称，劳动群众自己将成为科学技术的主人。此外，公社不仅是基本的社会经济单位，而且将成为革命政权的组成部分；事实上公社已经成为典型的毛泽东主义工具，可以用它来实行马克思主义理论赋予"无产阶级专政"的所有社会革命措施，包括消灭城乡差别。

　　在失败的"大跃进"运动中所执行的极端政策，反映了毛泽东主义由来已久的对与城市大工业相联系的社会和经济形式的敌视，这些形式包括：专业化分工、理性化的官僚机构、大型集中化组织以及正规高等教育。"大跃进"的极端政策不仅对新的城市精英、而且对以城市为基础的国家和党的官僚机构都构成了严重的威胁。[70]

　　对农村生活美德的颂扬和对"堕落的"城市生活方式的抨击，强化了公社化运动的反城市倾向。党号召干部继承和发扬农村革命

69

时期"艰苦奋斗"的好传统，谴责那些被城市生活腐蚀的干部——他们沉醉于挥霍享乐，沾染了懒散、骄傲和娇气的"官僚作风"。克服这些恶习的方法就是让城市的人到农村去，与农民同住同劳动，在那里培养真正的无产阶级品质。另外，值得注意的是，在中国共产党关于人民公社的正式文件中（1958年12月），一方面号召把旧城市改造成"社会主义新城市"，另一方面也注意到城市的公社化道路远比农村的艰巨和漫长，这不仅是城市生活的复杂性造成的，还因为城市中资产阶级思想的顽固性。[71]

在"大跃进"运动中，毛泽东主义的另一个显著特征是特别强调人的思想觉悟的作用及群众的思想：应当立刻实现这场运动的乌托邦社会目标，只要依靠"群众的积极性和创造性"，相信人们就会像响应纯粹的物质刺激一样对道德和意识形态的呼吁作出积极响应；承认"人是决定性的因素"，并且相信会出现"多面手"的"新人"，他们的思想和行动将创造一个崭新的社会。[72]对"人民群众创造力"的颂扬带有强烈的面向农村的性质，因为革命首创精神和有潜力达到高水平道德觉悟的花环，首先套在了"起先锋作用的农民"的脖子上。[73]有些人认为，中国缺乏公社化和向共产主义过渡的客观经济基础，但这些人受到了指责，被认为坚持"唯生产力论"，"看不到五亿多农民的伟大作用和革命热情"，还提醒这些人注意毛泽东主席的以下论断："穷则思变，要干、要革命。"意思是说，"在任何情况下都应当注意充分发挥人民群众的主观能动作用"[74]。

毛泽东主义的乌托邦成分虽然在"大跃进"时表现得最充分，但在20世纪60年代初从激进的公社化方案被迫后退并重新维护以城市为中心的经济政治官僚机构的权力之后，意识形态舞台上仍然有这种成分存在。以后，在"文化大革命"中，这种乌托邦成分又燃烧着启示的怒火重新出现在政治舞台上。不管人们如何解释这场极其反常的大动乱，"文化大革命"确实首先是对城市优秀分子的一场直接冲击，它还试图扭转工业化城市在政治经济方面对农村日益增长的支配趋势。如果像斯图尔特·施拉姆那样把"文化大革命"说成是一场"农村反对城市、农民反对工人的运动"[75]，恐怕有些言过其实，这是因为农民在政治舞台上从未扮演过主角。不过，"文化大革命"的确是这样一种思想复苏的标志，这种思想代表农民的利益执行对农村有利的政策，而不是对城市及其居民有利。至少在一段时期内，"文化大革命"试图解决前十年政治斗争中所涉及的中心政策问题之一。以下通常被看作刘少奇的观点：只有先完成城市工业化，才能对农村进行全面的社会主义改造，而毛泽东则主张把更大的一部分精力和资源投入到农村的工业化中去，给农民群众以更多受教育和享受医疗服务的机会。结果是毛泽东占了上风。

马克思主义假设，工业化必然要求城市化，与此相关的命题是，城市对农村居于完全主导地位是实现共产主义的历史前提。由于毛泽东的革命策略是以对农村的革命政治潜力的信念为基础的，因此，他在革命胜利以后的政策就把农村看成是社会经济大变化的出发点。他之所以采取这种政策是为了避免马克思指出的工业化必然带来的一系列消极社会后果，是为了消灭社会的不平等和思想的不纯洁——他认为城市即使在一个假想的社会主义中也会带来这些弊病。毛泽东主义的目标既不是使城市"农村化"，也不是使乡村"城市化"，而是要使农村现代化，使城市逐步融于现代化的和共产主义的农村环境，这样一来整个社会便向消除城乡差别这一最终目标迈进了。

毛泽东主义者确实接受了马克思、恩格斯提出的在社会主义革命之后的过渡时期里为实现消灭城乡差别这一目标所应采取的种种措施："把农业和工业结合起来，促使城乡对立逐步消灭"；"把教育同物质生产结合起来"[76]。但他们不同意这一观点：只有在发达的工业化国家，在城市和无产阶级领导下，这些措施才能得以成功地执行。毛泽东坚持认为必须在此时此地、在目前这种不发达的条件下完成这些任务；要紧紧地依靠农村，依靠有觉悟、有道德、有领导的农民。把毛泽东同马克思和列宁区分开来并确定毛泽东主义乌托邦性质的，并不是其理想化的目标，而是在什么条件下、怎样

72

实现这一目标的问题上的不同看法。在现代革命史上，在世界许多
其他地区的当代马克思主义理论中都可以找到与乌托邦社会主义紧
密相关的思想，最明显的例子是古巴版的马列主义、弗朗茨·范农
的新马克思主义著作以及朱利叶斯·尼雷尔的"非洲马克思主义"。
例如，在卡斯特罗看来，"城市是革命者和资源的墓地"[77]。在卡斯
特罗主义中，城市地区对于革命者不仅在肉体上是危险的，在精神
73　上也有腐蚀作用。正像卡斯特罗思想的代言人德布雷所说的那样，
留在城市里的那些革命者会"失去道德和政治原则"，因此他们应
该"离开城市，到山上去"，因为"上山能够把资产阶级的和农民
的因素无产阶级化"，而"城市则把无产阶级资产阶级化"[78]。范农
的著作指出：自从享有特权的和保守的无产阶级以及寄生性的民族
资产阶级占据了曾被外国势力所建设的城市以来，只有农民才是唯
一的革命阶级。在范农看来，城市及其社会政治生活是"外国人创
造的世界"，因此，那些要代表农民意愿的革命者，不论在政治上
取得胜利之前还是之后，都必须住在乡村里，"应该避开首都，就
像那里有瘟疫一样"。[79]

　　在当代马克思主义思想或新马克思主义中出现了与 19 世纪欧洲
乌托邦社会主义理论相类似的观点，这是经济落后造成的，是早期
工业化的后果以及对这些后果的预测所产生的普遍理性反应在新的
历史和思想背景之下的现代翻版。在非西方国家中，对现代城市的
敌对态度非常强烈，这是因为城市不仅体现了早期工业化带来的所
有社会弊病，而且是外国政治、经济、文化统治的象征。因此，这
种反应既是民族主义的，也是带有社会性的。正是这种民族主义和
社会主义的有力融合才使许多当代非西方马克思主义者一方面赞同
马克思关于消除城乡差别的目标，另一方面又反对他关于城乡差别
历史作用的分析，不赞同他对消灭这种差别的具体措施所作的假设。

　　这些违背正统马列主义的乌托邦观点对当代马克思主义者在革
命中以及胜利后所采取的政策有深远影响。在发动革命时，这种影
74　响的最重要的内涵在于利用农民阶级，而不把资产阶级和无产阶级
当作革命阶级；在建设新的社会秩序时，这种影响在于，对现代经

济进步所要付出的代价给予特别的关注，明确地拒绝西方和苏联的发展模式，试图在不进行城市化的前提下实现工业化，探索与社会主义和共产主义最终目标相一致的经济增长道路。非马克思主义的"乌托邦异端"在革命需要时很好地满足了革命的要求，而且比正统的马克思主义更适合经济落后国家的现实。当然，目前现代西方历史还不能明确地证明马克思的预言：现代资本主义发展合乎逻辑的和必然的结果将是社会主义。苏联的历史经验看起来也没有多大希望证明城市工业化这种特定"社会主义"模式会导致真正的社会主义明天。（如果农民国家到头来成了追求马克思社会主义目标的先锋，那将是对现代历史、也是对当代世界的马克思主义历史的最大嘲弄。）

然而，在称颂毛泽东主义或其他社会主义"新道路"之前，人们应该记住马克思早就警告过的危险：在缺乏高度发展的生产力的前提下，对社会进行社会主义的改造的任何尝试都要承担巨大的风险；在各社会阶级都普遍软弱的社会条件下，势必从中形成各种特定形式的政治精英主义；在拥有大量农民人口的国家中容易产生波拿巴式的个人崇拜——这种现象很明显地表现在具有超凡魅力的领袖人物的出现上，如毛泽东、卡斯特罗和尼雷尔，他们标榜与群众保持"思想上的联系"，从而登上历史舞台。

在毛泽东主义的中国和世界其他地方，我们所目睹的只是一些非常世俗和熟悉的进程，即社会主义的意识形态和那些表面上看来是社会主义的社会——如苏联和其他地方——一直在完成的只是资本主义经济发展的历史任务、并或多或少最终产生了相似的社会后果。最后的结果会不会只是证明了"工业发展国家用自己的形象给不发达的国家指明了方向"这一马克思的信念？或者说，这是否是一个非常矛盾的情况，即陈旧的乌托邦思想正在新的思想体系中、在不可预见的历史环境中发挥着作用，投射出一幅新的未来社会的图景？把毛泽东和列宁或马克思相比较，把研究视野从西欧乌托邦社会主义思想转向乌托邦社会主义的另一种形式——19 世纪俄国民粹主义思想，也许能够为解决这些问题提供一些线索。

第三章

列宁主义和毛泽东主义：中国马克思列宁主义的若干民粹主义观点

　　艾萨克·多伊彻曾经写道，中国的共产主义革命呈现出奇怪的情形，"这个最古老的国家渴望输入最现代的革命学说、最新型的革命，并且将之转变为行动。由于本国没有开山鼻祖，因而中国的共产主义直接继承了布尔什维主义，毛泽东站在了列宁的肩上"[1]。

　　多伊彻对毛泽东主义和列宁主义之间的历史联系的看法，是在重述一种被普遍接受的观点。大多数西方的中国共产主义专家都认为，马克思主义是以列宁主义的形式来到中国，并以该种形式存留下来的。由于各种各样的原因，中国的共产主义理论家们声称，毛泽东是列宁真正的继承人。官方也的确在将毛泽东的思想列为迄今仍被奉作经典的"马克思主义、列宁主义、毛泽东思想"———种普遍有效的革命理论发展当中的一个新的、更高的阶段而大加称颂。在中国马克思主义者的伟人祠里，毛泽东在列宁之后的地位，可能就像列宁在马克思之后的地位一样稳固。

　　尽管毛泽东可能已经对革命作了定论（或至少是最新的论断），但他发表的言论是不是列宁主义的，并不清楚。列宁主义和毛泽东主义之间关系的整个问题，充满含混不清的解释，二者间的历史联系极其微妙。在"文化大革命"期间，毛泽东作为"列宁主义的无产阶级革命家"，竟着手来摧毁列宁主义所说的无产阶级革命先锋队——党的组织这架机器，这到底是如何发生的？假如像一个列宁主义者必须相信的那样，党是无产阶级觉悟的化身，那么为什么毛泽东主义者如此经常地把真正的"无产阶级觉悟"归于完全在党组织之外的个人和团体呢？如果列宁主义者总是认为，群众"自发"的斗争和意识对于革命事业不仅不适当，而且潜藏着危险，为什么毛泽东主义者却如此热情地赞扬群众的革命首创精神？如果列宁主义教导说，党及党组织的纪律和权威，是进行有效的革命行动的必不可少的前提，为什么毛泽东主义的许多革命行动，常常把矛头指向这种有组织的纪律？毛泽东向群众发出"文化大革命"的号召，鼓动人们造党组织的反，而这个党正是他本人作为主要负责人缔造并领导它走向革命胜利的。说真的，这种做法在心理上怎么可能呢？至于在政治上和思想上，就更令人不解，它怎么竟能行得通？

这些问题在中国马克思主义理论家的著作中，几乎找不到答案。毛泽东主义者绝不放弃他们是列宁主义传统的继承者的主张。正像列宁和他的接班人把"列宁主义"当作对马克思主义唯一的、真正的阐述一样，中国共产主义者也宣称"毛泽东思想"是马克思列宁主义唯一有效的形式。在上述两种情况中，为了反复肯定自己和所继承的革命传统的关系，他们势必都要以正统的思想公式，以心理的、理智的及政治的需要为借口，来掩盖他们对马克思主义的最重要的背离、改革和修正。

因而，在试图弄懂毛泽东主义与马克思列宁主义传统之间的关系时，注释式地考察中国共产主义者论述马克思列宁主义和党的作用的著作，把它们同早先的列宁主义者和马克思主义者的著作加以比较，是十分不够的。这些文献本身未必提出了决定性的问题，更不必说提供答案了。确实，跟理解毛泽东主义革命思想有关的一些重要问题，可能在一个严格的马克思列宁主义体系之内并不明显；因此，跳出正统的意识形态领域之外，用更广阔的理性和历史的观点来探讨毛泽东主义，可能会是有益的。19 世纪俄国民粹主义的思想，也许就是一种有启发性的观点。探索毛泽东主义和列宁主义之间的联系，与其只把毛泽东和他的马克思主义前辈做比较，不如通过把毛泽东主义思想内包含的成分，与某些在"前列宁主义的"（和非马克思主义的）、"空想的"革命运动中已明确表明的普遍观点和问题联系起来，这样做可能要有效一些。

把毛泽东主义和俄国民粹主义做比较，并没有认为毛泽东或毛泽东主义者受俄国民粹主义思想影响的意思，因为没有证据使人这样想。毛泽东不像列宁（就人所知道的而言），他未读过赫尔岑或车尔尼雪夫斯基的著作。在毛泽东主义的历史中，也没有任何东西可与占据了列宁早期革命生涯那样多的、长时间的反民粹主义论战相比。确切地说，讲毛泽东主义和民粹主义的关系，是就它们某些独自显露出来的、相似的革命思想方法和具有某些共同的问题和困境而言的。列宁主义在某些方面是对民粹派革命家表达和提出的思想及问题所作出的反应。通过揭示毛泽东主义对于中国相似的思想及问题作出的独特回答，人们可以对存在于毛泽东主义和列宁主义之间的某种思想观点上的距离加以估量。

一、俄国民粹主义

在很大程度上，正统的俄国民粹主义（约 1850—1880 年）是前面章节里讨论到的 19 世纪初西欧空想社会主义思想传统的理性派生物。*

不过，民粹主义是在特定的历史条件下（和在一个历史时期里）形成的，这使它成为一个普遍的思想模式的独特变种。俄国民粹主义理论家犹如他们在西方的前辈一样，对早期资本主义和工业主义引起的社会瓦解作出了反应。但他们的反应，被一种"落后"的意识，被一种认为他们正在处理一个大部分人口是农民的国家的特殊问题的看法所限制。在这个国家，现代资本主义处于褪褓之中，处于与西欧经济上先进的资本主义国家的对抗之中。正像瓦利基指出的那样："俄国民粹主义不仅是对俄国内部资本主义发展的一种反应，也是对俄国外部的资本主义的一种反应。"[2]此外，鉴于西方空想社会主义早于马克思主义，民粹主义出现时，马克思主义已经是一种得到系统阐述的理论了；因而，民粹主义者不只是受到马克思主义思想的重大影响，他们还发展了自己的思想，明确取代

* "正统的俄国民粹主义"，一般指大约在 1850 年到 1880 年之间，即在民粹主义蜕变为革命恐怖主义和马克思主义在俄国知识分子中间发生广泛影响之前的那段时期的运动（主要由赫尔岑和车尔尼雪夫斯基的著作引起）。在这里，关于民粹主义的讨论将被限定在这个运动的理性而不是政治的倾向上，并将集中在把民粹主义思想与当代比较的目的特别有关的那些方面上。

了马克思主义对资本主义及其历史结局的分析。*

人们可能会注意到另一个更深层次的差别：空想社会主义者（在他们否定资本主义时）为他们认为是普遍的社会利益说话，他们对社会上受剥削最重的人——城市的工人们怀有一种特殊的同情；反之，民粹主义者则作为"人民"的代言人登场，"人民"实质上被解释成广大农民群众，他们被视为资本主义掠夺的主要受害者。这些特点——"落后"的意识，马克思主义的意识和对农民命运的特殊关心——为民粹主义理论提供了一种在早期空想社会主义思想中未曾有过的思想尺度，并给了它一种与当代的特殊关联。

尽管俄国民粹主义思想没有定型，它的政治表现形式也多样而复杂，但民粹主义者共同具有某些基本的和大体一致的信仰和期望。这些信仰后来在俄国已经消亡，但类似的信仰却富有生机地在世界其他地区的现代革命运动中保存下来，因而，它已超越了俄国历史的范围。

俄国民粹主义首先是以"人民"这一概念为标志的，这个"人民"或多或少是一种具有集体主义社会愿望的单一实体。它设想，一个社会的社会主义改革，是广大农民群众天生的愿望和革命能量释放的十分自然的结果。

对于"前资本主义"的农民的社会主义潜力的这种信赖，是与对现代资本主义经济力量侵入的担心紧紧结合在一起的。资本主义经济力量有逐渐破坏这些大概是天生的社会主义愿望并摧毁传统的乡村村社的危险，而在现代社会重建社会主义，村社正是做重建基础之用的理想化的集体社会组织。确实，民粹主义思想在很大程度上，是由于厌恶现代资本主义直接的社会价值和害怕它的最终历史后果而形成的。由 19 世纪西方资本主义的工业主义造成的堕落和丧失人性，在马克思和恩格斯的著作里，比在任何地方都刻画得更加生动。马克思主义者在这方面的批判，深深铭刻在民粹主义的思想中。但另一方面，马克思却假定，群众被改造成失去人性的和异化了的无产阶级，是人类为得到解放必须付出的社会代价。而民粹主义者既不希望付出这种代价，也不相信那样做就会导致马克思所

* 俄国出版了《资本论》的第一个译本，这是马克思视为"对命运的一个讽刺"的一件事；翻译工作是由民粹主义者在德文原版发行仅仅一年之后，于 1868 年着手进行的。俄译本 1872 年出版，早于第一个英译本 15 年。在 19 世纪五六十年代里，许多俄国民粹主义者被流放在西欧，在《资本论》出版之后，他们自然普遍熟谙马克思对资本主义的分析（和一般马克思主义的理论）。关于《资本论》和其他马克思主义著作对俄国民粹主义理论家的影响，瓦利基做过一种有洞察力的分析。可参见 A. Walicki, *The Controversy Over Capitalism*, Oxford: Clarenden Press, 1969, pp. 132-153。

预言的社会主义结果。不是资本主义，而是前资本主义的农业社会，才具有发展成为社会主义的可能。既然情况如此，那么，在解放农民的社会主义天性和在村社的集体主义传统的基础上建立新社会，就是"启蒙者"的责任了，而且应在资本主义生产力将这些天性和传统摧毁之前就去那样做。

因而，与马克思主义者不同，对民粹主义者来说，资本主义既非一个不可避免的、又非一个合乎需要的社会发展阶段。它不是社会主义的前夜，而是一个可能到来的社会中的幽灵，它也许会永远阻止社会主义的实现。

民粹主义者表达出来的要"绕过"资本主义的决心，不仅仅是一种想避免城市工业主义造成的社会恶果的愿望；它还反映出他们确信资本主义不是导向而是离开社会主义。由于西欧国家被它们"过度成熟"的经济搞得如此腐败堕落，因而它们不再有精力和美德去实现它们自己的社会主义理想。而落后的俄国，恰好还处在资本主义之前，相对没有负担——因而它的"前资本主义的"（并被说成是社会主义的）传统还是相对未被腐化的——将能够跃居世界文明的最前列。[3]正是这种"落后"的意识——一种由农民的俄国和先进的工业化国家共处而形成的、由马克思主义对现代历史发展的悲惨方面的描述而变得尖锐起来的意识——形成了民粹主义对现代资本主义的特殊反应。

反映在这些民粹主义观念里的，不仅是想避免付出资本主义工业化所需付出的社会代价的愿望和一种对西方资产阶级社会的普遍蔑视，而且是一种对历史的急躁情绪，"前资本主义的"俄国是社会主义革命先锋的信念就表现了这种急躁情绪。在这个意义上，民粹主义者可以被视为现代"落后优势"观念的思想先驱。他们宣称，正是由于资本主义相对不发达，正是由于俄国的"落后"所固有的道德的和社会的优点，沙俄比先进的工业化国家更容易达到社会主义。然而，民粹主义者绝不是在提倡落后本身。他们把自己看作现代科学人士，主张占有和利用西欧技术的最新成果——不过这些借用来的成果要为人民的利益服务，而不是作为压迫他们的新工具。

越过资本主义，直接进入社会主义，这是一种"乌托邦"式的探索。另外，民粹主义的历史观也非常独特。1848 年革命失败后不久，赫尔岑就泛泛地谈过这个问题。他的俄国能够完成西方国家不能做到的社会主义转变的论点，在一个方面得到了那种认为俄国相对来说不受累赘传统影响的观点的支持。反之，欧洲则被它历史的负担弄得"疲惫不堪"，它的"精力"和"意志力"都不足以"承受它自己的（社会主义）思想"。落后的俄国则不受传统所累，因而能够绕过资本主义，多少直接地走向社会主义。[4]另一方面，赫尔岑表达了"俄国人就其传统而言是社会主义者"[5]的观点，并且求助于在俄国残存而在西方所没有的村社和合作社的那种据说是集体主义的传统。[6]对传统的这种矛盾态度，存在于整个民粹主义的思想中，即一方面，俄国拥有的社会主义潜力依赖其独一无二的历史传统，另一方面，唯独俄国因其传统而没有负担。

民粹主义思想另一个最重要的基本观点是，国家被视为一种异己力量，它在社会里使"违反人道"的阶级区分产生和永存，阻碍人类真正团结一致。民粹主义者的确不信任一切大规模的、不管是政治的还是经济的组织。在他们幻想的无官僚政治的未来社会主义中，他们期待着依靠现代产业内部有组织的结合和按照传统的农民公社的原则，造成一个"生活和劳动"的联合体。

与这种深切的反官僚政治的倾向紧密相关的是某种对知识和职业专门化的普遍敌视，从而也在一定程度上敌视正规的高等教育。虽然他们本人是知识分子，并且多数是受过高等教育的，但这些民粹主义者却具有卢梭的"善来自于头脑简单之人"的信念和他对知识分子与专家的不信任。推动民粹主义的，实质上是知识分子深刻的与世隔绝之感和与人民群众"结合"的需要。

应当简要地提到俄国民粹主义的其他几个特征：强烈的反都市偏见，这种偏见把现代城市描述为不啻是在西方资本主义贪污腐败、丧失人性影响下的外来创造物；充满崇高的自我牺牲精神，这种精神在 19 世纪 70 年代"到民间去"这一注定要失败的运动中获得了最高尚的表达方式，当时年轻的民粹派知识分子确曾在事实上离开了城市，尝试和农民群众"结合"。可是，对于眼下的讨论来说，应当特别注意民粹主义者遇到的两个特殊的、与当代相关的理论问题：第一，识别真正的社会主义意识的来源和代表者的问题；第二，调解革命手段和革命目标矛盾的问题。

民粹主义思想的特征，是一种深刻的唯意志论信念，它认为人的意识的力量能决定社会的现实。与马克思主义者不同，对于民粹主义者来说，历史和革命发展的决定性因素，不是物质生产力不可抗拒的运动，而是人们的抉择和行动；虽然社会主义在道德上是令人神往的，在人力所及的范围里也是可能的，但它并不是历史注定的。根本的决定的东西，正如赫尔岑断言的，是"合信仰、愿望、信念和能力于一身的人"[7]。一个新社会的创造，要以那些彻底献身事业的、道德纯洁的"新时代人"的出现为前提，车尔尼雪夫斯基在其著作里非常热情地描绘了这些人。

这些"新人"，是一群年轻知识分子的精华，他们能够施加其社会主义意识的影响于历史现实，为群众提供指导。但是，一个基本的也许是与之相抵触的民粹主义信念，减弱了这些思想里包含的高人一等的优越感。这个信念，即社会主义意识最终归于人民自身，归于农民和村社的社会主义传统与思想。知识界的"新人"，应只是革命过程当中的催化剂，在这个过程之中，一切人都将成为一个新的和正义的社会里的"新人"。

但是，在调和他们启发并领导群众的责任与他们向群众学习、与群众打成一片的愿望之间的矛盾方面，民粹主义者从未获得过成功。这些互相抵牾的思想成分可以追溯到赫尔岑，他号召人们要有"到民间去"的觉悟和决心；但他们又不必与"平庸无奇的工人"为伍，而只需简单地启示人民，"是什么东西在隐秘地搅扰他们的（人民的）灵魂"。赫尔岑强调，需要"合信仰、愿望、信念和能力于一身的人"，这些人"不一定从人民当中涌现"。但他又坚决主张，这些人应当"永远不使自己脱离"人民，而是"在他们之中和他们一起行动的人……是感到自己和人民如此接近，实际上，是通过人民才从虚伪的文明环境里解脱出来的人……他们能够向人民进行宣传，并且必须那样去做"[8]。

民粹主义的世界观因而处于一种矛盾的境地。一方面是唯意志论地认为，知识分子的觉悟起决定性的革命作用；另一方面作为基本的信仰，又认为真正的革命创造力属于人民自己。一方面，社会的改造应归功于"有教养的人"的学识和行动；另一方面，又坚持认为知识分子的首要职责是向群众的智慧学习。这个民粹主义的矛盾为列宁所继承，并且在马克思主义思想的体系内以一种极为高明的方式，决定性地"予以解决"了。这也是毛泽东要面临的、不那么容易解决的两难问题。

使政治方法和社会目标一致的问题，保证所使用的政治手段与所追求的这些目标始终一致的问题，是一切从事政治活动的人所面对的难题；处理这个问题的方式，常常是一个具有巨大历史影响的问题。19 世纪俄国民粹主义知识分子也许要比其他革命者更加明确地正视并认真地考虑了这个困难的问题。这个难题之所以在民粹主义运动里显得特别突出，原因既存在于沙俄国家的社会本质中，也存在于民粹主义思想自身所呈现的矛盾的成分之中。俄国社会知识分子和人民之间有巨大隔阂，农民对政治冷漠，革命知识分子普遍未能获得群众支持，警察的严厉镇压使群众有组织的活动实际上不可能进行，村社的集体主义传统持续不断地受到侵蚀——这些就是鼓励民粹主义运动中高人一等的优越感和阴谋倾向的若干因素。在 19 世纪 60 年代，特别是在 1874 年的"到民间去"的运动失败以后，民粹派许多人转向恐怖主义，转向雅各宾派甚至布朗基主义的革命思想和革命方式。尽管政治上高人一等的优越感和民粹主义的一个主要思想、即相信进步知识分子在革命中起决定性作用的观点是不矛盾的，但将它归之于民粹主义相信人民自发的革命能力和天生的社会主义愿望，深刻信奉完全平等和人民民主，以及极度不信任自上而下强加给人民的任何东西，却不是毫无疑问的。当革命运动教条化并日益采取了居高临下的姿态、采取了搞阴谋的方式时，民粹主义者们由于担心自由和平等的革命目标可能会被实现这

85

些目标所采用的方法所歪曲而感到迷惑和困窘。正是出于这种担心，民粹主义者对他们自己的革命观念和方式里可能表现出的专制和集权的因素，进行了极为痛苦的自我批评。也正是出于这种担心，他们对马克思主义的实行全面无产阶级专政的概念，特别是在一个无产阶级仅占人口极少数的国家里运用这个马克思主义公式的主张，进行了批判。要是人民不能或不打算起来建立自由平等的社会主义新秩序，难道就不可能由革命知识分子的杰出人物指挥一场革命或政变，创造出不平等和专制主义的新形式吗？这是民粹主义者向自己和向马克思主义者提出的问题。它是一个注定要给俄国马克思主义和共产主义运动的历史带来苦恼的问题，但又是俄国马克思主义者显然不愿面对的问题。

在 19 世纪末期的俄国，民粹主义的冲动以各种十分不同的政治形式表现出来，但在这里，指出俄国民粹主义思想较为显著的特征之一是对为实现社会主义的最终目标所采取的革命方式的有关问题有一种明确的认识和深切的关心，也许已经足够了。正如艾赛亚·伯林所说："手段和目的的矛盾不只是在亚洲和非洲，而且是在世界所有大陆上折磨我们这个时代革命运动的最深刻、最令人痛苦的问题。这个问题的辩论在民粹主义运动内采取了如此清晰和明确的形式，从而使得问题的发展与我们自己的困境密切相关。"[9] 后面，我们将要指出，这个问题也与毛泽东的困境有特别关系。

二、列宁主义

尽管通常是从某些对马克思主义理论和策略的决定性修改来解释列宁主义的，但从列宁主义和俄国民粹主义传统的关系方面来理解它也是有帮助的。列宁受到某些民粹主义观念的重要影响，尤其是在系统阐述他关于党的思想方面；然而，作为一个马克思主义理论家，他实际上摈弃了民粹主义世界观的一切主要信条。列宁不接受作为一个集体存在的"人民"，而是把俄国看作由于不可调和的阶级对抗分裂了的社会。他虽然不得不比他的大多数马克思主义前辈更多地谈论农民可能具有的革命作用，但他不认为农民有任何天生的社会主义倾向。在资产阶级民主革命阶段（它在一定的历史条件下可能转变为社会主义革命），农民可以发挥有意义的政治作用，但它最多只是城市无产阶级的——或者更准确地说，只是体现了"无产阶级觉悟"的党的——一个助手。与民粹主义相对照，列宁把革命的期望集中在无产阶级而不是农民身上。

87

此外，列宁完全接受了与民粹主义的主要设想直接抵触的马克思主义的理论观点。对列宁来说，社会的阶级分裂和斗争，和基于它们之上的国家权力，完全是自然的和不可避免的历史现象，并非外来的异己的力量。同样，由马克思主义规定的、一切社会在它们通往社会主义未来的道路上必须经过的社会历史发展阶段，也是自然的和不可避免的。列宁把现代俄国资本主义生产力看作社会主义革命创造性的、而不是破坏性的历史前提。

同时，列宁并没有因为俄国的落后而从中找到什么优点，他否定民粹主义者从俄国"特殊的"历史状况推导出的一切虚构的思想和以救世主自居的信念。列宁认为，落后给革命提出了特殊的问题，但没有给革命提供特别的好处。列宁对俄国革命的希望和他所进行的工作，建立在对实际政治状况作出现实主义估量、抓住已出现的直接革命行动机会的基础之上，而不是在俄国不寻常的历史使命里寻找任何以救世主自居的信念。列宁认为，俄国革命可能在先进工业化国家的革命之前发生，他通常把这场革命设想为将点燃长久耽搁的——但最终必将会发生的——西方无产阶级革命的火花。

列宁主义和民粹主义革命世界观之间的深刻区别，可以从知识分子与群众的关系和协调革命手段与革命目的这两个问题上得到进一步的证明。在第一种情形里，人们注意到列宁对于这个问题的处理受到民粹主义的某些影响，而不是予以彻底的、非民粹主义的根本解决。在第二种情形里，列宁忽视这个问题存在的倾向令人震惊。

消除知识分子和群众间的隔阂的问题，集中在谁具有真正的社会主义意识和那种意识将如何形成一种历史上强大的革命力量的问

88　题上。大多数在列宁主义产生之前的马克思主义者，要比民粹主义者更少关心这个问题。但是，马克思将其看作实现社会主义要素的"无产阶级意识"，它的来源和作用是所有革命的马克思主义者所面对的一个基本问题。虽然这个问题在马克思主义最初的理论当中要比一般设想的复杂得多，但马克思仍倾向于把真正的社会主义意识当作无产阶级本身的一个标志。或者，更准确地说，他认为工人们在社会和经济条件迫使他们从事实际革命活动的过程中，会产生社会主义意识。追随马克思的"正统"马克思主义者，对经济发展的客观规律的作用具有不可动摇的信念，他们倾向于将注意的中心从作为历史创造者的有意识的人，转向"历史"力量通过他们发挥作用的、作为对象的人。因而，归根结底，社会主义的建立被视为历史发展的必然和自然规律的不可避免的结果。考茨基的言论就很有代表性。他说："人类的历史不是由思想，而是由一种不可阻挡地前进的经济发展来决定的，它服从于某种根本规律，而不是任何人的愿望和意念。"[10] 列宁从他的马克思主义老师普列汉诺夫那里接受了正统的马克思主义教导，认为"历史的前进"必定到达社会主义。这个预言不久就被列宁抛弃了，他的这个做法对马克思主义理论和整个民粹主义在知识分子和群众关系上的矛盾都有重大影响。

　　对于列宁来说，意识的问题成了革命政治最关键的理论和实际问题。即使列宁接受了马克思主义关于通向社会主义乌托邦的历史运动的一般描述，他也绝不会对马克思主义所说的历史的决定力量有坚定的信心，也永远不会真正相信马克思所说的无产阶级的革命的"自我能动性"。他对群众的"自发性"的普遍怀疑排除了后者，而他活跃的革命性格则排除了前者。此外，在一个社会主义的物质

89　和社会前提条件仍然极不具备的国家里，遵循马克思主义，就意味着革命者将不得不被动地等待一个也许是被拖延了的历史成熟时期。在资本主义生产力还在发挥它们的历史作用时，列宁既非由于气质，也非由于理智倾向的原因，却比民粹主义者更愿意作为一派政治力量来等待时机。正像后来毛泽东从苏联的经验里懂得了生产资料国有制与工业化结合不会自动产生社会主义和共产主义社会一

样，列宁从西欧的历史经验中也懂得，先进的工业化经济和大规模的工人阶级运动的存在不会自行产生社会主义革命。

根据列宁主义观点，通常的工人阶级运动史，必然要达到"修正主义"和"经济主义"占统治地位的顶点，这二者都意味着最终适应现存的资本主义秩序。预防那样一种不革命的结局，需要外来的、积极的革命干预，这种干预又转而以认清真正的"无产阶级意识"的来源和充分发挥其历史作用为先决条件。

那么，"无产阶级意识"是如何成为支配革命运动的手段的呢？在处理这个关键问题时，列宁深受俄国民粹主义思想，特别是车尔尼雪夫斯基著作的影响。像许多民粹主义者一样，车尔尼雪夫斯基从黑格尔哲学中得出了意识不仅仅是自然或历史的反映，而且对于它们来说还是一种外在的现象的看法。此外，列宁还采纳了民粹主义世界观里把历史基本动力的作用归结为革命知识分子的意志和主动性的思想成分。[11]这些主要是唯意志论的（并且大部分是民粹主义注入的）假定，不管后来被马克思主义的公式弄得多么晦涩，它们仍旧是列宁观点的基本特征，并成为列宁关于党的思想的理论基础。

90

知识分子的意识对于革命具有如此重要的决定性作用，自然意味着群众处于一个极不重要的地位。就知识分子的"意识"优于群众的自发性这一点而言，在列宁关于前者和后者之间的区别里说得很明确。而工人的自发运动（它不可避免地从客观的社会经济环境里产生）是社会主义革命活动的一个必要前提，它是革命的一个不充分的条件。真正的社会主义意识必须由它的代表——马克思主义知识分子灌输到没有定向的群众运动中去。[12]

列宁从这些信念中得出的实际结论是众所周知的：只有一个由职业革命家构成的、由有献身精神的知识分子杰出人物组织起来的、高度集中化的党组织，才能保证社会主义意识在工人们中间发展，将他们的自发斗争引导为有意识的政治行动。

应当注意到，并不是列宁主义的组织原则本身，而是作为这些组织原则基础的理论假定——认为马克思主义知识分子杰出人物的意识起决定性革命作用——使党在马克思列宁主义理论中居于重要地位（列宁主义类型的党组织完全能够脱离任何特殊的思想或社会团体而存在）。正是由于党被假定体现着"无产阶级意识"，它才在马克思列宁主义世界观里获得普遍正确和至高无上的特性。

特别值得注意的是这件怪事：在列宁主义关于党的思想的系统论述里，这些如此重要的民粹主义思想却被列宁塑造成了一种与民粹主义观点深刻对立的思想体系和政治组织形式。而民粹主义对革命知识分子意识的强调，是与真正的革命意识和创造力属于人民自己这个更加基本的信念结合在一起的（这种强调因而被减弱了），列宁抓住了第一部分思想，却完全丢掉了第二部分。知识分子和群众的关系问题，是一个使民粹主义者极为苦恼而又无法解决的难题，而对革命意识究竟存在于何处这一问题，他们也没有明确的认识。列宁以其特有的肯定和明确的方式解决了这些问题。列宁也不需要为消除知识分子和人民之间的鸿沟而烦恼。他把引起民粹主义者深刻忧虑的东西，转变为马克思主义革命者的美德。通过划清知识分子"意识"和群众的"自发性"之间如此明显的区别，列宁主义理论正式认可了知识分子和群众之间存在的鸿沟。党组织的列宁主义实践，又足以使其制度化。没有什么东西能比列宁部分地建立在借用的民粹主义思想上的、非常高明的革命公式和策略与人民中原始的民粹主义信念更不相容的了。

列宁对最终将废除"知识分子"和"群众"之间区别的、平等的社会主义社会的根本目标的信奉，无疑是真诚的，但列宁主义的政治策略却导致了关于使用的手段是否与革命目标相一致这一极为重大的问题。手段和目的的矛盾无论在何处，都不如在列宁主义关于党的思想里明显。列宁主义组织原则的更危险的含义直到1917年以后很久才变得明显起来，在这之前，另一个革命的马克思主义者早就清楚地认识到了这个问题。罗莎·卢森堡于1904年写了一篇批评"集权主义"的文章，她从列宁正在鼓吹的组织形式当中觉察到，这是一种要求"中央机关单独地为大家思考问题，制定计划和决定事情"并"盲目服从中央机关"的体制，更为重要的是，它意味着"党的有组织的核心"与群众性的工人运动"严格地隔离"。[13]她预言："列宁的组织观念对俄国社会民主党是最大的危险。事实上，除了把运动驱入将正在进行斗争的工人阶级降低为'委员会'执行工具的官僚集中制以外，没有更容易更肯定地使还很年轻的工人运动受知识分子的统治欲望摆布的东西了。……被列宁今天看作是怪影的东西，恰恰明天会更容易地变成现实。"[14]

92

实际上，这种"官僚集中制"在十月革命后变成了政治现实。1917年以后，列宁的政治方针更多地出自他关于党的思想中的独断原则，而不是出自他在革命前夕如此有力地提倡过的、马克思主义传统中的自由和反官僚主义思想。此外，尽管卢森堡自己对布尔什维克事业深为同情，但没有人比她对这种情势的分析更具洞察力和更有预见性了。人民的管理和群众的积极性是革命生存下去所不可缺少的。1918年，她在德国监狱的牢房里写道："对于这一点，没有人比列宁懂得更多、说得更透和再三坚持了。但他在他所使用的手段上却是完全错误的"。（重点号系作者所加）随着全面的压制，官僚政治将作为政治生活中唯一在活动的要素存在下去，其结果将导致一个不是无产阶级的，而是资产阶级的、激进主义的"少数政客的专政"。她预言，此种情形，"不可避免地要引起社会生活的残酷无情"[15]。

当然，1917年后有许多因素助长了大规模的官僚主义专政和社会不平等的制度化。这些因素所带来的后果是，西方先进的工业化国家里未发生所期待的革命；在社会、经济极端落后的条件下，布尔什维克政权发生了必然的孤立。然而，向官僚主义堕落的萌芽，也存在于具有优越感的列宁主义的革命思想和政治组织之中，存在于列宁主义理论在调节革命手段与革命目标的矛盾时所遇到的失败之中。正如巴林顿·穆尔指出的："列宁和他的追随者打算用以达到人类自由和平等目标的组织方式，否定了自由和平等的原则。人们期望，这种否定将是暂时的，胜利的成果会实现期望达到的目标。但胜利后随之而来的却是不得不加强纪律、权力和不平等。"[16]

93

列宁主义政治实践和马克思主义目标之间的不一致，由于列宁在革命后执行的经济政策加剧了，这些政策强调使用资本主义经济组织形式、劳动纪律和物质刺激，以经济上最有效的方式来执行一项急于求成的现代工业发展计划。这里的问题不在于取得工业迅速增长的列宁主义（和斯大林主义）方式的效果如何，而在于所使用的方式是否和最终寻求的社会目标一致。列宁所说的社会主义即"苏维埃加电气化"这个著名的早期公式，已变成并且继续作为苏维埃思维的一个基本的正统观念——即工业的发展与生产的国家所有制结合是实现社会主义和共产主义的保证的观点——而存在下去。结果，实际的情况是，它仅仅保证了一个工业化社会的到来。在这个过程里，经济发展起初被看作隶属于社会主义目的的手段，后来却变成了目的本身。巴林顿·穆尔曾经指出："在（列宁主义）关于目的的思想被大加修改或抛弃之时，关于手段的思想就有了持久的重要性。"[17] 它们因持久的和根本的重要性存在至今。

和民粹主义相比，列宁主义是一种以与手段和目的的矛盾几乎完全无关为特点的学说。列宁全神贯注于革命的手段和直接策略，与此同时，在理论上和实践上却很少考虑这些手段对所期待的社会主义未来意味着什么。革命后俄国的历史更加证实了旧民粹主义者的担心：由一小群知识分子精英把持的革命，实现的将只是用专制和不平等的新形式来取代它们的旧形式。

三、毛泽东主义

94

在比较现代俄国和中国的知识界时，史华慈评论说："在中国早已出现过与民粹主义相类似的观点，不过，它很快就被俄国革命的影响压倒了。"史华慈进一步指出，1919 年之后，马克思列宁主义阻止了"一种成熟的民粹主义的出现"，在中国继续存留下来的"是天才人物统治论者，而不是信奉民粹主义的无政府主义者"[18]。

然而，实际情况却是，马克思列宁主义的影响从未完全压倒中国的民粹主义论调。实际上，民粹主义的影响将成为毛泽东主义解释马克思主义的一个不可缺少的组成部分。此外，民粹主义在中国保留下来的形式确实不是无政府主义的，从根本上说，也不是天才论的。也可以认为，毛泽东主义更突出的特征之一，是在列宁主义式的天才人物统治论和更早的民粹主义式的信仰之间踌躇不定。这种信仰认为，"人民"（特别是农民）本身具有一种潜在的"普遍愿望"和一种天生的"社会主义意识"。在根据俄国历史的观点考察毛泽东主义时，毛泽东主义的很多方面与正统俄国民粹主义所认定的那些信仰和矛盾之间引人注目的密切关系给人们留下了极深的印象。这种密切关系在列宁与民粹主义者尖锐分歧的那些地方，看起来最为显著。

　　尽管中国共产主义历史学家倾向于按照俄国革命运动的历史来给中国革命的历史分期，因而将同盟会时期（大约在 1905—1919 年）划分为革命运动的"民粹主义阶段"[19]，但这个早期的民粹主义冲击是比较微弱的，大部分是在 20 世纪头 20 年期间，在外来的无政府主义学说的支持下出现的。五四运动期间出现了一种更加重要的民粹主义论调——并且尤其自相矛盾的是，它出现在被马克思主义吸引的青年知识分子中间。在诸如 1918 年的平民教育讲演团[20]那样的学生积极分子团体的思想和行动里，在 1920 年上海和其他地方到农村和农民一块劳动、拥护"打破'知识阶级'的观念"、有马克思主义倾向的学生的思想和行动里，在 20 年代初期彭湃和社会主义青年团团员到农村去组织农民的活动里，明显地存在着一股强大的民粹主义冲击波。*

　　在中国第一个重要的马克思主义者和中国共产党的奠基人李大钊的著作中，民粹主义的思想观念得到了最为明确的表达。值得注意的是，李大钊在 1918 年宣布自己是一个马克思主义者之后的第一个政治行动就是热情地号召他的学生及其追随者离开城市和大学"腐败的生活"，"到农村去"，"拿起锄和犁，成为辛勤劳动的农民的伙伴"。与此同时，在农村的"整个人生"里，用社会主义原则教育农民群众。[21]

　　俄国革命运动的民粹主义阶段先于马克思主义阶段，而在中

* 丁守和、殷叙彝、张伯昭：《十月革命对中国革命的影响》（北京，人民出版社，1957），特别是 137～142 页提供了关于这些学生运动的有用资料。关于彭湃的土地革命活动，可参见 Robert Marks, "Peasant Society and Peasant Uprisings in South China: Social Change in Haifeng County, 1630—1930", Ph. D. diss., The University of Wisconsin, 1978; Roy Hofheinz, Jr., *The Broken Wave: The Chinese Communist Peasant Movement*, 1922—1928, Cambridge, Mass.: Harvard University Press, 1977.

国，一个真正的民粹主义冲动多少是与马克思主义思想的介绍和传播同时出现和发展的。在俄国，民粹主义逐渐趋向于被马克思主义取代，民粹主义思想和民粹主义运动最终为列宁主义所抑制，而在中国，一个强大的民粹主义冲动继续存在下来，使中国共产主义革命的列宁主义性质，发生了重要的改变。

96　　　民粹主义式的信念曾对李大钊宣传马克思主义，使之适合中国国情产生了影响。在毛泽东的思想和行动里，这种信念看起来好像有点不够明确，但影响并不小。显然，在毛泽东成熟的理论生涯的开端，这些信念就已出现，而且不是简单地适应以农村为基础的革命运动的现代产物。1919 年下半年，在毛泽东正式转变到信仰马克思主义之前的几个月出版的早期政治著作中，他看到中国人民作为唯一的统一的实体，具有巨大的革命潜力。他宣布说"我们中华民族原有伟大的能力"（重点号是作者所加），他大声疾呼实行"民众的大联合"这一"刻不容缓"的重大政治行动。虽然中国人民"几千年"来遭受压迫，羸弱不堪，但在毛泽东看来，这个落后的历史乃是现在和将来政治上的重大有利条件，因为"蓄之既久，其发必速"[22]。在这里，人们可发觉毛泽东同民粹主义一样的对人民固有的潜力的特殊信赖，而不像典型的列宁主义，对群众自发性表示怀疑。

　　在毛泽东 1927 年写的著名的《湖南农民运动考察报告》中，这种民粹主义的倾向更加显著，当时毛泽东可能已坚定地献身于马克思列宁主义了。毛泽东在《报告》里不仅把农民看作革命的民众基础，而且把革命创造力和政治判断标准这些马克思列宁主义者认为党才具备的东西，赋予了农民自己。在毛泽东看来，不是党来评判农民的革命能力，而是农民来评判党是否足够革命："一切革命

97　的党派、革命的同志，都将在他们面前受他们的检验而决定弃取。"[23] 报告强调了农民依靠他们自己的首创精神正在完成全部革命工作，反对一切外来的干预和有组织的控制。在毛泽东看来，1927年自发的农民运动是一种基本的革命力量，这力量大得将扫除在它面前的一切东西，包括那些已被证明不愿或不能和群众在一起的

"革命知识分子"。于是，就像后来一样，毛泽东表示了对由城市知识分子得来的"知识"的深刻不信任和对农民天生的"智慧"的赞赏。

20世纪20年代中期，在农民自发的革命活动里，毛泽东找到了他在1919年就预见到的"民众的大联合"的具体表现。如史华慈曾说过的，毛泽东1927年的《湖南农民运动考察报告》"也许既是由一个俄国民粹主义者，也是由一个马克思列宁主义者写的。在这里，我们确实找不到那些贯穿于一切马克思列宁主义文献中的对农民独立革命作用的责难"[24]。即便毛泽东后来正式出版的著作是以一种更正统的马克思列宁主义面目出现的，1927年那种明显的民粹主义冲动也绝不会被马克思列宁主义的影响完全淹没。

就一般的意义而言，毛泽东主义中的民粹主义倾向，是在一种视"人民"为有组织的整体并赞美他们自发的革命行动和集体潜力的强烈倾向中表现出来的。毛泽东主义虽然是一种要求阶级分析和不断进行"阶级斗争"的学说，但它也设想过中国人民，或至少是绝大多数中国人民，作为一个潜在统一的"无产阶级"存在。正如毛泽东经常宣称的那样，95％的中国人基本上是革命的（或至少潜在地是那样），不革命的那些人应从"人民"的全体成员中排除，因为他们代表和反映了外来的影响；实际上，按照典型的民粹主义世界观，他们是以十分阴险的方式出现"在国内的外国代理人"。

尽管毛泽东主义学说强调需要组织和纪律，但那些按照纯粹的列宁主义标准可能具有组织和领导群众的必要意识的人却反复被敦促去"和群众打成一片"，"向群众学习"，老老实实"当群众的学生"。当毛泽东主义者宣布，"人民群众的主观能动性"能够克服一切客观的物质障碍时，这也许（以极端的形式）反映了列宁的唯意志论对历史中的主观因素作用的强调，但却和列宁坚持这些主观因素要靠一些革命知识分子天才使之产生、并且必须由他们来组织训练不是一回事。毛泽东在评论人口过剩的问题时坚持"人多议论多、热气高、干劲大"[25]，他并非简单附和一种陈旧的反马尔萨斯人口论的马克思主义偏见，而是出于他自己固有的民粹主义信念，认为真正的社会创造力属于人民自己。

当然，毛泽东主义非常著名的"相信群众"的观点，实质上是对中国人民的绝大多数、中国共产主义革命的主角——农民群众的信任。虽然毛泽东在农村成功的革命经验无疑有助于加强他思想和行动的农村方向，但在农民证明自身的革命价值很久之前，毛泽东就很自然地为他们所吸引了。对"生活与劳动结合"的农村理想和"生活朴素"及"劳动努力"的农村传统深情眷恋，是半个世纪以来毛泽东主义的特点。毛泽东虽然从未证明（像俄国民粹主义所做的一样）农民传统就是社会主义（因为中国毕竟没有与俄国村社相当的传统东西可赞美），但他确曾赞扬了中国农民的革命传统，对传统的农民起义者们的英雄行为心驰神往，极感兴趣。毛泽东在1958年及后来都认为，即使中国没有传统的村社留下来，也可在他所发现的现代中国农民"自发的社会主义活动"的基础上创建现代的人民公社。而这个新的公社，要在一种平等自足的农村社团（一个旧俄国民粹主义者的梦想）里实现工农业生产相结合的目标，这是一个在马克思主义规定的消除城乡差别的必要经济条件出现之前就要实现的目标。历史发展的"资本主义——资产阶级阶段"，在社会上和经济上将像在政治上一样被迅速"绕过"。

然而，尽管农民自发的革命能力备受赞扬，毛泽东从未认为农民本身具有"无产阶级意识"。但纵使农民不具有无产阶级的美德，毛泽东也总能在农民当中发现许多优点。"我在乡下和农民一道待了很多日子，他们经历过的许多事情使我深受感动"，毛泽东在"文化大革命"前夕用民粹主义特有的腔调说道，"他们知识丰富，我比不上他们"[26]。

毛泽东把农村和农民群众作为革命创造力源泉的倾向，十分自然地使他感到城市地区是社会和思想污浊之源。对城市的这种敌意当然与现代中国共产主义革命历史的客观条件不无关系。在共产主义革命以农村为基础，进而把农民当作"革命人民"进行颂扬时，中国的城市，正如罗兹·默菲所说，仍然是"传统儒家制度、西方帝国主义者……和国民党的正式的和象征性的堡垒"[27]。确实，毛泽东在革命年代里对城市无产阶级缺乏兴趣，只能用 1927 年后城市工人阶级本身对政治近乎完全的冷淡来解释。从农村的革命力量包围并最终压倒不革命的城市这种革命形势中取得的经验，无疑帮助毛泽东坚定了他在《湖南农民运动考察报告》里就已显露出来的反城市倾向，特别是他对城市知识分子的藐视和对城市无产阶级革命能力的怀疑。

革命后的年代里，毛泽东主义中那些倾向农民的思想仍居于支配地位。对农民的革命长处，毛泽东始终津津乐道，同时对正在迅速成长的中国城市工人阶级的政治作用，继续明显地保持沉默。实际上，城里人反而被下放到农村以变得"无产阶级化"，并向农民学习有关斗争、努力劳动和生活朴素的"无产阶级美德"。至少从"大跃进"以来，毛泽东主义的经济政策更多的是注重农村的工业化，而没有注重潜藏着"修正主义"的城市的工业增长。此外，若将中国革命的经验放到世界范围内去考虑，按照毛泽东主义独特的世界革命的观点来看，亚洲、非洲和拉丁美洲落后国家这些"革命的农村"，最终将包围并压倒经济上先进但又是反动的欧洲和北美"城市"。而那个最不寻常的毛泽东主义动乱——"无产阶级文化大革命"——其矛头就是主要指向新兴的城市贵族阶层、文化和科技知识分子，特别是以城市为基础的党的官僚主义者。

其实，毛泽东的反城市主义与马克思主义或列宁主义均无共同之处，倒与出自于卢梭的西方理性传统中的某种论调有一定相似之处。这种论调把城市看作一切社会邪恶和道德败坏的体现，看作一块有毁坏农村自然的纯洁之虞的悬顶危石。这种思想在俄国民粹主义者的著作里强烈地表现出来，俄国民粹主义者把现代城市看作是有破坏农村的"社会主义"风俗和传统基础的、危险的、外国资本主义的异己力量。正像民粹主义者指责城市是资产阶级腐恶之源一样，毛泽东也在城市里找到了旧的资产阶级腐朽文化的残余和新的资产阶级不平等的滋生地。并且正如俄国民粹主义者谴责西方资产阶级和普遍瞧不起西方城市无产阶级一样，毛泽东也是既轻视现代西方社会各阶级，又担心中国新兴的城市无产阶级总是太易于受资

100

产阶级的腐朽影响。在两种情形里，革命的最后希望，都寄托在对农村的相对纯洁和对农民天生的社会主义（或可能转向社会主义）倾向的信赖上。

101　　也许，毛泽东主义和俄国民粹主义之间最密切的关系在于一种对"落后的好处"的特殊理解上。这里牵扯到的不简单地是落后民族借用先进国家技术的能力问题，而是一个相不相信落后有其固有的优点的问题。民粹主义者认为，社会生活中残存的集体主义传统形式，为俄国绕过资本主义提供了唯一的机会，这种论点是和一种更加普遍和广泛的信念分不开的：即落后本身为革命的未来提供了道德的和社会的特殊有利条件。赫尔岑在"充满活力"的年轻的俄国，而不是在受到"拙劣的利己主义"和"对物质财富令人生厌的崇拜"污染的西方国家里，看到了革命的潜力。[28]西方的前景在车尔尼雪夫斯基看来似乎也不是较为乐观的；他宣称，历史像是"一个非常爱她最幼小的孙子的老祖母"[29]。其他的革命民粹主义者在1861年《为了年轻一代》的宣言里宣布，"我们是一个迟到的国家，并恰好因此而得救"[30]。

　　因而，民粹主义对于社会主义未来的希望，不仅建立在村社的基础之上，也不仅建立在俄国在避免西方社会错误的同时通过借用现代西方技术加速其经济发展的能力的基础之上（这本是一个在民粹主义著作里相当详细展开的论点），而且还建立在对落后本身的纯洁性高度浪漫和动情的赞美之上。按照民粹主义世界观，落后既是俄国生活当中存在着野蛮性的原因，也是潜在的革命优势的源泉。没有传统的束缚，不必像西方在"过度成熟"的历史重负之下蹒跚行走，避免了在经济上更为先进的国度里那种窒息革命精神的社会和道德堕落，而这些正是年轻（不管是年轻的国家还是年轻的人民）的长处。俄国民粹主义著作里这些突出的主题，明显地与毛泽东主义思想里一种很有影响的论调相似。在毛泽东的早期著作*102*中，毛泽东痛感中国的落后，但正是在这种落后的条件中，毛泽东看到了积蓄着的青春活力和革命创造力。[31]这个信念在1958年达到顶点。当时，毛泽东将"一穷二白"说成中国人民特有的革命优势。自然，所有这一切之中，最"空白"的是青年，因而青年是最纯洁、最革命的。在其思想发展的形成阶段，毛泽东从构成 1915 年到 1919 年现代中国第一次文化革命特征的对青年的推崇中，产生了他对青年的特殊信任。这种信任在半个世纪后的"无产阶级文化大革命"期间、在毛泽东创造"红卫兵"时达到了它的政治顶点。不仅革命的活力，而且理性的创造力，都被认为存在于青年之中。毛泽东在 1958 年的一次演讲中说："从古以来创新思想、新学派的人，都是学问不足的青年人。"[32]正如俄国民粹党人一样，毛泽东相信年轻人和年轻的国家有特殊的革命能力和创造能力，因为二者都比较"落后"，因而也不那么腐败。

与这种关于落后的虚构优势密切相关的是对历史传统的矛盾态度。人们可以发现，毛泽东主义在谴责过去的封建残余的同时，又赞美农民的革命传统并褒扬"古代优秀的人民文化即多少带有民主性和革命性的东西"[33]。毛泽东与民粹主义者更相像的还有，他也提出，中国由于历史传统的影响，革命相对说来没有什么负担。正如民粹主义者争辩说，俄国是一个没有历史传统（或至少是西方式的历史传统）的国家，因而比其他国家更潜藏着革命性那样，毛泽东也在"空白"中发现了中国特有的作为革命创造力的条件。正如赫尔岑在宣布他对俄国社会主义未来的信念时宣称"我们一无所有"那样[34]，毛泽东也宣告中国是"一张白纸"，并在其中看到了未来社会主义的伟大希望。

103

毛泽东主义思想的其他几个方面也应加以注意。与马克思列宁主义世界观相比，它们与民粹主义具有更强的相似性。这些方面是：毛泽东一般不信任中央集权；他强调地方自给自足和自力更生；他极端厌恶专业化（和一切有分裂"人民"危险的事）；他长期对知识分子有成见[35]；以及他"思想"中浸透的和他大半生所特有的英勇革命、自我牺牲的浪漫主义色彩。也许特别值得注意的是，毛泽东对历史的客观力量缺乏信任，对未来的观念也模糊不清。对于一个假定是社会主义国家的马克思主义领导者来说，公开宣布（正像他在 1957 年和"文化大革命"中一样，甚至比这更显著、更明确）资本主义和社会主义之间的斗争还没有解决[36]，毕竟颇不寻常。更不寻常的是，毛泽东在接见一个外国记者（毛泽东1965年和埃德加·斯诺的谈话）时提出，他领导的革命存在着将来被资产阶级腐蚀的可能。[37]这里，不仅仅是一种列宁主义唯意志论的绝对翻版，也不只是附和列宁本人对历史客观力量不耐烦的情绪。归根到底，正是列宁长期斗争反对过的民粹主义者，认为社会主义绝非历史不可避免的产物，相反，它是完全依赖于人的愿望、能力和觉悟的。

104　　与其罗列毛泽东主义和民粹主义之间密切关系的清单，不如将注意力集中在毛泽东面临的、由民粹主义者提出来的两个主要难题和它们对毛泽东在马克思列宁主义传统中地位的影响上。第一个是革命知识分子的"觉悟"和群众的"自发性"之间的关系问题；第二个是使革命手段和革命目标一致的问题。

　　斯图尔特·施拉姆曾经指出，作为一个政治组织和革命战略的大师，毛泽东满可以是一个"天生的列宁主义者"[38]，但在理智上，毛泽东不是一个纯粹的列宁门徒，因为他从未真正成功地用一种纯粹列宁主义的方式解决"觉悟"和"自发性"的关系问题。他的党（和它的领导人）是"社会主义觉悟"的思想化身，但却被与之相抵触的信念，即人民（特别是农民）群众是知识和社会主义斗争的真正源泉的信念削弱和淡化了。

　　的确，毛泽东总是认为，群众可能体现出来的"伟大的社会主义积极性"，必须由正确的领导者来引导，并通过适当的组织途径来指导。自然，毛泽东是一个以列宁主义的组织原则为基础的、为群众自发的革命斗争提供领导和指导的党的主要缔造者和领导者。但毛泽东从来不像列宁那样绝对信任党和它的组织。毛泽东总是表示相信群众的自发性和智慧，这却是列宁既不具有也不曾表示过的。毛泽东对列宁主义组织原则的实际革命效力的评价，是与民粹主义对群众基本革命创造力的信任和设法把一切都"归入"群众之中的冲动结合在一起的。

　　在那些年代里，他以列宁主义的方式强调组织和纪律的作用，

同时不断劝告革命知识分子和党的干部要"和他们[39]变成一体"[40]　　*105*
(1939年)，要"跑到农村中去……穿起粗布衣……了解农民的要
求"[41]（1945年）。作为列宁主义者的毛泽东坚决主张共产党员要
领导人民，要做革命的先锋，而作为民粹主义者的毛泽东却宣布，
"群众是真正的英雄，而我们自己则往往是幼稚可笑的"[42]。他强
调，马克思主义知识分子和党的干部需要把社会主义意识带给群
众，还告诫说："读过马克思主义'本本'的许多人，成了革命叛
徒，那些不识字的工人常常能够很好地掌握马克思主义。"[43]他强调
（至少到"文化大革命"前）党的必不可少的领导作用，但他也热
情地证明，真正的革命知识从根本上来自人民本身，因而党的领导
者和干部必须"向群众学习"，"学到工人和农民的好品质"。[44]他坚
决主张，马克思主义知识分子和干部必须既当群众的学生，又当群
众的先生，在能够教育人民之前，必须先向人民学习。[45]

　　这个学生—先生的两分法以多种形式十分突出地出现在毛泽东
主义的著作里，它实质上是（在一种新的思想框架内和在不同历史
环境的推演中）民粹主义没能解决的关于革命知识分子作用的两难
问题：即知识分子（或所谓的革命领导者）的主要责任是教育和领
导群众还是向群众学习，和他们打成一片。列宁对"无产阶级意
识"的真正源泉何在没有疑问，相反，毛泽东从未明确说清党组织
的觉悟和群众的自发性意识之间的关系。对于列宁来说，在这个至　　*106*
关重要的问题上只有一条基本原则：信任、服从党和党的领导人。
对于毛泽东来说，则有两条根本的原理："我们应当相信群众，我
们应当相信党……如果怀疑这两条原理，那就什么事情也做不
成了。"[46]

　　毛泽东主义时期独特的中国共产主义政治形成的原因至少部分
是由于毛泽东主义对群众和党的双重信任。不仅在1949年之前，
而且在1949年之后，毛泽东都是鼓励群众自发的革命活动，然后
对这些活动施加列宁主义式的组织控制。在毛泽东主义时代的晚
期，这种现象在"大跃进"运动和"无产阶级文化大革命"中获得
了戏剧性的表现。在发动"大跃进"运动时，毛泽东赞美群众的

"无限的创造力",说他们中"蕴藏了一种极大的社会主义的积极性"[47],对党则不如对群众那样非常看重。在"文化大革命"期间,他起初完全绕过了党,号召群众反对党和它的大多数领导——直到这些巨大的动荡产生出混乱,才迫使他勉强地重申,党的权威是一种政治的需要。毛泽东的"相信群众"完全是非列宁主义的,不注意这一点,"大跃进"和"文化大革命"都不能得到深刻的理解。

毛泽东的思想在互相冲突的列宁主义和民粹主义倾向之间拉锯,与毛泽东主义对党的态度含糊、与一个也许是以"马克思列宁主义"为指导的国家在"文化大革命"期间发生的荒谬情形有很大关系。在这个国家,"无产阶级意识"既不归因于党,也不归因于无产阶级。断言毛泽东认为"无产阶级意识"存在于他本人和他的思想之中,以此来处理这个问题,未免过于简单。[48]毫无疑问,毛泽东像列宁一样,确信自己在政治和思想上一贯正确。但列宁以及毛泽东同样面临的不是简单地由什么东西构成了"正确"意识的问题,而是如何形成那种意识来实现革命的社会主义目标的问题。列宁主义里有许多含混的东西,但列宁在谁是真正的无产阶级意识的代表以及如何使那种意识形成、巩固和活跃起来的问题上,是相当明确的。在这里,毛泽东主义的理论和实践远不是明晰和毫不含糊的。毛泽东采纳了列宁主义的建党原则,然而他的言行却强烈地表明,他绝不会完全接受那些组织原则所依据的理论假设。他对群众自发的革命创造力和群众意识具有强烈的民粹主义信念,这也妨碍了他坚持纯粹的列宁主义。对于毛泽东,"意识"的问题仍是一个民粹主义式的难题。

如果说毛泽东对于"无产阶级意识"的非列宁主义态度制造了不可调和的政治和思想矛盾,那么他还提出并面临着一个更普遍、常常未被典型的列宁主义者认识的矛盾:使革命手段和革命目的一致的问题。这个问题关系到的不是传统的(和通常使之过分简单化的)"目的是否能证明手段正当"的伦理问题,因为没有什么证据告诉我们,毛泽东主义者对革命方法问题有任何特别的伦理上的关心,而是与一种非同寻常的对现实政治和社会方面的忧虑有关,人们担心革命的社会主义和共产主义目标可能会全部过于轻易地被实现社会主义和共产主义的手段所破坏。

在人民共和国的早期，由于需要建立一部管理有效的国家机器并着手进行现代经济发展的困难工作，一个由新的官僚主义管理者（大部分从党内提拔上来并仍留在党内）组成的政治集团和一个由企业管理家、科学家、技术人员组成的经济人才群体产生了。而另一方面，传统的中国式的官僚主义习性可能加强了这种官僚政治化的进程，共产主义革命一方面摧毁了旧的上层人物集团，另一方面又特别推进了这个过程。正如韦伯经过充分考虑论证的那样，"消除社会差别的每一个过程，为官僚政治的发展创造了有利的局面"[49]，这一点，在 1949 年后的中国，其真实可靠的程度并不亚于别处。

考虑到毛泽东以极端的民粹主义态度敌视一切形式的官僚主义——一种他在整个革命生涯中视为最大的社会邪恶加以谴责的现象[50]——就不难想象革命内部这种潜在的官僚主义制度化在他看来是多么的难以忍受。同样令他难以忍受的是，随着官僚主义的发展，还出现了危险的社会模式和价值趋向，它加大了知识分子和群众特别是和农民之间的经济和文化的鸿沟，同时加大了城市和农村之间的差距——马克思主义和民粹主义都要求缩小这个差距。毛泽东在 50 年代中期担忧的不简单地是经济增长进行得太慢，而是这个增长以一种有消除共产主义革命目标危险的方式在进行。

如果用毛泽东关于手段和目的的矛盾对立的观点来看，在中国共产主义思想和行动中独具特色的毛泽东主义，在寻求经济和社会发展与达到马克思主义目标相一致这一点上（至少在毛泽东主义的观点中），作为一种有意识的尝试，可能并不像它通常被描绘的那样荒谬。在理论领域里，毛泽东主义协调手段和目的的最重要的尝试，就是明确指出（它毫无疑问抛弃了列宁主义和斯大林主义关于革命以后的发展战略），即使存在与经济发展相结合的"社会主义生产关系"，它们本身也并不能保证实现社会主义社会，更不必说从社会主义过渡到共产主义了；更正确地说，在发展社会主义生产

108

109

关系的同时，应对社会关系和民众意识连续不断地进行改造。毛泽东曾以各种方式对这个观点做过系统的阐述，但最值得注意的是"不断革命"或"继续革命"的学说。[51]毛泽东主义在社会和经济政策方面最重要的改革是和这个学说一致的，并且总的说来，反映了对调解革命手段和革命目的的矛盾的关心。人们应该记得，人民公社的最初目的，不仅是要解放群众的生产力，而且还要使工业和农业相结合，缩小城乡之间的差别，防止知识分子脱离群众。要求知识分子和党的干部到农村参加生产劳动的政策，下放运动，体现教育与生产劳动相结合的各种半工半读方案，群众必须精通科学技术的号召——所有这一切，都是毛泽东主义者们（即使其中未必包括共产党其他领导人）打算用来预先阻止官僚主义者的职业道德脱离共产主义政治道德、并防止新的城市贵族阶层脱离农民群众的措施。

毛泽东主义者们用以达到预想的共产主义最终目标的那些手段，在马克思列宁主义的历史上是前所未有的。它们反映出毛泽东主义者赞成下面自发的群众行动，不信任"来自上层的革命"，它还显示出毛泽东主义中强大的平均主义和反官僚主义的冲动，这种冲动更多地具有俄国民粹主义的特色，较少地具有俄国列宁主义的特色。在毛泽东主义牺牲经济发展速度来维护被看作社会主义必要的社会和思想前提的意愿里——它甚至抛弃党这个实现马克思主义目的的必不可少的工具——没有列宁主义的、更不必说斯大林主义的东西。

110

认为列宁完全不注意他的政治行动的社会后果，对他（即使不是对列宁主义）是不公正的。在他临终时，民众派的古老忧虑仍萦绕在他的心头：他发动的革命所建立的独裁统治形式，同旧的独裁统治相比几乎是换汤不换药；一个"仅仅徒具苏维埃外表"的"资产阶级专制机构"，这就是列宁最后对布尔什维克统治方式所作的痛苦的说明。[52]但尽管有这些怀疑，甚至有道德上的犯罪感，列宁还是不愿承认在他设计的革命手段和他追求的革命目标之间存在着深刻的不一致。在他最后分析革命中发生官僚主义腐化的原因时，他未说到这与他对党组织的设计有关，而把原因集中在俄国的与世隔绝和经济落后，特别是俄国的文化落后之上；最重要的是，由于文化落后，旧沙俄时代的官僚政治传统制伏了布尔什维克。

毛泽东是否自觉意识到列宁主义的组织原则与官僚主义有关，尚属疑问。即令他得出了这样一个结论，他也不可能既承认这个结论而同时又不放弃全部马克思列宁主义的遗产。他要求拥有这些遗产，在这些遗产的范围内，他声称自己做出了创造性的贡献。毛泽东确曾采用过新的手段和方式，这些手段和方式抛弃了革命后非常合乎逻辑的、由列宁主义逐步发展起来的官僚主义制度的模式；并且，他还以十足的非列宁主义的态度，对中国共产党本身的革命正统性表示怀疑。毛泽东特别关心使手段和目的一致的问题，可能更多的是出自一种历史的不确定感，而不是由于任何深刻的道德危机。列宁作为马克思主义者，对"历史"的信念是动摇不定的，而毛泽东在这方面的信念实际上等于零。他比民粹主义者更加不敢确信社会主义的历史必然性。按照毛泽东的观点，革命后的中国很容易走向共产主义，也很容易复辟资本主义；历史的结局完全由人们的意识、愿望和活动来决定。同民粹主义者一样，毛泽东认为人们是自由地选择他们的目标的，并由此得出结论说，他们必须选择与他们追求的目标相一致的手段。至于毛泽东选择的手段是否正在领导中国走向他想象的马克思主义目标，完全是另一回事。但不管未来会带来什么，毛泽东在共产党领导人中，过去和现在都是唯一按照自己的意愿，勇敢地正视社会主义手段和目的矛盾的人。

111

四、结论

毛泽东主义和正统的俄国民粹主义之间尽管有某些值得注意的相似之处，但毛泽东主义绝非 19 世纪俄国的信条在 20 世纪的复活。毛泽东是马克思和列宁自觉的继承人，而且据称把马克思列宁主义理论发展到了一个新的和更高的阶段。虽然毛泽东有区别于马克思列宁主义的异端思想，但他的思想目标和思想类型基本上渊源于马克思主义的理性和政治传统，他有意识地与上述传统保持一致。另一方面，毛泽东与民粹主义共有的东西又未被承认和未受到注意。在前面的篇幅中，毛泽东主义的思想中被描述成"民粹主义"的那些方面，毛泽东主义者却把它看作被称颂为马克思列宁主义理论最先进表达方式的"毛泽东思想"的组成部分。

毛泽东主义对马克思列宁主义传统的自我认同在思想和行动方面起着至关重要的作用；然而并不排除这种可能性：即毛泽东主义者也许是不自觉地与非马克思主义思想和政治传统具有共同的信念和思想，而且，毛泽东主义中的这类信念和思想也未必来自非马克思主义的思想和政治传统。本章认为，在毛泽东主义对马克思列宁主义的阐述中，大多数有特色的东西实质上可以归结为民粹主义式的信仰和冲动；毛泽东主义里的民粹主义成分，在中国共产主义理论和实践中被轻易地假定为纯粹的"列宁主义"性质的东西，是具有深刻的重要含义的。

112

毛泽东主义中的民粹主义成分是一种土生土长的中国现象，这种现象的形成，尽管有布尔什维克革命在政治上和思想上的影响，但却不是因为这种影响才形成的。中国传统知识的渊源可能发生的影响，虽然确是一个值得调查研究的问题，不过似乎应更多地到存在于现代中国历史环境中的一些因素里寻找民粹主义成分出现的原因。在这里，注意那些促进了民粹主义式的思想和运动的典型条件，也许不无裨益。这些条件是：以农民为基础的传统社会，正在外来的、普遍视之为异己的现代资本主义力量之下分崩离析；本国资产阶级缺乏生存发展能力；一个与传统价值观念和现存社会大相径庭的知识界出现了；这个知识界的成员们期望通过在广大农民群众中寻根并代表农民利益说话，填平把他们与社会分离的壕堑。在最广泛的意义上，民粹主义可以看作是对现代资本主义以及它使人类和社会付出的代价、特别是由农民承受的那些代价所提出的抗议。*

民粹主义不是农民的思想，而是自认为代表农村群众利益说话的知识分子的反抗思想。也许与中国情形特别有关，人们已经注意

*尽管将"民粹主义"作为一个普遍的社会历史概念来使用是困难的，但并不比将像"民族主义"和"现代化"这样的说法作为普遍概念使用困难来得更大（而且，或许更少使人误解）。彼得·沃斯利也许做了效果最好的尝试，把民粹主义作为一个普遍的社会历史术语加以阐释和应用。参见 *The Third World*, London: Weidenfeld & Nicolson, 1964，特别是第四章；"The Concept of Populism," in Ionescu and Gellner, eds., *Populism*, pp. 212-250。

到，典型的民粹主义倾向"不仅起源于落后国家和比较先进的国家之间的矛盾，而且是由同一国家发达的和落后的部分之间的矛盾造成的"[53]。

从这些一般的观点来看，毛泽东主义把马克思主义和民粹主义结合起来，乃是一个受外国资本主义政治和经济力量威胁的、经济上落后和基本上是农民的国家里，马克思主义出现的一个合乎逻辑的结果。在毛泽东主义之中，马克思主义成分和民粹主义成分在与外来资本主义制度的对抗中彼此支援，不仅当那种制度过去冲击中国时，而且在它现在威胁中国时都是如此。从国内来说，毛泽东主义中的民粹主义成分，反映了落后的（但相对来说是革命的）农村和经济上比较先进的（但不革命的）城市地区之间的矛盾，并且（在1949年前后都）表现出一种支持前者而反对后者的革命偏向。此外，民粹主义成分有助于将马克思主义改造成一种为现代中国历史实际服务的革命思想；按照典型的民粹主义方式，毛泽东主义首先关心的是推动现代中国历史的两个社会集团——知识分子和农民之间的关系，而不是马克思主义在历史上所关注的焦点——无产阶级和资产阶级。这两个阶级在现代中国社会里比较弱小，仅与共产主义革命沾一点边。

中国革命历史中的独特之处，并不是民粹主义因素的出现，而是它在马克思主义运动的范围内，不是在这个运动之前或与这个运动相对立而出现的。这个历史的巧合，在很大程度上是造成中国独特的马克思列宁主义的原因。尽管毛泽东可能和列宁有很多共同的东西，但他不完全具备列宁主义最重要的特征——理智的假定，这是列宁主义的党组织和党发挥作用的基础。

对资本主义的民粹主义式的敌意，一般常伴有对现代生活模棱两可的态度。列宁将俄国民粹主义者描述为"一副面孔看着过去，另一副面孔看着未来"[54]的"理论上的"雅努斯[55]。在列宁看来，民粹主义者在向现存社会制度挑战这一点上，是"进步的"；而他们在试图维护传统的生产方式反对现代资本主义这一点上，又是"反动的"。最近有许多作者也根据民粹主义在反对"现代化进程"

中维护传统的文化价值和社会形式的愿望，对民粹主义思想的"雅
114　努斯性质"进行了分析。[56]虽然在某些情况下，这种愿望可能包括
对现代技术和工业的一概摒弃，但它的两面性最典型不过地表现在
试图在"传统主义"和"现代性"之间达到某种思想综合。在这个
领域里，毛泽东主义不是典型的民粹主义。毛泽东主义明确地反对
传统并坚决致力于现代经济发展，它表现的不是一副"雅努斯面
孔"，而基本上是进步的单一面孔。虽然民粹主义表现出来的倾向
和陷入的困境有助于人们加深对现代技术和工业化需付出的社会代
价和引起的后果的关心，但毛泽东主义不反对工业化，而是反对它
在西方资本主义世界——和后来在"资产阶级的"苏维埃世界所采
取的社会形式。

　　然而，毛泽东主义的某些民粹主义方面，与某种信仰有相似之
处。巴林顿·穆尔称这种信仰为"卡顿主义"。在商品关系（在现
代，明确地说就是资本主义关系）开始破坏农民经济的地方，穆尔
注意到，"社会里的保守分子似乎想掀起一片喧嚣，颂扬农民是社
会的脊柱"。这种独特的、有针对性的反资本主义的思想宣传包括：
赞美农村"有组织"的生活方式；深刻敌视城市及其"同谋者"；
强调需要道德更新，需要"友谊"与"和谐"；反对唯理智论并赞
扬武力的作用；排外主义和谴责"颓废的"、"无根基的"世界主义
者；以民间和地方艺术为中心的艺术见解；以及一般地反对"只有
一技之长"、反对产业主义。[57]

　　尽管很容易看出"卡顿主义"和毛泽东主义的某些民粹主义观
点之间的类似之处，但必须知道它们之间一些本质的区别。在现
代，由于上层地主阶级企图尽可能多地保持传统的和压迫人的农业
115　社会秩序，"卡顿主义"已经成为回击资本主义的反动思想体系的
一部分了；它赞美"农村的优点"，同时对社会变化极端害怕。穆
尔指出过，在传统秩序处于瓦解过程时，在农村极端的右派和激进
的左派中间，出现了表面上类似的信仰，然而，它们"主要的区别
在于对农民受苦原因所作的现实主义分析和对一种潜在的未来所作
的描绘不同。卡顿主义隐瞒这种社会原因，并且设计出一幅农民不

断屈从的图景。激进的传统则强调这种原因，并且设想一幅农民最后解放的景象"。毛泽东主义的民粹主义和卡顿主义之间的本质区别，集中在将这些信仰结合起来的方法，尤其是想要它们服从的终极目的等方面。[58]

至少在毛泽东的一生中，毛泽东主义坚定地保持着激进的传统。毛泽东主义把民粹主义与马克思主义的社会理论结合在一起来促进社会变革，以求在未来实现一个平均主义的社会主义社会。然而，在毛泽东主义之后的中国可能出现非常不同的社会和政治状况，这也不是不可想象的；在那里，这些民粹主义的成分（有选择地被阐明了的）可能成为一种危险的和荒谬的"毛泽东主义"的思想遗产，很容易转而为反动的社会目的服务。

在对中国马克思列宁主义历史进行任何一般性的研究时，人们看到矛盾重重。如果像多伊彻提出的，"最古老的国家"中国采用了"最现代的革命学说"——列宁主义是互相矛盾的事情，那么，在毛泽东主义对"马克思列宁主义"的阐释中出现了强烈的、"前列宁主义"的民粹主义式的思想和信仰，则更是咄咄怪事了。如果说毛泽东站得比列宁更高，他之所以能如此，靠的是一种具有许多"虚构的"革命概念和列宁及列宁主义者一再称之为"乌托邦"的理智倾向的思想。列宁确曾对赫尔岑和车尔尼雪夫斯基表示了极大的敬意，认为他们（尽管他们的大多数民粹主义追随者不是这样）就自己的时代来说是进步的；然而列宁认为，他们的时代和民粹主义的时代早已过去了。*

按照马克思列宁主义严格的说法，民粹主义倾向是一种"小资产阶级的"革命异端。因此，毛泽东被明确指出犯有这种意识形态上的过失，并不太出人意料。早在1930年，瞿秋白就附和第三国际的抱怨，谴责毛泽东和追随他的少数革命家是"小资产阶级的民粹主义者"，谴责他们背叛了城市无产阶级。[59]苏联的理论家们在最近的论战中，重新提出了这种指责。[60]

然而，列宁主义的思想异端也很有可能发挥某种马克思主义的革命功效。首先，如果不是由于民粹主义倾向将毛泽东吸引到农

116

*1897年列宁写道："民粹主义在当时是一种进步现象，因为它第一次提出了资本主义问题，而现在则成为一种**反动的和有害的**理论，因为它使社会思想发生混乱，助长停滞现象和各种亚洲式的东西。"（《列宁全集》，中文2版，第2卷，407页。）

村，并且又提供给他那种对农民群众自发革命创造力完全非列宁主义的信仰的话，则极不可能在中国进行一场成功的共产主义革命。毛泽东主义革命思想中的民粹主义方面，尤其是仇视官僚主义的精英主义，不信任正统制度和特别关心手段与目的的矛盾，对在革命后的中国继续保存革命的希望，明确无疑地起着决定性的作用。如果说毛泽东主义没有在中国创造出一个真正的社会主义社会，那么它确实造成了一个持久动荡的革命形势，为达到（或至少是追求）马克思主义的社会主义目标提供了可能性。如果马克思要改变世界而不是简单地解释世界的指令是衡量一个革命的马克思主义者的标准的话，那么，与列宁主义者相比，毛泽东最后或许可以被认定是一个更好的马克思主义者。考虑到毛泽东主义者和非毛泽东主义者所写的关于毛泽东的所谓"列宁主义"的一切，那大概确实有一点自相矛盾。假如毛泽东的非列宁主义的（和非马克思主义的）民粹主义思想，最终会以某种方式来推进中国对马克思主义预言的乌托邦社会目标进行探索的话，那么，这可能是一切悖论中最为奇怪的一个。

117

还不能肯定，毛泽东主义中的民粹主义倾向在毛泽东逝世后是否会继续长期存在下去。中国马克思主义中的民粹主义倾向是不是毛泽东思想或某种在现代中国革命意识里更加根深蒂固的思想所特有的，依然要拭目以待。

第四章

毛泽东主义中的乌托邦
目标与苦行价值观

无论毛泽东对落后在革命意义上之成为美德这一点怎样赞赏，他都不相信在经济永久匮乏的状态下能建成并保住社会主义社会。在一片不幸的贫瘠土地上——几乎完全缺乏马克思主义规定的社会主义所必需的经济先决条件——夺取政权后，毛泽东与其他中共领袖一样，明白创造这些先决条件是新国家面临着的首要的和基本的任务。因此，毛泽东主义变成一种既有乌托邦式预言又有经济发展思想的意识形态；一种既允诺未来共产主义乌托邦又传播"现代化"价值观的意识形态。

根据一般常识，这里存在着矛盾。我们知道，现代经济发展的要求同乌托邦的思想和梦幻所培育的社会和政治大震荡是绝难相容的，它要求有一个理性与稳定的社会环境，但是，西方与中国的历史经验表明，有助于经济现代化的正是那些与乌托邦梦想密不可分的价值观。那么，毛泽东主义中的乌托邦思想和现代化价值观之间有什么联系呢？

在人民共和国，指导社会行为的道德观和行为准则常常以寓言和传说的方式告知人民。我们的探讨可以从这些寓言中流传最广的一个开始。这是一个中国的民间传说，但是，自从 1945 年 6 月毛泽东在中国共产党第七次全国代表大会的闭幕词中引用了它之后，这个传说就成了中国共产党传统的一部分：

中国古代有个寓言，叫做"愚公移山"。说的是古代有一位老人，住在华北，名叫北山愚公。他的家门南面有两座大山挡住他家的出路，一座叫做太行山，一座叫做王屋山。愚公下决心率领他的儿子们要用锄头挖去这两座大山。有个老头子名叫智叟的看了发笑，说是你们这样干未免太愚蠢了，你们父子数人要挖掉这样两座大山是完全不可能的。愚公回答说：我死了以后有我的儿子，儿子死了，又有孙子，子子孙孙是没有穷尽的。这两座山虽然很高，却是不会再增高了，挖一点就会少一点，为什么挖不平呢？愚公批驳了智叟的错误思想，毫不动摇，每天挖山不止。这件事感动了上帝，他就派了两个神仙下凡，把两座山背走了。[1]

从古代寓言中得出的现代启示是："我们一定要坚持下去，一定要不断地工作，我们也会感动上帝的。这个上帝不是别人，就是全中国的人民大众。"[2]

1966 年末，毛泽东在 1945 年的讲话《愚公移山》成为经典的"老三篇"中的一篇，据称，它概括了毛泽东主义智慧的本质。[3]除了在《愚公移山》中强调了努力工作的道德观，允诺现在的勤奋将来定会有报答外，"老三篇"的另两篇赞扬了英勇奋斗、不怕牺牲的价值观，特别赞扬了无私的美德："我们大家要学习他毫无自私自利之心的精神。……一个人能力有大小，但只要有这点精神，就是一个高尚的人，一个纯粹的人，一个有道德的人，一个脱离了低级趣味的人，一个有益于人民的人。"[4]

在毛泽东的说教中阐发的价值观是 1949 年以来在中国这片土地上以不同途径、不同方式宣传和流行着的价值观的核心部分。中国人民尤其是中国青年不断地受到教育，被告知自私是罪过，自我克制是美德，努力工作、俭朴、自我约束、勤奋和忠诚是合乎道德的箴言。

基本适合人民共和国社会行为的毛泽东主义价值观，不论是经由毛泽东的著作传播的，还是通过报纸和普及杂志上说教式英雄故事传播的，都没有过分地使大多数西方人的道德情感感到不安，因为对他们来说，这些价值观是理所当然的，尽管它们并不总是反映在实际社会行为上，但至少是包含在理想中。勤劳、俭朴、自我约束、忠诚、职业道德和无私最早作为资产阶级美德最一般的特征已深深地印在现代西方人的思想和道德中。当然，这些东西基本上是苦行主义价值观，它们类似于马克斯·韦伯当时曾称之为"新教道德"的 16、17 世纪正在兴起的西欧资产阶级的价值观，这一价值观有助于（甚至可说是必不可少的）西方世界的经济和产业向现代资本主义方式转变。

　　无论怎样，苦行主义价值观本身绝不是目的，它通常是服务于更高利益与达到最终目标——即那些由某种完善的宗教或一种政治思想所规定的目标——的手段。例如，加尔文派信徒认为，主动的苦行主义的生活态度是尊崇上帝荣耀的道德责任。根据加尔文派的观念，超自然的和不可思议的上帝曾发布旨意，认为为在现世建立上帝的王国而劳作是所有人（包括那些在天堂得到永生和永世陷入地狱的人）的责任。[5] 同样，按照中国共产党的意识形态，必不可少的苦行主义生活模式的目的不在其自身，它只是一种手段，目的在于使中国人民能够改造自己，改造自然，实现马克思主义理论曾经揭示的存在于未来共产主义乌托邦中的"真正人的生活"。

　　因此，毛泽东主义的苦行主义价值观没有自发成分，也不是最终的目标。它们是一种更广阔的意识形态结构的一部分，是一种更宽泛的世界观的构成要素，这种世界观阐明了普遍真理和最终目标，从而提供了使上述价值观念具有意义的背景。虽然它毫无疑问是社会的和文化的价值观念，虽然绝大多数直接约束社会活动的行为规范确实源出于此，但同样真实的是，存在于不同世界观体系和概念结构之中的似乎类似的价值观念，可能产生形式大相歧异的社会活动，并导致不同的历史后果。

　　为了研究中国共产党的意识形态，弄清楚价值观与目标之间的相互关系，真正理解后者如何使前者变得"有意义"，乃是特别重要的事。这种了解之所以有意义，不仅由于毛泽东的头脑中明显地存在着强烈的乌托邦思想和"目标决定一切"的冲动；更重要的是由于中国的马克思主义概念结构（包括毛泽东主义和毛泽东以后的形态）本身明确地把社会意识、现实的价值观与未来的共产主义目标联系在一起。的确，毛泽东的马克思主义中最大也是最有意义的特点之一——不同于苏联的马克思主义——就是认识到经济发展和"社会主义生产关系"的存在并不能自动保证共产主义一定到来。毛泽东反复强调，只有自觉地追求马克思主义的目标，完善共产主义社会或组织的萌芽，普及正确的社会价值观并在普及过程中使之内在化，创造共产主义社会的物质前提，共产主义才会实现。

122

简要考察一下毛泽东是如何看待消灭脑力劳动与体力劳动差别这一马克思主义目标的，就能证明以上论述。消灭脑体差别，是多年来中国马克思主义理论文献中一个广泛讨论并广为人知的目标。简言之，毛泽东主义理论家认为，在中国，脑力劳动与体力劳动之间的根本对立业已消除，但是，两者间的非对抗性差别仍然存在。毛泽东主义理论家强调指出，在社会经济发展过程中，随时存在着非对抗性差别转化为对抗性矛盾的危险。与这种危险斗争，需要加强思想和政治工作，通过有计划的具体政策，促使体力劳动与脑力劳动相结合。1960 年，一位理论家提出："社会生产力的高度发展水平，固然是消灭这种差别的物质基础，但是无论生产力的水平发展得怎样高，它并不能使体力劳动与脑力劳动的差别自动地归于消灭，消灭这种差别非有社会关系的革命改造不可。"[6]还有更激进的阐述：仅仅依赖于生产关系的变化不能消除脑体差别，因为差别不仅存在于经济范畴内，而且也存在于政治和思想领域中。[7]

因此，共产主义必要的物质前提的发展，必须伴随着同样必要的不间断的思想改造过程和社会与政治的革命行动。在某种程度上，这就是受到大肆吹捧的毛泽东的"不断革命"的学说即所谓"继续革命"、"永远革命"。有关的毛泽东主义理论文献常常阐明，这是一种认识到"共产主义理想"只有在将来才能实现的学说，但是，它要求现实的革命实践以一种不间断的方式进行，以便促进理想的尽早实现。[8]用形象的说法就是，在现实的社会主义社会与未

123

来的共产主义乌托邦之间绝不存在一座"万里长城"。

　　毛泽东主义者的"不断革命论"的主要长处与其说是相信它对历史发展客观规律的"科学"描述的有效性，不如说是更加相信如果"不断革命论"一旦"为革命群众所掌握"，就能提高他们的觉悟，激发他们的行动这一客观效果——因为，就像常常宣传的那样，"人民群众是历史的创造者"这一理论也适用于消灭脑体差别的问题。[9]这时，需要做的是消除中国人对体力劳动的传统轻视，有计划地执行具体的政策，促进脑力劳动与体力劳动的结合。例如，要求知识分子和行政干部定期参加一定程度的体力劳动，在群众中则利用各种"业务时间"和教育规划中的"脱产学习"来普及科学文化知识。[10]

　　在毛泽东的思想中，更多的是对理想的追求，没有多少目的论。毛泽东的共产主义必定实现的信念，并不建立在对"客观"历史规律作用的坚定信心上，而是在以建立共产主义为物质前提的同时，相信群众的革命能动性和他们具有自觉追求并实施共产主义目标的决心。毛泽东相信，以正确的思想和价值观，特别是艰苦奋斗和努力工作的苦行主义价值观武装起来的群众，在现实中，将以积极的生活态度着手建设未来的共产主义社会。

　　对毛泽东的苦行主义价值观的宣传同对中国传统价值观的攻击不可分割地联系在一起。毛泽东的苦行主义与反传统主义之间的联系遵循着一种西方的理性模式和社会经济发展模式。正如清教和加尔文教之类的新教苦行主义需要彻底贬低所有传统和对奇迹的信仰，以便允许真正的信徒去贯彻上帝的意图，使整个世界朝着更道德的方向进行合理的变革一样，毛泽东思想也要求它的真正"信徒"彻底破除传统的价值观与迷信，以便他们能够实现现代社会主义的未来。

　　在更广阔的历史视野中考察毛泽东的反传统主义的社会作用时，人们会联想到西方资本主义（和资本主义精神）也是一支重要的反传统力量，它打破旧的家庭体系，使普遍的伦理价值观战胜特定的亲属价值观而居于支配地位，促进个人从传统家庭的束缚中解

124

放出来，并在现代单一民族国家更大的体系中培育出现代核心家庭。现代资本主义的兴起与现代怀疑论、唯理论和科学的兴起有关，当然也伴随着对传统的巫术、迷信、神秘主义信仰的猛烈批判。此外，西方资本主义带来一种新的工作态度，并以这种态度作为前提；工作对闲适生活来说只是一种负担，出去工作仅仅是为生计这样一种观念被工作是一种道德职责的观点所替代，这样一种价值取向极有助于形成现代资本主义生产方式所要求的新的有纪律的工作模式。

即使历史环境不同，所使用的手段和方式不同，毛泽东的反传统主义也起到了类似的有助于现代化的作用。正像新教的"基督教兄弟情谊"的理想打破了传统西方家庭和它们的价值观一样，毛泽东的"为人民服务"理想逐步破除了传统中国家庭的神圣价值观。两种情况的社会结果都是在一个更大的社会和政治结构中巩固了核心家庭，每个家庭成员获得了自由，可以从事现代世俗工作和职业。在方式上，西方的现代化更强调以现代职业道德为先决条件；毛泽东思想则通过赞扬"劳动光荣"表明了自己对传统中国价值体系中根深蒂固的体脑差别的最有力的抨击。*

人们广泛同意，苦行的和反传统的价值观十分有利于（大概必然如此）西方世界的现代经济发展，可以有把握地假定，苦行主义和反传统主义的毛泽东主义形式同样能推进中国的"现代化"。根据毛泽东的观点，当人们认识到苦行主义价值观是必要的并有助于树立起为建设未来共产主义物质前提所必需的职业道德时，他们就会认识到，攻击传统的价值观对于消除建设新社会中可以预见到的心理障碍是必要的。从道德上说，苦行主义和反传统主义都受到马克思主义理论中的乌托邦社会目标的赞许。

考察 1957 年以后在中共意识形态中表现突出的有关"又红又专"的阐述，大概可以说明毛泽东思想中的乌托邦目标和社会价值观之间关系的性质。"又红又专"这一概念，把马克思的乌托邦主义与毛泽东思想中其他几个特征结合了起来，毛泽东思想中的这几个特征包括：坚持认为在建设共产主义的经济、技术基础的过程中

*当然，现代中国的反传统主义比西方走得更远，这部分是由于孔子的遗产具有特别保守的特点，部分是由于现代中国知识界的思想具有彻底反传统的特征。但更重要的因素大概是时间。在西方，破除旧传统是一个相对的渐进过程，持续了几个世纪，并伴之以相应的现代经济生活方式的逐渐成长。而在中国，现代经济和文化变革的时间被缩短在数十年间，因此，"破旧"是一个必然带有许多创伤的过程，因之也是个更彻底的过程。关于现代中国彻底反传统思想的由来的各种解说，参见林毓生在这本书中所作的勇敢探索和精辟论述：*The Crisis of Chinese Consciousness: Radical Antitraditionalism in the May Fourth Era*, Madison: University of Wisconsin Press, 1979。

能产生共产主义社会的模式和价值观（因为，根据毛泽东的观点，共产主义的物质前提并不意味着自动保证它的实现）；主张坚持列宁主义驾驭群众、民粹派与群众融为一体这两种相互冲突的做法；希望形成一代具有模范品格的人，他们具备普遍正确——并普遍能做到——的社会价值观和生活态度。理想化的"又红又专"不仅是上述苦行主义价值观和现实行为规范的范例，而且体现了未来的共产主义目标。

"又红又专"这一口号最初是试图使随着人民共和国经济和政治发展而出现的两批新知识分子精英的价值观政治化，这两批人中，一批是经济领域的精英，包括工业管理者，技术人员和科学家；一批是政治精英即党的干部，包括很快成为官僚的行政官员和国家机器中的工作人员。这两批精英不仅因具有两种不同的知识和价值倾向而趋向于互相分离，而且，两者与工农群众的差别都在逐步扩大，与群众日益疏远。正像苏联的情况那样，体脑之间传统的差距在新的社会历史环境内，正处于不断制度化的过程中。高水平的经济发展和技术专长是实现共产主义目标的前提条件，但是，产生这些前提条件所使用的方法也产生了势必腐蚀这些目标（社会活动正是在这种目标指导下进行）的社会条件和知识方向，从而威胁着未来目标的实现。

虽然"又红又专"这一准则首先是针对职业知识界和党政干部的，但是，它很快就变成了一个要求工农也要达到的普遍的社会理想。在"大跃进"时期，曾号召"群众一定要使自己成为文化和科学的主人"，以便打破知识分子对知识的"垄断"，并适应"群众性技术革命"的需要。根据毛泽东主义理论理想化的设想，任何人都能成为——也要求每个人都能成为——"又红又专"的人。这样一来，"又红又专"作为一种手段不仅有助于（至少是试图如此）专业精英与政治精英的结合，而且有助于这两种精英与一般群众缩小差距。

在毛泽东论述"又红又专"的大量著作中出现的形象，是未来中国"全面发展的"共产主义新人的典范。[11]这一典范从卡尔·马

127

克思的乌托邦宣传和中共的革命传统中汲取了较多的营养。可以认为，"又红又专"是现存社会主义理论的产物，是相信目前有必要采取苦行主义生活态度的一个例证。"又红又专"的人是更先进的"共产主义觉悟"的载体，因而是实现马克思所设想的伟大社会目标的人。"又红又专"的人被说成是"体力劳动和脑力劳动相结合的全面发展的一代新人"的典型，是有政治觉悟的通晓各种专业知识的人（多面手），他们既能从事体力劳动，又能胜任科学文化工作。他们是"共产主义的"社会和道德观的样板。他们是典型的反传统主义者，因为他们知道（或被告知）只有那些摆脱了"传统束缚"的人才能获得创造性成就。他们是"一批充分发展的能从事文武两种工作的又红又专的劳动者"，他们理论联系实际，"体力劳动与脑力劳动结合"，因此，当社会需要时，具有从一种工作岗位转换到另一种工作岗位的能力。总之，"共产主义新人，又红又专"，他们将实现毛泽东的全国人民都成为"有社会主义觉悟的有文化的劳动者"的梦想。

　　大概，与其去问中国什么地方有——如果有的话——这种人，不如去问广泛宣传这种理想化的典型对社会价值观和社会活动有什么影响更有意义。自相矛盾的是，在某种意义上，"又红又专"的理想在中国现实中越少，它就越重要。在人们把那些以典型理想化的方式描述为"又红又专"的目标和价值观念作为伦理道德意义上的善接受下来的范围内，他们就被灌输了一种去实践这些价值观念、实现这些社会目标的道德责任感。理想与现实的生活态度的反差越悬殊，按照理想模式改造现实生活的压力就越大。毛泽东理论强调，这种压力不仅是无法避免的，而且可能是有益的，因为压力能催人努力，提高积极性，一旦有了正确思想的指导，人民就能按照人类生活的最高理想改造自身，改造社会：这也就是说，推进了社会主义和共产主义建设。所以，现实生活中的压力和痛苦不仅会导致未来的愉快和幸福，而且，压力和痛苦本身就是令人愉快的合乎道德的价值观念。

　　抛掉特定的意识形态行话，流行了多年的毛泽东主义道德评注和"又红又专"的模范人物的事迹很容易被误解为加尔文主义者激励人的小册子中宣传的道德观，而不是马列主义、毛泽东思想的产物；合乎理想的"又红又专"的年轻人不仅深受使命感和目标意识的激励（"为人民服务"），而且肩负着自己强加给自己的罪责感。因此，他们不断地"因存在着错误思想"而运用"自我批评的武器"检查自己的思想意识；他们不断地与"缺点和错误"作斗争，因为他们懂得，如果自己"犯了错误，无数人民就可能要深受其害"。为此，他们要"一辈子进行思想革命"，他们永远有为党、为社会、为人民服务的职责，当然，还有为"毛泽东思想"服务的职责。要放下这种重负，履行这些职责，不能简单地靠"信仰"，而必须靠实际行动，靠自我约束，靠对革命目标和价值观念的孜孜不倦的追求。他们严守纪律，积极从事革命活动，并不是为了自己或家人的安全、幸福，而是为了服务于社会，服务于国家，服务于全人类。他们知道，体力劳动是所有社会财富和满足"人类生活基本需要"的源泉，因而，劳动（和劳动者）是高尚的，如果他不是工人或农民，那就要定期参加体力劳动，以培养"热爱劳动"、热爱劳动人民的感情。他觉得工作不是负担，而是一种享受，当然也附带有其酬劳。如果说"又红又专"的人体现了什么社会价值的话，那么，占支配地位的一定是努力工作和遵守纪律的职业道德。

如上所述，"又红又专"的理想人物是无私的，体现着"共产主义利他精神"，他们全部的个人愿望都应服从于为党、为人民服务的责任，因为，快乐和幸福的真正源泉是为了人民的利益而与群众一起奋斗；这种奋斗是"神圣的"，从中可以得到力量和幸福。再者，"又红又专"的理想人物在生活方面则像工农一样勤俭、朴素——自我克制、节约和勤俭是美德，而懒惰、奢华和浪费是罪恶；不仅物质浪费是罪恶，甚至时间的浪费也是罪恶，因为"时间这个东西，狡猾得很，你不抓紧它，它就溜掉了"[12]。因此，道德规范所要求的是一种由上述价值观和苦行主义行为准则所约束和支配的高度积极的生活态度。

然而，如果认为毛泽东主义者们鼓吹苦行主义，提倡斗争仅仅是为了苦行和斗争本身，肯定是错误的。诚然，斗争和苦行的生活态度会带来乐趣和幸福，但是，这仅仅是由于这些斗争是实现伟大目标——按照未来共产主义梦想改造世界——的手段。毛泽东主义者所作的典型论述是："人们最大的快乐与幸福，是在他为伟大的志愿、崇高的理想、坚定不移的政治方向而'摩顶放踵'英勇斗争的时候，尤其是当他看到这种志愿、理想和政治方向，已经由于许多革命先烈的壮烈牺牲而取得最后胜利的时候。人们最大的快乐与幸福，是在他对于改造社会、增进人类幸福的某一种事业，去惨淡经营辛勤建设的时候，尤其是当他看到这种事业已经有飞跃的发展与辉煌的成就的时候。"[13]

130　　　总之，实现共产主义乌托邦的愿望使革命斗争变得有意义，并为斗争所需的苦行生活模式提供了最终的道德上的支持。斗争可能是难免的，无止境的——它可能是人类环境所固有的——但它带来了向更道德的方向发展的不断的社会变革和自我改造；它是一个"为伟大的共产主义事业而艰苦奋斗"的过程。苦行主义斗争之所以具有道德价值，仅仅因为它是一种在道德方面使马克思主义目标具有价值的手段。

　　然而，毛泽东主义的从事脑力劳动和体力劳动的具有"全面能力的新人"这一概念，并不完全等同于卡尔·马克思的"全面发展的共产主义新人"。毛泽东主义者们所做的"增补"是一种压抑的价值观，它是与马克思曾预言过的、将随着社会主义的出现而被大大超越的历史阶段相适应的。以"又红又专"为范例的苦行主义价值观基本上是早期资产阶级的价值观，马克思和韦伯都认为，这种价值观同现代资本主义经济发展的初级阶段相适应。毛泽东主义思想家很难把它们说成是"社会主义"或"共产主义"价值观，因为无论怎样都不可能改变它们基本上带有的压抑性这一特点：从马克思主义的本意去看，这种价值观充其量不过是"异化劳动"的一种反映。把早期资产阶级苦行主义价值观与"资产阶级以后的"马克思主义目标结合起来的"又红又专"的理论，是现代中国历史和当代世界马克思主义理论史中最为自相矛盾的典型代表之一。

正是由于毛泽东主义者的"增补"，马克思原来所讲的"全面发展的"新人就不"全面"了。因为在对"又红又专"所作的理想化描述中，显然缺少任何真正意义上的个人自由，同样显而易见的是，毛泽东主义理论中从未严肃地讨论过人的自我异化问题，而这在马克思论述通过实现人的潜能而达到"自觉"境界的未来共产主义新人时却是个中心问题。相反，对"又红又专"的人来说，"自觉"不是自我实现，而是使规定的价值观和行为准则内在化。所谓"自由"基本上是一种自我约束，以便为党特别是为党的领袖服务，而不是个人人格的自由实现和自由表现。

在毛泽东主义时代，马克思主义的乌托邦目标尽管在很大程度上是以一种非自由意志的方式被理解并被应用于一种压抑性的社会和政治环境中的，但它仍然是关键性的历史的决定因素。只有站在历史行动者的立场，了解马克思的未来梦想如何指引和激励着他们的社会和政治行为，才能更多地理解人民共和国的历史。只有根据马克思的未来梦想和它必定实现的诺言，毛泽东主义对艰苦奋斗、努力工作这种苦行主义价值观异乎寻常的强调才在道德意义上是有充分根据的，并与伦理观念是一致的。

一位著名的社会心理学家曾经说过："我们通过考察一个社会所产生的梦想，便可以更多地了解到这一社会及其居支配地位的价值观的性质。"[14]毛泽东主义者们重温了马克思的梦想，试图传播他们相信的价值观，将梦想变为现实。他们的梦想和价值观已有了实际的社会、经济结果和一种精神上的意义。我们将从历史的、人的角度努力了解他们的梦想和价值观（以及两者间的关系）。不应将他们的苦行价值观作为无意义的陈词滥调而不予考虑，尽管对那些研究它们的人来说，它们似乎是雷同的、陈腐的。也不能因为他们的梦想是乌托邦就把它们视为"非理性的"而不予理睬；如果那样做就无视了历史的真理："人必须一再为不可能的东西而奋斗，否则他就不可能达到可能的东西。"[15]固然，梦想不是现实，但是人民的梦想却是形成现实、推动历史的巨大力量。

第五章

巴黎公社在中国
马克思主义者思想中的反映

132　　1968 年 5 月 21 日，北京 70 万人示威游行，支持法国造反的学生与罢工的工人，这些学生和工人在当时已使查尔斯·戴高乐的第五共和国政府陷于瘫痪状态。据报道，以后的一周内，在中国大大小小的城市里，有 2 000 万人上街游行，（据说是"以无产阶级国际主义精神"）表示他们与"法国人民的革命斗争"团结在一起。[1]法新社驻京记者发现，在中国示威群众中最显眼的标语是"伟大的巴黎公社革命传统万岁"[2]。这不是没有历史讽刺意味的。

在法国，1871 年巴黎公社已被马克思主义者忘掉一半了；但在中国，马克思主义者却一直在纪念它。1961 年，正值公社诞生 90 周年之际，中国举办学术讨论会，组织群众集会，出版书籍，发表文章，竭力宣传公社的历史意义和马克思所指出的公社的理论意义，以表示对巴黎公社的纪念。1966 年 3 月，中国对巴黎起义 95 周年的纪念活动是以公社历史文件展览的开幕式为标志的（这个展

133　览先在北京，后又在上海举办）。尽管毛泽东主义讨厌专门化，但是，中国的报纸上仍然报道了"专门研究巴黎公社的中国学者"的工作。[3]

正是在这个时候——有意思的是，这是无产阶级"文化大革命"的前夜——中国的马克思主义理论家撰写出长篇论文，讨论公社的现实意义和它留下的革命教训。这些教训在 1966 年以后的几年所发生的骚乱事件中很快就成了重要的主题。

在 1966 年 8 月的《关于无产阶级文化大革命的决定》即"十六条"中，官方正式承认，马克思主义对 1871 年巴黎人武装起义的解释对将近一个世纪后在中国所恢复的革命是有影响的。当时的红卫兵宣言都出自毛泽东如下的结论，其大意是："北京人民公社"是 20 世纪的巴黎公社。这些宣言还声称，（在许多事情中）现在的中国人是"真正的无产阶级革命者"，他们是"巴黎公社红旗"的合法旗手。[4] 在此之后的几个月内，1871 年巴黎事件（或更确切些说，马克思对这些事件做了再加工）的意识、思想和概念，发挥了重要的作用。毛泽东主义者利用这些意识、思想和概念，号召群众向现存的国家和党的机构造反，用"真正的无产阶级专政"取而代之。那时，陈伯达和毛泽东的其他亲信不断地明确指出，巴黎公社是一个可仿效的革命模式。毛泽东主义者的主要理论刊物《红旗》在 1966 年 8 月发表一篇文章，该文详细地引证了"十六条"中的一条，指出公社的选举制度具有普遍意义，应该运用于中国。该文写道，正是公社那个人民有权选举、监督、罢免官员的原则，使得中国的革命者们能实现马克思主义那个使国家"由社会主宰者成为社会公仆"的目标。[5]

134

以巴黎公社为模式来重新组织政权的理论产生了 1967 年 2 月那个毫无结果的"上海人民公社"，这是更为激进的毛泽东主义首领们根据自己对马克思关于 1871 年巴黎事件的分析的理解，试图建立"无产阶级专政"的一种尝试。可是，它从一开始就不是完美无瑕的。上海人民公社在历史上只存在了短暂的 19 天，它的结束标志着毛泽东主义者从"文化大革命"这一更为空想的目标开始后退，也是以"革命委员会"为基础重新建立中国政治生活的曲折过程的开始。正是这个过程，最终导致了中国共产党整个最高层政治领导的重新改组。1967 年初以后，虽然马克思主义者关于巴黎公社的记述不都是逐字逐句地用来指导政治行动了，但是，公社的许多概念、许多革命思想仍是激进的毛泽东主义思想传统的重要组成部分。

中国人对巴黎公社的特殊兴趣，以及 20 世纪 60 年代的中国在政治上对公社的利用，是毛泽东主义者思想与行动中富有神秘色彩的特征之一。20 世纪的中国，在时间与空间上都与 19 世纪的法国相隔很远；中国的"文化大革命"与巴黎公社是分别在极为不同的历史发展过程中产生的，在社会政治环境上是迥然不同的。无论如何，红卫兵终究不是再生的巴黎人，林彪的人民解放军也不可能是复活的巴黎国防自卫军中的无产阶级营。

然而，为什么 20 世纪 60 年代的中国革命又如此重复 1871 年巴黎人的历史呢？为什么红卫兵与近年来的"革命造反派"要采用一个世纪以前巴黎工人所用过的名称、口号和政治形式，或者至少是采用马克思认为是巴黎人的口号与形式呢？为什么中国的马克思主义理论家坚持认为毛泽东继承（又"丰富与发展"）了巴黎公社的经验呢？如果中国是一张白纸，在它上面可以写最新的革命词句——毛泽东曾这样声称过，毛泽东主义者也多次重复过——那么，有什么必要跨越这么远的历史时间与空间，追溯到巴黎人这批历史先驱那里去呢？如果"文化大革命"是一个全新的、独创的、在人类历史上没有先例的现象，那么，在这场现代闹剧中，许多角色为什么要借鉴相当不同的历史时间与空间中所发生的事件，来指导自己的行动，并且证明自己行动的合理性呢？

对于这一系列问题，要作出讽刺性的回答是不难的。马克思在一篇文章中就曾给过一个合适的答案。在评论黑格尔的"所有伟大的历史事件都出现过两次"这句名言时，马克思认为（联系到当时的拿破仑三世）黑格尔忘了补充一句："第一次是作为悲剧出现的，第二次是作为笑剧出现的"。如果说 1871 年的巴黎公社是一场悲剧，那么，上海人民公社是否只是一场笑剧呢？那些模仿巴黎公社社员的红卫兵和"革命造反派"是在创造历史，还是只不过在仿造历史？"文化大革命"是一场真正的革命，还是只是一幅对于革命的讽刺画？

对于旁观者来说，把"文化大革命"看成是一场大笑剧，是有意思的。这样，也易于把整个过程作为一群歇斯底里的人的作乱而不予认真考虑。有些观察者还认为，"文化大革命"并不是在创造历史，而是一出在毛泽东导演与监督下由一群在北京的疯人演出的历史笑剧。既然笑剧不用认真演，因此，也不需要认真探究那些参与这场奇妙演出的人们的动机了。

当然，也有些人很少用讽刺的方法来观察"文化大革命"，而更多地采取严肃的态度来探讨企图彻底打碎现存一切的革命者为什么要回到前辈人那里去的问题，马克思在另一段著名的论述中所表明的就是这样的态度。他说：

> 当人们好像刚好在忙于改造自己和周围的事物并创造前所未闻的事物时，恰好在这种革命危机时代，他们战战兢兢地请出亡灵来为他们效劳，借用它们的名字、战斗口号和衣服，以便穿着这种久受崇敬的服装，用这种借来的语言，演出世界历史的新的一幕。[6]

136

这段话指出了人们对历史的拙劣的模仿，但更重要的是，它还具有人们在创造历史的方式中所包含的真正戏剧性的含义。他们在试图创造崭新的未来时是如何利用过去的——与此同时，他们又不得不保留从过去继承下来的形式和观念。那么，为什么当代的中国革命者试图在中国创造"空前"的历史奇迹时要运用过去欧洲马克思主义者的概念呢？

一、在马克思主义传统中的巴黎公社

没有必要在这里重复马克思关于公社的分析或追溯这些分析在马克思主义的理性与政治传统中所起的复杂的、导致争论的作用，只要看到如下一点就足够了：对于"正统"的社会民主党马克思主义者来说，马克思的《法兰西内战》倾向于被视为脱离常轨的某些乌托邦思想，即被废弃了的 1848 年雅各宾革命主义的不幸复归。虽然对于已成为马克思主义经典的这本书也不乏赞美之辞，然而，"无产阶级专政"的概念——特别是马克思在 1871 年赋予这个概念的乌托邦式的革命含义——在很大程度上和逻辑上与马克思主义的历史决定论是不相关的，也与 19 世纪后半期马克思主义者的社会民主和工人运动的改良的政治实践是不相协调的。在考茨基以及一般的正统马克思主义者看来，巴黎公社是革命历史上的一次英雄的事件，但它已在过去被安然埋葬了；在适当的场合，固然可以纪念它一下，但它已与当今的政治需要无关了。正如马丁·布伯曾经指出的："马克思对于巴黎公社所赞扬的东西，既不是马克思主义运动所追求的，也不是它所要达到的。"[7]

137

说到列宁，人们感到事情较为复杂一些。因为列宁想从马克思对于公社的解释中得到的东西，恰恰是他显然不能（或不愿意）实现的东西。当然，列宁在恢复马克思主义原先的革命的乌托邦倾向的同时又频繁而热情地提到作为无产阶级专政模式的公社。他在《国家与革命》中，重申《法兰西内战》的主题，并且指出苏维埃俄国在"社会与政治性质"上与公社是相同的。然而，如果说列宁主义的理论与实践之间存在着差距，那么，这种差距比起《国家与革命》热情宣扬的马克思主义经典的革命原理与布尔什维克取得政权后列宁实行的政策之间的差距来，不可能更为突出。在新的苏维埃政权的高压政策与官僚特性日益加重的同时，列宁在 1918 年中期以后的文章与讲演中，实际上不再提及巴黎公社了，这种情形绝不是偶然的。公社的政治模式连同马克思主义的社会主义总目标，都将在斯大林主义的和斯大林主义以后的俄国被形式化，这同革命后建立起来的人所熟知的体制是完全一致的。在这里，我们只需要看到：列宁的《国家与革命》（虽然与实际的苏维埃政治实践关系不大）已成为正统的马克思列宁主义进化史上的经典著作，这样，就把马克思关于巴黎公社的模式传播到另一块土地上，并使这种模式带有乌托邦式的革命理想。

由于马克思主义理论把巴黎公社作为第一个无产阶级专政的历史模式来赞扬，所以，当中国的马克思主义者在一块无产阶级人数很少的土地上领导革命、又要在他们的思想与文章中认为巴黎公社这个历史模式具有特别的意义时，就显得似乎有些荒谬绝伦。更使人感到迷惑不解的是，不是在 1949 年胜利之前，而几乎是在这次胜利的十年之后，马克思关于巴黎公社的概念才在中国共产党的政策中成为如此重要的因素。

　　虽然早在 20 世纪 20 年代初，马克思关于公社的解释就为中国第一批转变为马克思主义者的人所知，然而在中国马克思主义思想的一般历史中——更不用说在毛泽东领导的共产主义革命的历史中——极少预示着马克思的这种解释会具有毛泽东主义者后来所赋予它的那种特别重要的含义。确实，从中国革命一开始，列宁的《国家与革命》就一直是最有影响的马克思列宁主义的文献之一，中国的马克思主义者是通过列宁这一著名的小册子了解马克思对于公社的叙述的。巴黎公社这个模式成了中国共产党意识形态遗产的一部分，并且在许多年中，以标准的马克思列宁主义形式按时地纪念它。但是，直到最近几年以前，中国的马克思主义者在这方面并没有作出独特的评论与解释。在《毛泽东选集》中，只有几处附带地（还是不重要的）提及巴黎公社。 *138*

　　当然，在特定的中国革命形势下，毛泽东并无特殊的必要去回顾马克思和列宁关于巴黎公社的文献。这是由于，毛泽东主义者采取了在农村动员农民从事革命战争，包围并且最后推翻反革命的城市的战略，而这个战略与《法兰西内战》中所提供的古典式的城市无产阶级革命战略关系甚微。马克思在对巴黎公社的叙述中，热情地颂扬了城市无产阶级的革命主动性，然而这种做法同毛泽东热情地信任农民群众的革命创造力和长期不信任中国无产阶级的革命能力完全相反——一般说来，也和毛泽东强烈的反城市的偏见不相一致。不仅如此，在 20 世纪的中国（不同于 19 世纪的法国与沙皇俄国），不存在要予以摧毁的强大的集中的官僚政权；相反，在中国，革命的任务，如同毛泽东在二十多年中所认识和实践的，是在“长期的革命战争”过程中，在以令人难以置信的政治割据为特征的历史条件下，建立新的军事与政治中心。于是，马克思对巴黎公社的解释的中心思想——需要“打碎”现存的中央集权式的官僚军人的国家机器，并用全新的政治机构形式（无产阶级专政）来取代它，*139*

这种政治机构将把国家所篡夺的全部权力归还给社会——对于 1949 年以前的中国历史状况来说，在很大程度上是无关的。

马克思列宁主义关于巴黎公社的文献甚至没有为中国革命或 1949 年后的人民共和国提供意识形态上的根据。相反，马克思认为巴黎公社的意义在于它是无产阶级专政的典型，而在毛泽东主义理论中（20 世纪 50 年代后期以前），无产阶级专政这种革命形式是明确地被排除掉的，因为它不适合以半殖民地半封建为特征的国家。事实上，毛泽东主义理论还认为，对于夺取社会主义和共产主义的最后胜利来说，无产阶级专政是不必要的。根据毛泽东主义对列宁关于在前资本主义国家中革命进程分"两阶段"的理论的修正，中国革命将在"新民主主义"阶段中建立以工人阶级、农民、小资产阶级、民族资产阶级四个"民主阶级"的联盟为基础的"联合专政"。虽然，这几个阶级的联盟是以"无产阶级"即中国共产党为领导的，但是，根据毛泽东的理论，中国历史状况决定了中国要实行一种特殊的"国家形态和政权形态"，即"新民主主义"社会，这种新民主主义社会和"无产阶级专政的社会主义国家"，是有原则上的不同的，并且也区别于"俄国制度"。[8]

毛泽东在 1939—1945 年间所著文献中提到这些关于中国特殊的国家形式的观点，他在 1949 年作了重申和正式的总结。那一年，革命取得了胜利，毛泽东并没有宣布实行无产阶级专政，却宣布实行"人民民主专政"，这个词后来被恰当地写入了 1954 年的宪法。值得注意的是，毛泽东在这个标题下所写的那篇著名论文，以及 1956 年前毛泽东主义理论文献中的一般特征，都是认为中国可以建立一个社会主义社会，但不需要采取正统的马克思主义的无产阶级专政形式。1949 年，毛泽东许诺要实现马克思主义经典中关于阶级消亡的预言。据说，在这个社会中，"政党和国家机器，将因其丧失作用，没有需要，逐步地衰亡下去，完结自己的历史使命"[9]。这条中国通向社会主义和共产主义的道路是通过"人民民主专政"而不是无产阶级专政来实现的。然而，毛泽东含蓄地指出，通向社会主义与共产主义之路是漫长的，当前迫切需要的是政治安定与经济发展。[10]在 20 世纪 50 年代为实现这两大任务而建立起来的日益有秩序的社会政治环境中，马克思关于公社的解释的革命乌托邦思想并没有引起特别的反响。虽然巴黎公社纪念日是人民共和国宪法规定的八个正式的节日之一，但是，这种仪式上的规定仅仅具有历史含义（借用约瑟夫·莱弗森启发性的用语）[11]，仅仅只是马克思主义者之间代代相传的一般历史与意识形态传统中的一部分。

正是毛泽东主义者那种防止官僚主义腐蚀革命队伍的唯一企图，才使马克思主义者关于公社的概念（以及这种概念所转达的革命思想）在中国共产党的思想与政策中具有真正的历史意义，并且真正成为动力因素。毛泽东时代的最后 20 年所实行的特殊的毛泽东主义政策，反映了对党与国家正式机构的不信任，以及越来越相信群众（尤其是农民）的或多或少的自发活动能够影响马克思主义者所预示的激进的社会转变。通过直接号召群众（以及赞扬他们固有的革命创造性与社会主义积极性）来越过正式官僚渠道的趋势，明显地表现在 1955—1956 年的加快农业合作化的运动中，特别是在"大跃进"时期公社化的计划上。在这种趋势背后，潜伏着毛泽东主义者的一种认识：现存的国家与党的机构对于实现马克思社会主义目标来说不再是有效的工具了；同时还有毛泽东主义者的一种担心：由于存在一个凌驾于社会之上的越来越腐化的政治机构以及一批脱离群众的新官僚阶层，革命会受到威胁，他们会成为马克思主义者的目标与马克思主义价值观的潜在的敌对力量。

在毛泽东主义者对于现存的国家与党的机构的怀疑日益滋长的同时，（在理论领域）毛泽东主义者也越来越强调无产阶级专政这个概念，这绝不是完全的巧合。中国标准的马克思主义学说曾经认为，中国特殊的历史条件决定了它只有通过"人民民主专政"（如前所述，这是明确地区别于"无产阶级专政"的概念的）才能达到社会主义与共产主义。但是，在 1956 年以及在那以后，标准的毛泽东主义学说转而认为：无产阶级专政是实现马克思主义目标的关键——这个观点后来在"文化大革命"中成了意识形态的中心观点。1956 年，毛泽东主义者所发表的著名论文《关于无产阶级专政

141

的历史经验》指出，无产阶级专政不仅具有普遍意义，而且在中国，它也有特殊的历史必要性。[12] 由于马克思主义最初的理论把巴黎公社视为无产阶级专政的一个典范，所以，毫不奇怪，中国人会对论述 1871 年巴黎人武装起义教训的马克思主义经典著作愈益感兴趣。然而，诸如什么是"无产阶级专政"的内容，中国该采取什么特殊形式实行无产阶级专政这一类的问题，仍然（确实仍然）是含糊不清的。

二、巴黎公社与中国的人民公社

鉴于 20 世纪 50 年代后期毛泽东主义者越来越强调无产阶级专政的概念，因此，考察"大跃进"运动的某些政治含义是有一定意义的。查阅有关 1958 年公社化运动的理论文献，不能不得出这样的印象：毛泽东主义者首先把农村人民公社视为"无产阶级专政"的机构，尽管农村没有城市无产阶级。公社将不仅是一个在某种程度上自给自足的社会经济单位（使工业与农业相结合、教育与生产劳动相结合——这是经典作家规定的"过渡"时期要完成的任务中的两大任务），而且被视为一种革命的政治权力机构。例如，毛泽东主义理论家关锋，就公社发挥乡政府的行政职能这一点曾指出，这使公社不仅成为一个新的社会经济组织形式，而且更为主要的是，它使公社成为"执行国家政权职能"的政治单位，这是从社会主义向共产主义过渡时期"最好的组织形式"。[13] 与此同时，《红旗》与《人民日报》的社论强调，公社并不仅仅是一个生产组织，还是一个"经济、文化、政治、军事的统一体"[14]，是"工、农、商、学、兵五位一体"[15]。社论尤其强调公社的政治作用，"它是乡社合一的，政权组织与经济组织合一的，既是社会基层组织，也是政权的基层组织"[16]。关锋强调，公社在社会主义向共产主义的过渡中会起关键作用，在这个过渡时期，国家（当时理论上是指公社）固有的职能将逐步消失。[17] 的确，按 1958 年毛泽东主义者的预见，人民公社将成为执行马克思主义者以前赋予无产阶级专政在过渡时期

所要完成的全部社会、政治任务的机构——这些任务包括消灭城乡 *143*
差别、体力劳动与脑力劳动差别、工业与农业差别以及工人与农民
的差别，并且"废除"国家本身。公社将既是"生活组织"，又是
生产组织；它既被认为是实现共产主义最终目标的手段，又被视为
将来的共产主义乌托邦社会单位的胚胎。[18]

　　除了其他的相同之处以外，在毛泽东主义者关于把政治权力分
散到人民公社的思想与马克思对巴黎公社的分析中所存在的"联
邦"倾向之间，也存在着一种密切的联系。马克思看到，公社将不
是集权型的统治全法国的雅各宾式的专政，而是一种或多或少适应
农村与第二流工业中心的自治共同体模型，"只要公社制度在巴黎
以及次一级的各中心城市确立起来，那么，在外省旧的集权政府就
也得让位给生产者的自治政府"。马克思以肯定的语气写道："在公
社没有来得及进一步加以发挥的全国组织纲要上说得十分清楚，公
社将成为甚至最小村落的政治形式"，并且"每一个地区的农村公
社，通过设在中心城镇的代表会议来处理它们的共同事务"[19]。而
且，这种把行政职能分散到实际生产者手中的过程并不是要到遥远
的共产主义的将来去实行，而是革命进程的一个不可分割的组成部
分。在这一过程中，公社（即共同体）将在社会的革命转变中发挥
政治机构的职能，同时又摆脱其他纯粹的政治性质。虽然列宁后来
坚持认为，马克思关于无产阶级专政的概念并没有离开中央集权，
但是，有趣的是，恩格斯（他肯定比马克思更加具有中央集权制的 *144*
倾向）却赞扬了公社对地方公社实行"自由联邦"的计划，认为这
是反对中央集权政府的压迫机构的一种形式。[20] 在那个著名的对于
1891 年爱尔福特纲领的批判中，恩格斯指出，在以前的法国革命先
例中，"法国的每个省、每个市镇，都有美国式的完全的自治
权"[21]，以这种方式批判了德国人的集权主义倾向。

　　毛泽东主义者将政治权力分散到人民公社中去的思想在多大程
度上受到早期的马克思主义者关于巴黎公社的文献的影响，这是一
个悬而未决的问题。然而，有时这两者之间的相同点并不是难以发
现的。例如，1958 年 5 月，一位中国马克思主义理论家的文章中就

写道："乡社合一，实际上和巴黎公社差不多，经济组织与政权组织合一。"[22]然而，比马克思主义的先辈所能产生的影响更为重要的是，毛泽东主义者起先所赋予公社的那种政治职能，对现存的党和国家的官僚机构构成一种根本性的挑战。如果人民公社真的按毛泽东主义者原先所设想的方式发展下去，则中国的中央集权式的政治权力就会受到严重的损害——按马克思认为是属于巴黎公社的方式，把国家所篡夺的生产者的社会权力还给生产者本人。但是，后来事实发展的结果是，1959—1960 年的经济混乱与组织上的无政府状态（毛泽东后来把这种混乱部分地归因于保守的官僚分子的抵抗）沉重地打击了毛泽东主义者的人民公社计划——而后者只能以改头换面的被毁损的形式出现。

对毛泽东主义者来说，这些问题在当时已经发展到尖锐的程度——并且具有政治上的尖锐性——毛泽东主义者被迫从"大跃进"阶段的激进的社会经济政策向后撤退，在 20 世纪 60 年代初重新确定国家与党的官僚者的权力。虽然毛泽东主义者仍然掌握着意识形态大权，但另一批人只不过是高谈毛泽东主义的思想和口号，却控制着更为重要的政治、经济机构以及科学与技术部门。尽管毛泽东主义者还在宣扬"不断革命"理论，但中国社会明显地被置于官僚机构的统治之下了。在中华人民共和国的历史上，没有一个时期像这个时期，在理论与实践之间存在着如此巨大和如此明显的脱节。

三、巴黎公社与"文化大革命"

在 1966 年春天所爆发的"无产阶级文化大革命"中，（在其他许多事情中）最为不寻常的历史现象是消除激进的毛泽东主义者的社会理论与保守的官僚的社会政治实践之间的差距。"文化大革命"最显著的特征之一，就是它不仅指责国家，而且（在很大程度上）指责党，指责它们已落入"反革命修正主义者"与"走资本主义道路"的当权派手中。据说，这批人已背叛了"无产阶级专政"，建立了"资产阶级专政"的机构，并正在为复辟资本主义做准备。

　　毛泽东主义者提出的拯救方案同样值得注意。所谓的已变了质的国家和党的官僚机构将不可能从内部加以改良——也不可能由另一些官僚从外部加以纠正——只有依靠群众的革命行动，自下而上地推翻它们的统治。毛泽东主义者向群众发出"造反有理"的指示，还命令进行"夺权斗争"。当"文化大革命"日益转向政治斗争时，最著名的标语之一是来自巴黎公社的教训，即"打碎旧的国家机器这一马克思主义的原则"。

　　于是，在"文化大革命"初期，现存的国家与党的机构被指责成为反对社会普遍利益的保守的、潜在的反革命机构，所谓的革命群众被鼓动去"夺取"、"推翻"、"打碎"它们，并且用真正的"无产阶级专政"取而代之。正是在这种政治和思想意义上，巴黎公社这一榜样才从马克思主义的历史博物馆中被抬了出来，并且被认为与现今创造历史的事业有关。在"文化大革命"混乱的政治斗争中，"巴黎公社"被当作重新组织政治权力的榜样来祈求，马克思与列宁所认为的公社社员所具有的那种革命的战斗呐喊响彻中国大地，马克思主义对于一个早已过去的欧洲历史事件的著名解释又被推崇为（在一个时期内）中国政治行动的指针。

146

　　于是，我们又回到先前所提出的问题上来了：为什么 19 世纪巴黎公社这一榜样会在 20 世纪中国"文化大革命"中被这样看重？当然，一种回答是，毛泽东主义者的直接的政治目标使然。如果中国的国家与党如所指责的那样，落入"资产阶级"手中，变为寄生的官僚机构，那么，革命的马克思主义者就要求摧毁这些政治权力的压迫形式。公社为群众响应毛泽东主义者的造反号召，把政权夺回到真正的"无产阶级"革命派手中的行动，提供了一个历史典范，同时又提供了革命精神的源泉，它使毛泽东主义者从经典马克思主义的无产阶级革命模式中获得了理论支持。

　　再说，中国人恢复马克思主义原先关于巴黎公社的观点，并不是出于单纯的政治上的直接利益与意识形态上的实用主义。马克思主义关于公社的著作中提出的观点和思想，其意义并不小于公社模式在"文化大革命"时期政策制定过程中的作用。毛泽东主义者认为这些观点和思想，不仅在政治上可供利用，而且发现它们在理论上也是有吸引力的。确实，正是由于毛泽东的思想的基本倾向与马克思关于 1871 年事件所作的说明之间存在着明显相似之处，所以，马克思主义关于公社的理论模式就使毛泽东主义者获得了特殊的政治利益——正是在理论上的一致性这个更为广阔的领域内，使得中国人对巴黎公社模式的利用超越了眼前利益的局限。

147 　　我们在这里没有对中国马克思主义者关于巴黎公社的文献作详细的分析，只是简要地提一下一些较为著名的观点。毛泽东主义者首先从马克思主义最初关于公社的解释中获得了彻底反对官僚主义的动力，并为他们那种普遍敌视正式的国家组织机构的态度找到了支撑点。尤其值得注意的是：毛泽东主义者的文献不仅强调标准的马列主义公式，即旧的国家机构必须被摧毁而不是简单地接收过来（虽然这个公社的特殊"教训"总是被重复着），而且还强调那个马克思主义的普遍概念，即真正的"无产阶级专政"必须成为"以往一切国家政权的真正对立物"[23]。毛泽东主义者在理论上承认必须"打碎"马克思指出的"由常备军、警察（与）官吏组织的普遍存在的机构"，同时又普遍关注着革命之后政权的性质和组织问题，深深地担忧一个新的寄生虫官僚集团会很容易地再次凌驾于社会之上。在中国马克思主义者有关公社的文献中，提出了一个关键性问题——尤其是在"文化大革命"中——按该问题的标准提法，这就是"怎样防止无产阶级专政的国家机关发生蜕化变质"，防止国家机关"从社会公仆变为社会主宰"[24]的危险，这个提法是从恩格斯为《法兰西内战》1891 年德文版所写的导言中借用来的。

　　毛泽东主义者所提出的解决这个问题的办法恰恰也是巴黎公社社员所提出的，那就是马克思曾以极大的热情欢呼过的反对官僚主义的预防措施。为了使政权归还给社会，生产者将以工作机关（而不是议会）的形式组织起来，这种机构兼有立法与行政两大功能，完成社会主义过渡时期的革命任务。这些社会所必需的行政职能不是由被任命的官员来执行，而是由群众和那些从群众中挑选出来的

148 人来执行；这些人直接对人民负责（还经常受人民监督），他们可

被人民直接罢免与撤换。这些履行公务的人只能领取与普通工人工资水平相同的薪水，不能享有特权地位。这就是毛泽东主义者从马克思关于巴黎公社的叙述中获取的更为实用的一些政治"教训"。在中国人关于公社的文献中，反复强调以上这些措施的重要意义，因为它们符合毛泽东主义者长期存在的对官僚主义的敌视态度，并且也与那种理想化的平等主义的政治实践相一致，而这种政治实践，毛泽东主义者是把它作为他们自己的革命传统的组成部分来加以赞颂的。

这种强有力的平等主义与反官僚主义的推动力是马克思对公社的描绘中所具有的特色——在毛泽东主义者关于公社的评论中，也特别关注这两个方面——这两大特色与毛泽东主义重视的另一个马克思主义观点紧密相连：相信群众的自发的革命首创精神。马克思所描绘的无产阶级专政的反官僚主义画像是建立在巴黎工人们的创造性与英雄气概之上的，他在《法兰西内战》中是如此有说服力地对这种创造性与英雄气概作了赞扬。他没有一处讨论党的作用，甚至没有很多地讨论领袖的作用。整个主题都是关于工人们自己的创举——因为在公社中，马克思第一次发现他自己原先关于无产阶级"自己解放自己"的论断已由历史证实了。毛泽东主义者发现，正是这种对于群众的革命潜力的信任，才是他们所引证或用不同的语言来重新陈述的马克思的记述中具有吸引力的东西，尽管这种潜力只是被赞扬的一般人民群众（而不是特殊的城市无产阶级）的革命自发性。因此，当中国作者把巴黎公社的特征概括为"人民群众创造性的结晶"[25]时，他们既反映了毛泽东本人长期的（和非列宁主义的）对于"群众中蕴藏着的社会主义积极性"的信念，又加强了这种信念。

在西方马克思主义者的文献中，经常忽略了马克思关于巴黎公社分析的另一些方面，而这些方面却在中国马克思主义者的解释中占有重要的地位。特别使人感兴趣的是马克思把民族主义者与国际主义者的立场结合在一起的方式。虽然作为一次真正的无产阶级革命的产物，巴黎公社在性质与目标方面都必然基本上是国际主义者的行为，然而，公社社员又是反对外来的德国入侵者的真正的法国保卫者。马克思写道："公社是法国社会的一切健全成分的真正代表，因而也就是真正的国民政府，而另一方面，它作为工人的政府，作为劳动解放的勇敢斗士，同时又具有十足国际的性质。"[26] 相反，资产阶级反革命分子受他们的阶级利益所驱使，成为一帮民族叛徒。马克思指出，在民族义务与阶级利益发生冲突时，国防政府"没有片刻的犹豫便把自己变成了卖国政府"[27]，阿道夫·梯也尔这个资产阶级腐败的缩影，扮演了资产阶级向外国敌人实行民族投降的领袖——由俾斯麦特殊许诺所驱使的内战的挑唆者，普鲁士军队对巴黎直接占领的游说者，一群由外国入侵者所保护的奴隶主叛乱者的领袖。但是，公社的历史证明，由于把普鲁士人奉为"法国内政的最高主宰者"[28]，资产阶级再也不可能在民族统一中充当领导阶级了，巴黎工人们被证明是统一的法兰西民族的捍卫者，也是国际无产阶级革命的先驱。从马克思关于巴黎公社的评论中，很容易得出这样的观念（正如中国马克思主义作家们所作的那样）：在反对外来侵略的民族战争与无产阶级使命及它的国际主义性质之间，不存在矛盾。资产阶级统治具有反革命性质与虚假的"国际主义"性质，而无产阶级革命在真正实现国际主义目标时，倒真正成为"民族"的革命，这幅图画对于毛泽东主义者来说是极有吸引力的——因为通过它，毛泽东主义者那种把对中国人民的民族主义热情与他们的国际主义主张及愿望结合起来的做法得到了马克思主义的认可。*

与当代中国有特殊联系的另一个论题是：在马克思关于公社的分析中，具有反传统的倾向。在马克思看来，公社社员不仅企图以革命方式砸烂旧的社会经济秩序与政治秩序，而且要从根本上与过去普遍的保守传统习惯与价值观念决裂。在法国当时的环境下，这种决裂过程集中在摧毁令人压抑的"作为压迫工具的精神力量"与教会的"僧侣势力"上；马克思看到，这个过程还伴随着使科学与教育普遍地从"阶级偏见和政府权力的桎梏"[29] 下解放出来。在马克思主义关于无产阶级革命的原始概念中，已经隐含了这样的假定：新制度的诞生将从根本上贬低与死亡的旧社会有关的全部传

*有趣的是，在中国早期关于巴黎公社的评论中所强调的正是无产阶级革命的这种"民族主义"方面——李大钊（中国第一个转变为马克思主义者的人）在1923年就强调："巴黎人民起来反抗一个卖国的政府"。（《李大钊选集》，447页，北京，人民出版社，1959。）

统、信仰与价值观。马克思把这种反传统的动力归属于巴黎公社，但它在中国马克思主义的文献中却经常出现。这是由于它和毛泽东主义者的信念很一致，即：社会在物质上与经济上的变革必须伴随着"精神转变"，这种精神转变将造就一批挣脱了旧的习惯观念的"新人"。这样，反传统精神在"文化大革命"时代就更有影响了，在"无产阶级革命"的号召下，对全部传统价值观和信仰的批判与攻击达到了疯狂的程度。

中国的马克思主义者还强调马克思关于公社的叙述中的另外许多主题。马克思曾热情地赞扬过公社社员的革命英雄主义行为、献身精神和自我牺牲的禁欲主义价值观。这些在毛泽东主义的描述中也以同样恭维的口气作了进一步的阐述和赞扬。而马克思所赞扬过的公社的许多崇高的英雄品质，也正是毛泽东主义者在他们的革命历史中所赞扬过的东西，并且被认为是"革命浪漫主义"精神。马克思对巴黎公社在取代资产阶级官僚与专家的过程中所表现出来的工作效率的描述，使毛泽东主义者对职业专家产生了厌恶态度，而增加了对"自力更生"的群众的信任，认为他们既能掌握全部专业技术知识，又能发挥基本的管理职能。毛泽东主义者尤其重视马克思关于必须以无产阶级暴力去对抗不可避免的资产阶级暴力的论述（这就重申了毛泽东主义者的一个著名公理：群众必须认识到"手中拥有武器的重要性"）。毛泽东主义者还注意到，马克思从公社被镇压的教训中得出结论说，面对"残忍"的"野蛮"的反革命势力，革命者必须不断保持警惕，并且无情地镇压敌人（这就为"文化大革命"中那些"必须将革命进行到底"以及"不能让敌人喘一口气"之类的标语提供了马克思主义的历史根据）。马克思把公社（从而无产阶级专政）描绘成是一个工人武装共同体，这又使毛泽东主义者找到了根据，说无产阶级革命必然要包括群众的军事化。毛泽东主义者强调民兵的重要性，而不相信正规军。

四、毛泽东主义与马克思主义

当然，在毛泽东主义与马克思主义的经典理论之间，也存在着许多（和相当重大的）分歧。马克思终究相信，真正的无产阶级是解放全人类的力量，无产阶级只有通过无产阶级专政，才能完成指定的历史使命。但是，对于毛泽东主义者来说，"无产阶级专政"并不真的要求这样的无产阶级来实行，而只要那些具有"无产阶级觉悟"的人们来实行就行了。虽然在毛泽东主义者的意识形态中一再解释构成这种"觉悟"的信仰与价值观，但是，它的特殊的社会含义是难以确定的。"无产阶级觉悟"既不是特定的社会阶级所固有的属性（如马克思所认为的那样），也不存在于某个特殊的组织中（如列宁所坚持认为的共产党之中）。虽然认为毛泽东发展和丰富了巴黎公社经验，但是，毛泽东主义关于"无产阶级专政"形式的社会政治内容仍然是含糊不清和残缺不全的。

152

尽管有人会考虑毛泽东主义者关于"无产阶级专政"的含糊不清的含义，但是，在毛泽东主义者把农村人民公社视为社会经济的革命转变中的主要组织基础时，却是比较明朗的。这里，人们会注意到毛泽东主义者显然离开了马克思主义经典。马克思在写关于巴黎公社的报告时认为，无产阶级革命过程必将使"农村生产者接受中心城市的有理智的领袖的领导"，但毛泽东主义者的革命希望则首先是寄托在农民的创造力上。在毛泽东主义者看来，只有在农村人民公社的基础上，革命才能生存和持续下去。

在马克思关于公社的分析中，最为根本的论点是关于国家与社会的关系问题。在这个问题上，毛泽东主义者的态度仍是颇为含糊的。虽然毛泽东主义者的倾向是从根本上反对官僚主义的，并且对中央集权制的国家权力表示了极大的敌视，但中国的马克思主义理论家却仍然不大愿意完全接受马克思主义如下原则立场：所有的政治权力都是社会力量的异化形式。这正如他们不能正视人类一般的自我异化问题一样。当然，毛泽东主义者对国家与社会之间的关系问题比以前执政的马克思主义者更为关心。毛泽东主义者明确地拒绝过斯大林主义者（典型的保守主义）关于国家和人民之间的有机的、非对抗性的关系的概念，然而，列宁主义与斯大林主义之间，关于一个强大的国家政权在促进革命后的社会与经济发展中的领导

作用问题上，存在着尚未解决的分歧：一方面是强调强有力的国家
政权的这种领导作用，另一方面则像民粹主义者那样不相信国家政
权。后一种倾向常常引证马克思关于国家政权异化性质的语录来为
自己辩护。然而，有关这个问题的讨论太粗略了，也常常太肤浅，
以至于不能确定这个问题究竟是否是一个真正严肃的理论问题。

153

尽管有这样那样的分歧，马克思主义关于无产阶级革命的原始
概念有许多方面是在毛泽东主义者的思想中引起反响的。马克思对
巴黎公社的描绘中所具有的乌托邦思想被复活与普及了，因为这些
思想在理论上与政治上都会导致社会进行"不间断"的激进的变
革，而这种社会变革被看成是革命生存下去的根本条件。在中国，
这种革命将继续下去，按照毛泽东主义者对于马克思主义社会最终
目标的理解去改造世界，而不是为那种被毛泽东主义者称为是"迎
合现实"的"典型的实用主义幻想"去牺牲目标。这种来自巴黎公
社模式的概念与思想，在一个时期内，推动了变革，阻止了现存社
会与政治现实制度化的倾向。

马克思主义关于公社模式的原理是否曾经（或将会）对中华人
民共和国的政治生活产生持久的影响？这是一个颇有疑问的话题。
但是，毛泽东主义者对巴黎公社的赞扬不仅仅是具有暂时的理论和
历史的意义。毛泽东主义者求助于经典马克思主义的无产阶级专政
模式，不仅是为了重新确立他们在政治上和思想意识上的权威，而
且是为了把毛泽东确立为马克思的真正继承者。因为，当中国的马
克思主义者乞灵于由马克思所总结的巴黎公社的革命传统时，他们
就越过了俄国人，而直接向被马克思称为是"作为新社会的光荣的
先驱将永远受到纪念"的巴黎工人学习。在这种跨越俄国人直接向
巴黎人学习的过程中，毛泽东主义者明确地排斥了俄国革命的许多
方面，或至少（稍微隐蔽地）谴责了俄国革命在当代引起的后果。
在中国人关于巴黎公社的评论中，不指名地批评苏联是革命胜利后
社会主义历史中的"反面典型"的情形并不少见。这样，毛泽东主
义者就自信地认为只有自己才有能力根据巴黎公社的原则实行"无
产阶级专政"，而这个结论又使他们进一步推论：是毛泽东解决了

154 俄国人没有能力解决的理论问题和革命实践问题，把马克思主义提高到一个"较高的阶段"。据说，与"苏联修正主义者"不同，毛泽东主义的革命者们既有决心、又从理论上搞清了防止"资本主义复辟"、建立与坚持真正的无产阶级专政的问题，从而为从社会主义向共产主义过渡开辟了道路。

这些自以为是的说法，远远超过了反苏论战中政治观点上得分多少的需要。这些说法，也更多地反映了一种普遍的人类需要，即他们认为在过去、现在与未来的社会主义的概念之间建立一种合乎逻辑的关系，是活生生历史传统的一部分。毛泽东主义者既拒绝了传统的中国先例，又摈弃了现代的苏联模式，他们企图沿着原始的马克思主义思想渊源去探索，填补空白，使毛泽东与马克思在未经败坏过的普遍正确的马克思主义革命历史传统上联系起来。中国人声称他们继承和丰富了马克思主义关于公社的概念，这种表白反映了他们在探索自己与巴黎公社那段仍有生命力的、有用的历史之间的联系——这部分地说明了毛泽东主义者为什么感到有必要去"乞求过去的亡灵"，运用"借来的语言"来演出新的革命戏剧。

因此，毛泽东主义者探究马克思主义传统的足迹就不仅具有政治与意识形态方面的意义，而且具有重要的心理学方面的意义。正如爱德华·哈利特·卡尔曾指出过的，那些相信自己处于历史上某一场合的人们肯定相信他们也是来自于历史上的某个地方。[30] 毛泽东主义者认为他们是来自革命的马克思主义的传统，这种传统不仅容许而且要求彻底背离现存社会，以便创造一个激进的新世界。

第六章

对毛泽东的崇拜

1956 年 4 月，中国共产党领导人对赫鲁晓夫谴责斯大林、谴责其搞"个人崇拜"的"秘密"报告，首次作出了正式反应。这篇报告是在差不多两个月前的苏共第二十次代表大会闭幕会上作出的。中国的评论以长篇社论的形式出现在《人民日报》上，对"个人崇拜"现象作出了相当正统的马克思主义的解释，把它归因于农民落后性的残余：

> 个人崇拜是过去人类长时期历史所留下的一种腐朽的遗产。个人崇拜不只在剥削阶级中间有它的基础，也在小生产者中间有它的基础。大家知道，家长制就是小生产经济的产物。[1]

虽然在此 25 年以前，俄国的小生产经济就被废除了，但是中国的社论说："旧社会的腐朽的、带有毒素的某些思想残余，还会在人们的头脑中，在一个很长的时期内保存下来。"个人崇拜就是这顽固的"千百万人的习惯势力"的一种反映。不幸的是，斯大林接受了这种"落后思想"的影响，因而"造成事业的损失，有害于人民群众的主动性和创造性"[2]。

社论没有提到，在 1955 年到 1956 年的农业集体化运动中，中国的规模大得多、根源深得多的小生产经济还刚刚处在被废除的过程之中。如果说对斯大林的个人崇拜可归因于俄国农民落后性的"思想残余",那么很显然,在中国,这种崇拜生长的土壤要肥沃得多。不过社论暗示,与俄国人不同,中国共产党已经建立了必要的防止"个人崇拜"的政治保障:"依靠群众智慧"的传统;领导人的谦虚谨慎;"民主集中制"这一列宁主义原则的适当贯彻;特别是基于"群众路线"这一神圣原则的领导方法。社论宣称,中国共产党"曾经不断地反对脱离群众的个人突出和个人英雄主义"[3]。

虽然那时中国共产党反对"个人崇拜",但党的主席和他的许多颇为热心的支持者不一定也是如此。就在中国人对赫鲁晓夫的著名报告作出反应两年之后,随着 1958 年"大跃进"运动的展开,毛泽东恰恰做起了赫鲁晓夫谴责过的斯大林所做的事情,以最高领袖和预言家的身份出现在历史舞台上,大大跨越正式的政治机构,直接对群众讲话和为群众讲话,尽管两者的理由和目的不一定相同(斯大林是要"把自己置于全党之上"[4])。5 年之后[5],在"无产阶级文化大革命"中,对毛泽东的个人崇拜表现出对斯大林的个人崇拜从未达到过的更为极端的形式。

一、对毛泽东的个人崇拜的历史

157　　虽然一直到 20 世纪 60 年代后半期的"文化大革命",对毛泽东的个人崇拜(以及由这种崇拜产生的更为离奇的东西)才充分显现出来,但早在 30 年前中国内地的穷乡僻壤,在那个颇具神异和传奇色彩的时代,就可在中国共产主义运动中找到对毛泽东的个人崇拜的渊源了。1936 年,当埃德加·斯诺来到陕北山区共产党的这一小块根据地与毛泽东会面的时候,发现 43 岁的毛泽东已作为"能够从死里逃生、大难不死"[6]的人在红区闻名了。(当时,蒋介石悬赏 25 万元要他的首级,毛泽东也因此为外部世界和多数中国人所熟知。)这种认识无疑与经历了刚在一年前结束的长征的严峻考验有很大关系。在经过了难以想象的大多是不毛之地的二万五千里艰苦跋涉而活下来的人中,在更多的为这些人奇迹般的生存所鼓

舞的人中，出现了对毛泽东作为先知者的信赖，相信他能把他的忠
诚的追随者带到目的地。长征不仅是毛泽东获得中共最高政治权力
的一个时期，而且也是给他的革命使命赋予神圣色彩的一段经历，
从长远来说还导致出现了毛泽东是无敌的这一信念，人们相信他注
定能成功地完成历史所赋予他的使命。出自长征的故事和传说，就
像《摩西》和《出埃及记》这样的圣经故事一样，经常被人们传颂
着。延安早期形成的传统和信念，30 年后仍保持着神圣的色彩。在
1966 年的"文化大革命"中，年轻的红卫兵开始了使他们筋疲力尽
的"长征"，以此来表明对毛泽东及其思想威力的忠诚。

　　日益显露的对毛泽东的个人崇拜的最深和最有意义的根源，除
了存在于经过长征的老红军中以外，更多的是存在于生活在早期苏
区以及苏区周围的农民之中。由朱德正式统帅的红军，被广泛称为
"毛朱武装"[7]，但在中国农村更为边远的地区，"毛朱"被认为是
一个人，认为他将把农民从受压迫中解放出来，在世界上恢复正
义。在重写的党史中，毛泽东的革命功绩被夸大，他成了使众生摆
脱苦难的大救星。

　　在第一个研究毛泽东的颇有洞察力的学者埃德加·斯诺的最初
印象中，人们便可以得到关于对毛泽东的个人崇拜的根源存在于农
民之中的启示。1937 年，在写到他对毛泽东最初的"个人印象"
时，斯诺没有用中国可能出现一个"救星"这样的概念，不过他富
有预见性地写道：

　　　　但是，不可否认，你觉得他的身上有一种天命的力量。这
　　并不是什么昙花一现的东西，而是一种实实在在的根本活力。
　　你觉得这个人身上不论有什么异乎寻常的地方，都是产生于他
　　对中国人民大众，特别是农民——这些占中国人口绝大多数的
　　贫穷饥饿、受剥削、不识字，但又宽厚大度、勇敢无畏、如今
　　还敢于造反的人们——的迫切要求作了综合和表达，达到了不
　　可思议的程度。假使他们的这些要求以及推动他们前进的运动
　　是可以复兴中国的动力，那么，在这个极其富有历史性的意义

158

上，毛泽东也许可能成为一个非常伟大的人物。[8]

斯诺注意到："但没有——至少现在还没有——在他身上搞英雄崇拜的一套"[9]，不过，"他个人在运动中的作用，显然是很大的"[10]。斯诺还富有预见性地评论说："然而我非常怀疑，他是否能够博得中国上层知识分子的敬仰，也许这并不完全因为他有非凡的头脑，而是因为他有农民的个人习惯。巴莱托[11]的中国门徒们也许要嫌他粗鲁的吧。"[12]

从延安时代早期开始的对毛泽东的民间崇拜，很快就通过某些正式安排而得到了强化。1942—1944 年的整风运动，把毛泽东的著作确立为中国共产党的正统思想。党的历史学家们开始重写革命史，在五四运动以来的政治事件中，毛泽东被置于中心地位。1945 年召开的第七次党的代表大会，不仅使毛泽东的最高政治领导地位得到巩固，而且也使"毛泽东思想"被奉为党的政策和行动的唯一指导思想。的确，这次大会在很大程度上是歌颂毛泽东的领导的大会，会上所有的发言人都大肆吹捧毛泽东和毛泽东的思想。不过，具有讽刺意味的是，没有人比刘少奇更为热衷这一活动，他公开赞扬毛泽东是"中国有史以来最伟大的革命家和政治家"[13]，也是中国"有史以来最伟大的理论家和科学家"[14]，他告诉与会代表，"现在的重要任务，就是动员全党来学习毛泽东思想，宣传毛泽东思想"[15]。几年以后，在 1949 年，刘少奇宣称毛泽东思想标志着放之四海而皆准的马列主义原理发展到了一个新的更高的阶段，并赞扬说："毛泽东的道路是殖民地和半殖民地国家都可遵循的革命道路。"*

刘少奇在形成对毛泽东的个人崇拜的过程中起过不小的作用，但此后不到 20 年，就是这种个人崇拜使他在政治上一败涂地。

1949 年，共产党取得胜利，毛泽东关于革命的农村将战胜保守的城市的预言也获得实现，这些自然而然地加强了这位主席已经拥有的个人威望和权力，加强了毛泽东确实是"救世主"和"人民的救星"这一广泛流行的认识。在建国初期，尽管毛泽东的权力很

* 《刘少奇选集》，179 页。（原文如此，此处引文疑有误。——编者注）为歌颂毛泽东的功绩和毛泽东的思想，在 1945 年的中国共产党第七次全国代表大会上，刘少奇赞扬说："我们党和我国人民循着这条道路（指毛泽东道路——编者注），在一九二七年前，发动了空前伟大的革命运动，毛泽东同志是这个革命的组织者之一；在苏维埃土地革命时，创造了伟大的红色区域和红军，毛泽东同志是红色区域和红军的最杰出的创造者与领导者；在抗日战争中，创造了伟大的解放区和人民的军队——八路军与新四军，毛泽东同志又是解放区和八路军、新四军的创造者与领导者。"（同上书，319 页。）

大，但他并没有利用这种权力把他的意志强加给革命后的党和政府。这或许是因为这位领袖的意志恰与党的政策一致。诚然，那时毛泽东受到了大量的来自民间和官方的赞美，官方的文章和讲话很少不对这位主席的智慧和思想的伟大进行称颂。*

　　然而，这种已经发展起来的对毛泽东的崇拜并没有被用来打破制约新国家的官僚制度，革命领袖和革命产生的机构处于和谐状态。这种表面上的和谐关系，在 1955 年夏天垮掉了，当时毛泽东抛开了党的多数领导人，在很大程度上靠自己个人的主动精神，发动了加快农业集体化的运动。他 7 月 31 日"关于农业合作化问题"的讲话并不是在党的中央委员会上，而是在一次非正式的省、市和自治区党委书记会上发表的。因参加全国人民代表大会的某次会议，省、市和自治区的党委书记们恰好聚在北京。毛泽东不顾并越过了党的领导，直接向党的地方农村干部，并通过他们向农民群众发出了呼吁。此后不到三个月，召开了党的中央委员会，正式认可了已在进行之中的农业集体化运动。涉及千百万农民的大规模的社会运动，由党的领袖说句话就可发动起来，而无视党作为一个组织的作用，这一点成为有助于个人崇拜进一步生长的新的政治气候的又一个因素。党的其他领导人记住了这一教训。例如，老资格的革命家陈毅在当时曾挖苦性地评论说，毛泽东关于合作化的讲话"解决了过去三年（关于农业政策）的辩论"[16]。

　　在 1955 年 7 月的讲话中，毛泽东谈论中国共产党与农民群众之间关系的方式，对于个人崇拜的发展也很有意义。这种方式可追溯到 1927 年的《湖南农民运动考察报告》。这篇报告是毛泽东主义在政治和意识形态舞台上出现的标志。随之而来的是革命年代的精神和类似民粹主义形象的复活。1927 年，毛泽东发现革命创造力的源泉不在党内，而在自发的农民运动中。不是要党来评判农民的革命能力，而是要把农民自身的行动作为评判党的革命性的标准。毛泽东在 1927 年指出："一切革命的党派、革命的同志，都将在他们（指农民——原文作者注）面前受他们的检验而决定弃取。"[17] 1955年，他又一次把革命的农民与被说成是革命性不足的党做了对比。

*典型的有 1951 年陈伯达关于纪念中国共产党成立 30 周年的一篇文章，文章说："毛泽东思想乃是马克思列宁主义在东方的发展。……就世界的斗争全局来说，这个意义是具普遍性的意义。"（陈伯达：《毛泽东论中国革命》，59 页，北京，人民出版社，1953。）

161

在号召广大农民进行激进的社会变革的同时，毛泽东抱怨许多党的官员"像一个小脚女人，东摇西摆地在那里走路"[18]，"现在的情况，正是群众运动走在领导的前头"[19]，而某些党的领导人却埋怨合作化运动进行得太快了，已经"超过了群众的觉悟水平"[20]。毛泽东认为这只能反映这些领导人自己不相信群众。毛泽东的态度暗示，是毛泽东自己，而不是当时的党，最好地代表并表达了农民的愿望和利益。这种态度在当时自觉或不自觉地起到了助长个人崇拜的作用。

162 　　党的其他领导人（其中许多人后来成了对毛泽东个人崇拜的政治牺牲品，并非完全出于偶然），很快找到了削弱日益增长的毛泽东对国家事务的个人统治的机会。抓住赫鲁晓夫对斯大林个人崇拜的谴责，刘少奇和邓小平在 1956 年 9 月举行的中国共产党第八次全国代表大会上，倡导"集体领导"的原则，他们使与会代表删掉了党章中以"毛泽东思想为全党指导思想"的条文，以这种方式强调了这一点。邓小平（党的杰出的列宁主义的总书记）说："对于领袖的爱护——本质上是表现对于党的利益、阶级的利益、人民的利益的爱护，而不是对于个人的神化。"[21]

　　党与其主席的紧张关系，在"百花齐放"运动中又加剧了。当时，毛泽东又一次对党的革命性有了疑问，决定冲破官僚机构对他所提倡的激进的新社会经济政策的阻力。这样一来，他促进了使他自己不仅仅做一位党的主席的政治进程。的确，在意识形态方面关于领袖崇拜——这种崇拜很快就发展起来——的基本原理是由毛泽东自己在当时最著名的理论文章《关于正确处理人民内部矛盾的问题》中提出的。1957 年 2 月，在某个非党的讲台上发表的这篇讲话中，毛泽东列举了中国社会的许多矛盾，不过在这些矛盾中他强调的是"领导同被领导"、党与"人民群众"之间的矛盾。关于如何处理这些矛盾，毛泽东指出，矛盾的责任更多的是在党的领导者一方，而不是在被领导的人民群众一方。他进一步指出，在某些事情上，党的领导者可能是错误的，而人民群众可能是正确的。既然党在思想上并不是一贯正确的（正如当时毛泽东所指出的那样），那么，就应允许并确实希望"人民群众"从外部来批评党，使党员从 批评和意见中得到教益。[22]

从处理领导者和他所领导的机构之间的关系来说，这个观点具有深刻的含义。如果人民群众可以自由地批评一个有可能在思想上、政治上走入歧途的政党，那么，除了毛泽东自己以外，谁是最终为"人民群众"说话的人呢？总之，毛泽东不仅仅是共产党的主席和人民共和国的主席，而且更重要的还是公认的人民革命的著名领袖。因此，他与群众的特殊关系是任何人也比不了的。如果"人民群众"要讲话，那么很清楚，毛泽东便是他们杰出的代言人。这样，毛泽东就可以不受党的马列主义原则的约束，并可以自由地以其作为"人民群众"的智慧和愿望的代表这一独特而超然的角色，从外部来批评党的组织。

在 1958 年发动"大跃进"运动时，毛泽东就扮演了这样一种角色。农村的共产风唤起了尽快实现共产主义乌托邦的期望。在这次运动中，毛泽东以乌托邦预言家的姿态出现在历史舞台上，许诺他将把遵循他的教导和指示的人，带到无阶级、无国家的社会中去。通过向群众发出直接的、幻想式的呼吁，毛泽东越过了正式的官方渠道，抛开了党和国家的既定程序，在一段时间内形成了他自己与农民群众的直接联系。这是一种他的乌托邦幻想和群众要求社会变革与经济富裕的广泛热情之间的联系。在早期农村群众运动的幻想上，又加上了对毛泽东个人及其思想的空前未有的崇拜。

毛泽东本人并没有反对对他的迷信，也没有反对围绕他所占据的最高地位而出现的半神圣化的气氛。事实上，他也亲自推进了这一进程。在"大跃进"初期，通过区分好的和坏的个人崇拜，他提 出了评判个人崇拜的一个思想原则。他在 1958 年 3 月做的一次内部讲话中说：

个人崇拜有两种：一种是正确的，如对马克思、恩格斯、列宁、斯大林正确的东西，我们必须崇拜，永远崇拜，不崇拜不得了，真理在他们手里，为什么不崇拜呢？……另一种是不

正确的崇拜，不加分析，盲目服从，这就不对了。反个人崇拜
的目的也有两种：一种是反对不正确的崇拜，一种是反对崇拜
别人，要求崇拜自己。问题不在于个人崇拜，而在于是否是真
理。是真理就要崇拜。[23]

完全可以看出，毛泽东相信他自己拥有"真理"，因而应该受
到崇拜。

显然，甚至对微不足道的形成崇拜的形式，毛泽东似乎也没有
持保留态度。毛泽东在这次讲话的一开始，就谈了"正确"和"不
正确"的崇拜形式。他暗示在马克思主义的伟人中，他与斯大林一
样高（如果不是更高的话），画像时就应该这样画，他抱怨说：
"（在50年代初期）中国艺术家画我和斯大林的像，总比斯大林矮
一些，盲目屈服于那时苏联的精神压力。"[24]

随着"大跃进"运动的动荡，对毛泽东的崇拜减弱了。毛泽东
与群众的联系也由于这场运动所产生的组织混乱和经济危机而受到
破坏。面对为肉体生存和民族生存而进行的日益严峻的斗争，乌托
邦希望破灭了。饥饿的群众在政治上变得无情了，党和国家的正规
165　官僚机构的权威又恢复了。在1960年到1962年的"困难时期"，
毛泽东把政治舞台上的核心地位让给了别人。这些人以他的名义行
使权力，但却不执行他的政策，对他的"思想"只是进行表面上的
赞扬。正如他后来所抱怨的那样，那个时期，他这位主席是被当作
"死去的祖先"来对待的。这种情形在政治上和心理上产生了恢复
和更新个人崇拜的需要。

"文化大革命"前的几年中，对毛泽东的个人崇拜的发展过程
与以前的表现有明显的不同。以前，对毛泽东的个人崇拜一直被等
同于革命年代的英雄主义和革命后群众运动的激进主义。从长征的
壮举到"大跃进"的乌托邦主义，在这卓越的毛泽东主义革命历程
中，对毛泽东的崇拜至少在某种程度上是以自发的方式发展的。与
此相反，20世纪60年代初期的情形是，保守的党和正规化的国家
机器统治着政治上沉默的人民，这时重新树立对毛泽东的崇拜显然

是一种人为的产物，是为达到现实的政治目的而精心设计出来的。自相矛盾的是，制造个人崇拜的任务大部分落到了人民解放军头上，军队本是国家机器中官僚等级最为分明的机构，不过，军队当时是为毛泽东提供主要政治支持的组织，也是毛泽东认为还没有受到"修正主义"思想腐蚀的唯一组织。1964 年 5 月，中国人民解放军总政治部第一次出版了《毛主席语录》。此后三年中，这本"小红书"几乎印了十亿册。同时，《毛泽东选集》也印了一亿五千万册。军队首脑、毛泽东主义者林彪，发动了 1964 年至 1965 年的学习毛泽东著作的运动，实际上排斥了学习一切其他的书籍。林彪对毛泽东思想的威力作了最为夸张的描述，他说："毛泽东同志是当代最伟大的马克思列宁主义者"，毛泽东同志天才地把马克思列宁主义提高到了一个"崭新的阶段"，干部和群众都要"读毛主席的书，听毛主席的话，照毛主席的指示办事，做毛主席的好战士"，毛泽东思想为广大群众所掌握就会成为"无穷无尽的力量"，变成"威力无比的精神原子弹"。[25] 在"文化大革命"前的几年中，成为学习榜样的多数英雄人物，都是把自己的事迹归因于从"毛泽东思想"中得到启示的解放军战士。

166

尽管对党的机构的控制权大部分仍掌握在被斥为"走资派"的那些人手中，但到 1965 年，对毛泽东的崇拜已普遍化了。在同年 1 月斯诺访问人民共和国时，对这位主席的"非同寻常的歌颂"，使他大为吃惊。

> 他的大幅肖像这时悬挂在街道上，半身塑像陈放在每一个会议室里，他的书和照片到处陈列，把别人的书和照片都挤掉了。在演出历时四小时的革命歌舞剧《东方红》中，毛泽东是唯一的英雄。作为演出的高潮（有两千名演员出场……），我看见一幅肖像放大到大约 30 英尺高，那是以我本人在 1936 年拍摄的一张照片为范本的。这使我产生了一种复杂的心情：一方面对技巧感到得意，另一方面则不安地忆起了战时在俄国所看到的崇拜约瑟夫·斯大林的类似的夸大做法。……只对一个

人的崇拜不算普遍，但其趋势却是无误的。[26]

1965 年 1 月会见斯诺时，毛泽东直率地承认了这种崇拜的存在，并且的确承认，他认为个人崇拜是政治资本，还暗示三个月前赫鲁晓夫的下台，可能就是因为"根本没有对他个人的崇拜"[27]。

如果说 20 世纪 60 年代初期搞的对毛泽东的崇拜是有意策划的，那么，60 年代后半期的事件则强烈地表现出，个人崇拜这种明显人为的性质丝毫没有削弱这种崇拜的政治潜能。个人崇拜，如果想要有历史意义，就需要有偶像崇拜者。"文化大革命"的兴起很快表明，在中国大地上，不满现状的人民，群情沸腾，渴望崇拜毛
167 泽东本人和毛泽东"思想"，渴望向自己神圣化的主席宣誓效忠。当毛泽东发出"文化大革命"的号召，号召群众"敢造反"，起来反对党及其组织的当权派时，数千万人起来（或被动员起来）投入到了（用当时典型的乌托邦术语来说）关系到革命是否成功、是实现社会主义的使命还是"资本主义复辟"的生死搏斗中，并要同"牛鬼蛇神"和垂死的反革命势力决一死战。在大规模混乱的冲突中，毛泽东作为乌托邦预言家和最高领袖的形象变得更加高大。他通过自己的"思想"和"幻想"直接和"革命群众"联系在一起，千百万忠诚的追随者将他发出的"教导"和"指示"变为新的（经常是离奇的）革命行动。

"文化大革命"中，最早和最热烈的崇拜者是中国的年轻人。他们把毛泽东看作以往浪漫的革命历史的纯洁代表，是能够清除当时的腐败并创造一个更好的崭新的未来的圣人。被毛泽东封为"勇敢大胆的开拓者"的红卫兵，在破"四旧"运动中走遍了全国。他们携带"小红书"（在他们看来，小红书有近乎魔法的性质），到处发表宣言，宣称要从"伟大的战无不胜的毛泽东思想"中吸取"精神力量"。1966 年 8 月 18 日，这是"文化大革命"中一个重要的时刻，红卫兵令人半信半疑的举动被赋予了政治上的合法性。这一天，成千上万的红卫兵聚集在天安门广场，等待毛泽东的出现。日出时分，毛泽东出现在城楼上，戴着红袖章，成了红卫兵的"最高

司令"。

　　"文化大革命"早期阶段年轻人的崛起表明了以对毛泽东的个人崇拜为象征和推动力的革命信仰主题的复兴。在个人崇拜庇护下 168的这场运动，若只是一个青年人的十字军运动，那么对社会学研究来说，它或许最终会表明只不过是一场异乎寻常的插曲而已。但是，这场运动迅速扩大，把其他社会阶层也卷了进来，并且很快就清楚地表明，毛泽东的崇拜者已遍布整个中国社会。到 1966 年的后几个月，城市无产阶级——中国最为先进而且大概也是老资格的社会阶层——开始响应毛泽东的号召，造起共产党及其组织的反来了。在"文化大革命"的这一新阶段中，工人阶级的组织大批而迅速地出现了。虽然这些组织反映了社会上各种各样的不满情绪，代表了各种各样的经济利益，但它们都宣称自己完全忠于毛泽东，信奉毛泽东的教导，都搞崇拜毛泽东的各种仪式。在"文化大革命"的战斗中，尽管农民卷入不深，但对毛泽东的崇拜也在农村传播开来。村子里建立了敬奉毛泽东思想的公共"忠字室"，农民家庭则通常有自己的"忠字牌"，家庭成员清早和晚上聚在这里，对毛泽东表示崇敬，饭前背诵"小红书"中的语录已成习惯。个人崇拜是如此的广泛和深入，以至于毛泽东的劲敌也不得不打起毛泽东的旗帜和口号（如果他们想在政治上做点什么的话）。正如埃德加·斯诺所说："在某种意义上，整个斗争是争夺对崇拜的控制，是'由谁'以及首先是'为了谁'来利用这种崇拜。"[28]

　　下面简单说一下个人崇拜为谁所利用的问题。

　　"文化大革命"中，个人崇拜最显著的特点是注入了传统的宗教象征主义。正如旧时中国皇帝称为"天子"（"天子"把宇宙秩序与社会秩序联系起来）一样，"天"成了毛泽东的象征，人们把毛泽东和宇宙的力量等同起来了，在中国传统的宗教象征主义和现代革命的宗教象征主义不自然的混合中，"太阳毛泽东主席"被称为"最红最红的红太阳"，他的光芒照亮了一切革命者的心。根据道教神秘主义的玄想，"毛泽东思想"被说成是能够战胜一切敌人的"法宝"，而敌人则被（用佛教中说魔鬼的术语）斥为凶恶的"妖魔 169

鬼怪"、"牛鬼蛇神"。在全国各地修起了纪念毛泽东革命业绩的展览馆。这些展览馆面东朝阳，地面用印有向日葵的小瓷砖铺成，官方报刊把这些展览馆称为"圣地"。农民在"忠字牌"前表示对毛泽东效忠的方式，与在祖先牌位前的传统做法一样。

个人崇拜在"文化大革命"中采取的强烈的传统形式和奇怪的宗教形式，与它为之服务的这场运动的目的根本不协调。"文化大革命"是从猛烈攻击中国的旧传统开始的（当然也攻击西方资产阶级传统）。"文化大革命"的进行基于这样的假定，即打破旧的价值观，是对人民的思想进行现代革命改造的前提条件，而这一步又是保障中国向社会主义过渡的政治行动的基本前提。个人崇拜的各种传统形式和象征，是"文化大革命"的领导者为埋葬旧传统、传播现代革命精神而召唤出来的。看来，这种传统形式比毛泽东和毛泽东主义者所希望传播的新的革命价值观对大众意识有更大的影响。

革命的、攻击旧传统的人反而提倡传统式的偶像崇拜，这种情形当然并不是中国所独有的。卡尔·马克思曾指出："当人们好像刚好在忙于改造自己和周围的事物并创造前所未闻的事物时，恰好在这种革命危机时代，他们战战兢兢地请出亡灵来为他们效劳，……以便穿着这种久受崇敬的服装，用这种借来的语言，演出世界历史的新的一幕。"[29]

1968年，随着"文化大革命"热情的减退，随着毛泽东逐渐将突如其来的群众运动缓和下来，对这位主席的崇拜反而变得比以往任何时候都更无节制了。毛泽东著作的印刷量和发行量比以往任何时候都大，实际上挤掉了一切其他著作。毛泽东的肖像、塑像和石膏像的尺寸和数量都增大了。"文化大革命"初期，对毛泽东的崇拜还被等同于一种真正的、大部分是自发的群众革命运动，而现在这种崇拜则非常像正统教学里所履行的常规仪式了。1968年夏天，在北京的观察家们注意到，"人民的脸上呈现出冷漠无情的神态，他们仍打着红旗和这位主席的画像行进，但这只是出于习惯而已"[30]。据报道，"解放军工作队在北京各处搞起了派性调解机构，在这里，对立派系的成员坐在一起绣这位主席的画像"[31]。学校的孩子们早晨相见不是说"早上好"，而是说"祝毛主席万寿无疆、万寿无疆"。当时曾夸耀说，这是聋哑儿童学校教的第一句话。[32]越来越多的人搞起了有组织的朝圣，来到纪念毛泽东生平的"圣地"表示效忠。检验对毛泽东是否忠诚的标准，主要不是看遵照毛泽东的"思想"所进行的革命行动，而是看背诵毛泽东的格言和语录的能力以及街上和家中悬挂的毛泽东的肖像的尺寸。"文化大革命"开始时，对毛泽东的崇拜曾激励群众采取破除旧传统的革命行动，但在这场动乱的后期，它所产生的只是要群众崇拜偶像。

　　"文化大革命"不寻常的和与初衷不符的结束方式，或许是由其政治根源所决定的。这场运动从一开始，就要求人民服从于一个人的无所不包的智慧，这表明个人崇拜已经违背了"文化大革命"的既定原则，即唯一的方法是让"群众自己解放自己，不能采用任何包办代替的办法"[33]。然而，群众正是在个人崇拜的合法权威下，以"向毛主席表忠心"的方式起来造反的。在已经如此异化了的政治权威和把一切政治智慧和思想智慧都归于毛泽东一个人的迷信的影响下，对政治缺乏热情、幻想破灭了的群众，经过"文化大革命"的战斗，在体力上和精神上均已筋疲力尽。他们曾以毛泽东的名义战斗，现在则应该拜倒在毛泽东这个人造偶像面前了。这可能有些做作，但绝不是不合逻辑的。

171

　　最后，"文化大革命"并未产生有活力的政治组织来取代中国共产党，毛泽东又不得不以列宁主义的和"文化大革命"前的形式来重建党的权威，不过这时毛泽东是名副其实的主席了。在20世纪70年代前期重建党的过程中，对毛泽东的崇拜——或更确切地说，是这种崇拜中那些极端的、不合理的方面——被相应地废弃了。

　　斯图尔特·施拉姆指出，个人崇拜降温的决定，部分地是由于毛泽东后来认识到，对他的"天才"的盲目崇拜和死记硬背从他的"思想"中抽出的一些格言，并不能解放中国人民，也不能使人民的觉悟革命化。[34]这可能是一种过于宽厚的解放。实际上，个人崇拜当时只是部分地降温，而且是在达到了毛泽东主义者的政治目的

172 之后才这样做的。在 1970 年 12 月与斯诺的一次谈话中，毛泽东本人也坦率地承认了这一点。毛泽东当时说，这种崇拜是作为武器用来反对他已不能控制的党内官僚阶层的，既然他已重新获得了党的最高权力，并清除了"修正主义"分子，那么这种崇拜就该"降温"了。[35] 在以后的年代中，奉承毛泽东的那些过分的形式确实"冷"下来了，不过，个人崇拜依然存在（尽管形式上减弱了），并且与拜占庭式的政治斗争和这位主席的可能的接班人之间的宫廷阴谋密切相连，这些政治斗争和宫廷阴谋是毛泽东晚年中国政治生活的特点。

二、个人崇拜的社会根源和社会功能

像对毛泽东的个人崇拜这样陈旧的政治权威形式，与马克思主义关于社会主义社会中政权形式的教导很不一致，如何解释这一现象的出现呢？人们喜欢通过熟知的"集权主义模型"这面三棱镜来观察这一现象，并做出一种传统的令人满意的答案。人们一般认为，对毛泽东的崇拜和 20 世纪其他的个人崇拜都是一个模子里造出来的，因而都可归因于集权主义领导者的个人权力扩张。集权主义领导者要除掉有碍于他绝对的最高政治权力的一切障碍。典型的有弗朗兹·迈克尔的观点，他认为炮制对毛泽东的崇拜是为了制造"个人一贯正确的印象"[36]。根据更为严密的理论观点，伦纳德·夏庇罗和约翰·刘易斯曾指出，毛泽东试图要建立一种他的意愿在其中至高无上的共产党。因为党是"一种自治的、具有独立力量的竞争性的权力基地"，它倾向于削弱而不是加强领袖的权力。这种活动造成了党的领袖与党的组织之间持续不断、日益加剧的冲突。因此，夏庇罗和刘易斯得出结论说："毛泽东在其高龄时对中共的袭击，与 1936 年斯大林对苏共发动的竭尽全力的袭击，具有

173 许多惊人的相似之处。……同斯大林一样，毛泽东也是要以至高无上的权威凌驾于党之上。同斯大林一样，毛泽东也试图打碎党的组织，使其不能阻挠领袖的意愿。……无论是斯大林还是毛泽

东，当他们成为最高领导者之后，都试图约束党的独立作用，因为这种作用可能成为对他们个人不受任何限制的专横武断的权威的挑战。"[37]

毫无疑问，毛泽东本人与中国共产党组织之间的冲突，一直是人民共和国历史上压倒一切的主题，对毛泽东的崇拜与此有密切联系。从 1955 年的集体化运动到对党的全面进攻和组织"文化大革命"，毛泽东的权力的升级（和个人崇拜的发展）或多或少与削弱列宁主义党的权威和权力直接相连。当然，对毛泽东的崇拜与对斯大林的崇拜也确有惊人的相似之处。除了官方奉承和民间崇拜的那些颇为明显和外在的形式以外，搞斯大林个人崇拜所用的许多政治的和思想的因素，也都被用来搞对毛泽东的个人崇拜。斯大林搞个人崇拜的最初步骤，是在马克思主义哲学领域中树立他的主导地位[38]；毛泽东在延安时期写的关于哲学和文艺的著作，也被用来树立这位主席作为一个创造性的马克思主义理论家的形象。*

搞斯大林崇拜曾需要重写党史，把斯大林塑造为"布尔什维克党的第二个列宁"[39]；中共党史也被重写和修改，以便夸大毛泽东的革命作用，抹掉或贬低其他人的作用——这一点在中国更易做到，因为毛泽东可以宣称自己是中国革命的列宁和斯大林。**

正是由于对斯大林的崇拜是与无处不在的"马克思、恩格斯、列宁和斯大林的经典著作"联系在一起的，所以，毛泽东的著作也被抬高为放之四海而皆准的革命理论的新的更高的发展阶段，其思想与马列主义一起被称作"马克思主义、列宁主义和毛泽东思想"。在这两种情形下，领袖的最高权力都需要有对领袖思想的创造精神和一贯正确的歌颂，并由此得到加强。

虽然在形式和方法上相似，但对毛泽东的崇拜与对斯大林的崇拜在起源特别是在社会政治功能方面还是有根本上的不同。对毛泽东的崇拜是围绕人民革命公认的领袖人物形成和发展的，这位领袖无论在革命胜利前还是在革命胜利后都在群众中享有崇高的威望。相反，斯大林在布尔什维克的诸位领袖中只是一个影子人物，从未获得过像列宁那样的威望，甚至在比列宁稍逊一筹的领导人中，他

* 到了 20 世纪 40 年代中期，毛泽东 1942 年的《在延安文艺座谈会上的讲话》和他的哲学论文《实践论》和《矛盾论》（都写于 1937 年）已广泛渗透到了中国共产党的学术和文化生活的一切方面。

** 毛泽东以后的领导人鼓励人们阅读某些历史著作而不是直接批评已故的主席，这些历史著作强调在官方毛泽东主义的历史文献中长期被忽视的党的早期领导人（如李大钊、彭湃和蔡和森）的重要作用，赞扬党内毛泽东的多年的反对者（特别是彭德怀和刘少奇）的革命贡献。

也不算杰出。斯大林是关起门来在党内利用党的机构来取得其政治主导地位的。他后来获得那样高的威望，完全是在列宁的庇荫下（并以列宁的名义）通过官方机构制造出来的。

更重要的是，对毛泽东的崇拜在革命年代是与群众运动一致的，并在革命后的年代通过动员群众进行激进的社会变革而保持了这种一致性。而对斯大林的崇拜则完全是革命后的现象，是被集权国家的领袖用来自上而下对群众实施官僚统治的。对斯大林的崇拜历史性地同苏维埃新秩序的官僚体制相连，并有助于加强官僚体制，而对毛泽东的崇拜则完全是革命后国家官僚体制的对立物。对斯大林的崇拜被用来贯彻城市工业化的应急计划（在很大程度上基于对农村的剥削），而对毛泽东的崇拜从 1955 年开始占据主导地位起，就是毛泽东主义者用来冲破苏联发展模式、开辟新的农业社会主义道路的工具。还有，对斯大林的崇拜与俄国旧传统的复活和稳定是兼容的，而对毛泽东的崇拜（在内容上，如果不是在形式上的话）是极端反传统的，并且无助于社会和政治的稳定。

这些区别说明，不能把对毛泽东的崇拜简单地理解为是毛泽东为打破妨碍其最高政治权力的组织阻力而制作的一种工具，尽管它无疑有这种目的性并服务于这种目的。也不能用个人喜好的需要来解释，尽管毛泽东与斯大林一样并未从民间和官方的奉承中得到多少满足。那么，该如何理解对毛泽东的崇拜呢？

回顾对毛泽东的崇拜的历史，可以看出这种崇拜与中国农民和旨在表达农民利益和愿望的社会运动有惊人的一致性。这种崇拜产生于延安时代早期农民革命的环境中，最初的和最热烈的崇拜者是贫苦农民，他们相信毛泽东是他们的"大救星"，相信毛泽东将在世界上建立（或可能重新建立）正义。虽然毛泽东对知识分子没有多大吸引力，在政治上不怎么活跃的城市工人阶级中也不太知名，但正如斯诺 1937 年所说，毛泽东的非凡在于他对农民的"迫切要求作了综合和表达，达到了不可思议的程度"[40]。正是依靠农民的支持，共产党人才取得了胜利，毛泽东才登上了天安门城楼。并且，正是在那个古老的城门前，农民继续以传统的形式崇拜他们的领袖。中国共产党的一个高级官员曾说："在革命胜利之初，存在着一件奇怪的事情。农民们来参加十一国庆节，他们走过检阅台时，许多人都向毛主席叩头。因此我们要派人在那里看守，防止他们俯伏下来叩头。经过了一定的时候，人们才明白，毛主席不是皇帝或神……"[41]

农民把毛泽东作为神来崇拜，毛泽东则赞扬农民的革命创造精神和他（在 1955 和 1956 年农业集体化运动期间）发现的农民的"社会主义的积极性"。的确，正是随着农业集体化运动的发动，对毛泽东的崇拜才在一个旨在（如毛泽东当时所说）使穷苦农民"摆脱贫困，改善生活，为了抵御灾荒"[42]的运动中从政治上活跃起来。从那时起，对毛泽东的崇拜便以日益明显的形式被用来服务于农民的利益（至少是毛泽东所认为的农民的利益），在短缺资源的分配上引起城乡之间持续的冲突。毛泽东在 1956 年抱怨说："农民的税收负担太重，同时，农产品价格很低而工业品价格又很高。"[43]这种抱怨反映了毛泽东对靠剥削农村地区来搞城市工业化的做法非常不满。按苏联模式搞的第一个五年计划，把干过革命的农民变成了革命的牺牲品，这种搞法后来很快被废除了，代之以强调农村发展的毛泽东主义经济战略。这种战略发展成了糟糕的"大跃进"运动，当时个人崇拜达到了前所未有的高潮，并被用来预言共产主义乌托邦将通过把农民组织在工农业生产结合的、或多或少自给自足的公社中而实现。在毛泽东主义"大跃进"的幻想中，有意义的是由农民而不是由城市无产者组成的农村人民公社，担负起了中国（当时称为）"由社会主义向共产主义过渡"的任务。

尽管"大跃进"的预言失败了，但预言家和对他的崇拜却保存了下来——它们依然与农村和农民的利益一致。在 20 世纪 60 年代初期，随着毛泽东在党和国家官僚体制中的权力被削弱，他越来越依靠人民解放军了。这支军队主要由农民组成，继承了土地革命战争时期的英雄传统，是执行重新树立和更新对毛泽东的崇拜任务的组织。1962 年至 1965 年的社会主义教育运动，旨在动员较穷的农民反对官僚贵族和农村中的腐败现象，不过毛泽东主义者的这一目的未能达到。正是在这些年里，毛泽东思想中反对城市的情绪以日益刺耳的腔调表现出来，他呼吁城乡平等，狠批那些忽视农民、仅为城市谋利益的、掌管教育和卫生系统的"城市老爷"。他在 1961年劝告说："不要涌向大城市，要积极发展农村工业，把农民就地变为工人……农村生活水平不能低于城市，可等于或略高于城市。每一个公社都应有自己的经济中心和自己的高等教育机构以培养自己的知识分子。"[44]1965 年，他挖苦性地评论说："卫生部不是为人民的卫生部，改为城市卫生部或老爷卫生部或城市老爷卫生部好了。现在医院那套检查医疗方法，根本不适合农村，培养医生的方法也是为了城市。可是中国有五亿多是农民。"[45]

可见，只是在"文化大革命"中个人崇拜才采取了最为极端和离奇的表现形式。"文化大革命"主要是在中国的城市里展开的，"文化大革命"的重大战役都发生在城市，主要的政治角色是城市工人、学生和知识分子。在城市处于动乱的那些年代，除了个人崇拜的形式比以前更热烈和广泛以外，多数农村在政治上是平静的。不过，在许多方面，"文化大革命"采取了（虽然不是直接的）农村反对城市的斗争形式。如果农民在政治上从局外来观察当时的这些斗争，他们看到的是（在毛泽东的支持下）旨在打倒城市官僚和城市中的知识分子和技术权贵的动荡。人们到处宣传一种赞扬土地革命斗争传统和推崇农民"艰苦朴素"老传统的思想。大变动带来的社会利益给了农村，虽然这些利益很难抵偿所付出的人力代价和经济代价。"文化大革命"的动乱和城市的精神崩溃所带来的是一种毛泽东主义的新政策，这种政策宣布要恢复农村工业化计划、扩展农村教育、重点按农民需要改革医疗卫生制度。[46]虽然城市与乡村的鸿沟仍然很大，但这种不平等由于资源的重新分配和侧重点从城市转向农村而减轻了。"文化大革命"产生的社会政策虽未使城市与乡村达到"文化大革命"前几年毛泽东就曾倡导过的平等，但在方向上是与这种要求相一致的。

1976 年毛泽东去世后，对毛泽东的个人崇拜依然存在，毫不奇怪，这主要存在于 40 年前曾产生过对毛泽东的个人崇拜的农村。就像城市知识界（以他们自己的方式）崇拜周恩来一样*，多数农民仍然把这位死去的农民领袖敬奉为神。

由于北京毛泽东的继承者要在城市里搞"非毛化"，由于他们要用国家官僚权力机构的权威来代替毛泽东的个人权威，他们必须仔细考虑他们所统治的广大人民中继续存在的这种对毛泽东的崇拜的政治含义。

农民与独裁者"个人崇拜"的密切联系，是人们经常看到的一种近代历史现象。例如，在 19 世纪中叶拿破仑三世统治下的法国，国家似乎"成了完全独立的东西"，这时，卡尔·马克思就曾注意到这种现象。然而，马克思指出："国家权力并不是悬在空中的。波拿巴代表一个阶级，而且是代表法国社会中人数最多的一个阶级——**小农**。"[47]路易·波拿巴权势形成的部分原因正在于农民的迷信，"历史传统在法国农民中间造成了一种迷信，以为一个名叫拿破仑的人将会把一切美好的东西送还他们。于是就出现了一个人来冒充这个人，只是因为他……取名为拿破仑。经过 20 年的流浪生活和许多荒唐冒险行径之后，预言终于实现了，这个人成了法国人的皇帝。侄子的固定观念实现了，因为这个观念是和法国社会中人数最多的阶级的固定观念一致的"[48]。但是，迷信（以及这种政治现象）的社会基础则要追溯到农村社会的与世隔绝和基本上自给自足这一特征："各个小农彼此间只存在地域的联系，他们利益的同一性并不使他们彼此间形成共同关系，形成全国性的联系，形成政治组织，就这一点而言，他们又不是一个阶级。因此，他们不能以自己的名义来保护自己的阶级利益，无论是通过议会或通过国民公会。他们不能代表自己，一定要别人来代表他们。他们的代表一定要同时是他们的主宰，是高高站在他们上面的权威，是不受限制的政府权力，这种权力保护他们不受其他阶级侵犯，并从上面赐给他们雨水和阳光。所以，归根到底，小农的政治影响表现为行政权支配社会。"[49]

马克思对路易·波拿巴崇拜的解释，为一个世纪以后中国共产

*当今中国知识分子对周恩来的崇拜，或许证实了斯诺 1937 年的预言，即尽管毛泽东代表了农民的愿望，但"他是否能够博得中国上层知识分子的敬仰"是值得怀疑的。（参见［美］埃德加·斯诺：《西行漫记》，69 页。）

180

党解释斯大林个人崇拜提供了理论观点。回过头来看，在 1956 年
《关于无产阶级专政的历史经验》这篇文章中，斯大林个人崇拜被
归因于"小生产经济"，或更确切地说，归因于小生产经济产生的
"落后思想"的残余。

　　农民的生活和传统与领袖崇拜有很大关系。这一概念并不是
马克思主义所独有的。政治家罗伯特·C·塔克尔就以下述方式对
斯大林个人崇拜进行了解释："多少世纪以来，俄国人民绝大多数
是农民，他们的观念是君主主义的。革命为许多农民后代在新社
会中从事其他行业打开了门路，工业化和集体化使千百万农民成
了工人阶级。除了苏维埃式的教育和经历以外，他们还把传统农
民意识的残余带了进来。其中包括对个人权威的崇敬，无论是对
顶头上司还是对党和国家的首领都是如此。因此，大转变
(1929—1932) 时期俄国的社会条件也就易于接受对去世的或活着
的领袖的崇拜。"[50]

　　同样的观点也被用来解释对毛泽东的个人崇拜，毛泽东本人也
做过这样的暗示。在 20 世纪 70 年代后期，当毛泽东使对他的"个
人崇拜""降温"时，他曾坦率地承认这种崇拜在前十年中在政治
上是必需的，并承认这种崇拜已经搞过了头。然而崇拜的各种仪式
不容易取消，因为毛泽东认识到要人民克服三千年来崇拜皇帝的传
统是困难的。[51] 显然，这种传统在农民中间最为广泛、最为根深
蒂固。

　　中国共产党最近在说明对毛泽东的个人崇拜这种现象时，认为
农民也是一个突出的因素。毛泽东以后的政治和意识形态领导人，
把整个"文化大革命"时期（1966—1976）斥为"封建法西斯主
义"时期，它的一个特点就是对领袖的神化。林彪和"四人帮"对
那个时代可怕的罪恶负有总的责任，他们特别是对毛泽东的个人崇
拜负责。"他们鼓吹'天才'决定一切的理论，把革命领袖说成是
无所不知的全能的神。"[52] "封建法西斯主义"现象的社会历史基础
在于经济和文化落后的土地上持续存在的封建思想，特别是在于中
国历史上小生产经济长期占支配地位所造成的"小资产阶级意识形

181

态"。"小生产者的家长制在国内长期占支配地位，这是现代迷信一时盛行的社会历史背景。"[53]"现代迷信"当然是毛泽东个人崇拜的一个委婉说法。但是，"林彪、'四人帮'大搞现代迷信，除了利用人们的朴素感情外，也钻了人们在认识上的这些空子"[54]。不用说，落后的农民是"小资产阶级意识形态"的主要社会载体，并且是最后表现为有害的极"左"思潮的根源。

既然对毛泽东的个人崇拜出自农村环境，如果中国农民是最热烈的崇拜者，那么，这种个人崇拜的社会功能也就与路易·波拿巴和约瑟夫·斯大林的个人崇拜有很大不同，虽然后者也常常被归因于持续存在的农民传统观念。马克思把波拿巴统治称为"农民王朝"，但他也指出，路易·波拿巴帝国的职能是保障现存的资本主义秩序（虽然没有资产阶级的政治参与），在城市资本和国家赋税的双重剥削下法国农民正在被毁灭。[55]同样，虽然农民对个人权威传统的崇敬是斯大林个人崇拜得以生长的原因，但俄国农民并未从斯大林的权威中得到什么好处。除了 20 世纪 30 年代初期斯大林式的集体化所带来的巨大人力和经济损失以外，整个斯大林式的发展战略就是要剥削农民以支持高速的城市工业化。与此相反，对毛泽东的个人崇拜则被毛泽东用来推行旨在减轻对农村地区的剥削的政策、缩小现代城市与落后农村的差别的政策和开拓农业社会主义道路的政策。关于这些政策的成败得失，人们有不同看法，但对这些政策的目的和企图很少有人怀疑。

毛泽东是代表农民说话的。在把代表人民的社会权力异化为神化的政治权威的现代历史上，对毛泽东的个人崇拜是一个最为极端的例子。农民不仅拜倒在至高无上的国家权力面前，而且也心甘情愿地服从一个人的神化权威，他们把这个人奉为一切智慧的源泉和他们集体意愿的代表，就像他们以传统的方式服从和崇拜自己创造的菩萨一样。毛泽东对中国农民的社会经济解放做出了巨大贡献，并在此过程中成了农民的政治主人。经济压迫的桎梏被打破了，取而代之的却是一种新式的政治束缚。旧时造反的农民首先赋予毛泽东以权力，并使他蒙上"救星"和"天才"的神秘色彩，现在则要

182

183

拜倒在他们的解放者的石膏像面前了。因此，对中国人民来说，解放只是部分的解放，正如马克思曾经说过的："只有当人认识到自己的'原有力量'并把这种力量组织成为**社会**力量因而不再把社会力量当做**政治**力量跟自己分开的时候，只有到了那个时候，人类解放才能完成。"[56]

第七章

毛泽东主义未来观中的乌托邦
成分和非理想化成分

在毛泽东的思想，即我们时代最著名的乌托邦先知的思想中，*184*
人们会看到一种未来观。它既有 eu to pia（福地乐土）成分，又含
有 *outopia*（乌有之乡）成分。一方面，毛泽东预言了社会主义和
共产主义的到来，这是从马克思主义理论论述的最终目标中引申出
来的憧憬。另一方面，毛泽东的共产主义乌托邦又仅仅是作为他所
预想的超共产主义的永无止境的变化过程中的一个过渡阶段而出现
的，这种共产主义通向虚无缥缈的境界——或者更确切些说，它是
一种对宇宙过程的毫无历史依据的想象，这种宇宙过程归宿于历史
的终结、人类的灭亡和世界的毁灭。在毛泽东主义的想象中，人们
既可看到未来，又看不到未来；既可以发现由现时的矛盾过渡到近
乎神学幻想中"世界末日"的乌托邦方案，又可以发现非理想化的
方案。那么，"毛泽东主义的未来观"究竟是什么？在那个有名的
未来观中显示的乌托邦倾向和非理想化倾向又意味着什么？

一、毛泽东主义未来观的历史演变

在革命年代，毛泽东主义的理论和实践或毛泽东的未来观中几
乎没有什么可称之为乌托邦的东西。史华慈在 1951 年曾指出，毛
泽东作为马克思列宁主义者而作出的创新很少是在理论领域，他的*185*
创新主要是在现实生活的革命战略和策略的实践方面。[1]没有理由

怀疑史华慈的这一评价，即使是对历史的事后认识，也会有诸多教益。1949 年以前，中国共产主义革命史中没有任何东西可以表明，与其他国家的同事相比，毛泽东或整个中国的马克思主义者所受到的激励，更多的是来自对社会主义未来的乌托邦幻想，或者说他们曾设想过马克思主义预言的那种千年盛世的未来。

当然，毛泽东对他所领导的革命的最终目标问题并非漠不关心。他对作为革命手段的马克思列宁主义在政治上和理智上的信奉，当然包含着对这个理论所宣告的社会主义目标的信奉。但是在其 1949 年以前的著作中，毛泽东论及革命后未来社会的言论所见无几，在几次偶尔谈到社会主义和共产主义时，他阐述的理论也是极其笼统和概括的。例如，在 1939 年讨论"资产阶级"革命阶段与"社会主义"革命阶段之间的关系时，他满足于简单地说明"一切共产主义者的最后目的，则是在于力争社会主义社会和共产主义社会的最后的完成"[2]。1940 年，他用比较热情的措辞谈论了未来。他当时写道，共产主义"是自有人类历史以来，最完全最进步最革命最合理的"[3]。他在 1945 年宣告："我们共产党人从来不隐瞒自己的政治主张。我们的将来纲领或最高纲领，是要将中国推进到社会主义社会和共产主义社会去的，这是确定的和毫无疑义的。我们的党的名称和我们的马克思主义的宇宙观，明确地指明了这个将来的、无限光明的、无限美妙的最高理想。"[4]

自然，没有比这些段落更精彩的论述了。这是对社会主义未来所作的相当标准的马克思列宁主义的陈述，它反映出马克思主义者都不太愿意对社会主义未来作详细的讨论。的确，如果说毛泽东在 1949 年以前的"想象"有什么值得一提之处的话，那就是它相当得平淡无奇。当一位英国记者在 1938 年询问他对新中国的想法时，他答复说："每个人都有饭吃有衣穿。人人懂得公民的权利和义务，有受教育和娱乐的公平机会。婚姻习惯应改革，道路要修建，工业要发展，还要建立六小时工作制。没有外来侵略。没有任何人在压迫别人。实现平等、自由和博爱。共同建设世界和平。"[5]

1917 年俄国布尔什维克革命是以世界大同的革命期待和乌托

邦式的幻想为标志的,但 1949 年中国共产主义的胜利本身却没有伴随着同样的东西。政治胜利会唤起平等正义的完美秩序即将降临的乌托邦期待,但是,在穷乡僻壤逐步完成的旷日持久的革命斗争、这场革命所特有的与世隔绝的狭隘特征及领导者的精神状态、中国长期处于世界革命潮流之外(确实也没有什么国际革命形势),加上毛泽东主义始终断言革命具有"资产阶级"性质——所有这一切都是不利于乌托邦期待产生的因素。不错,毛泽东是以重申无阶级社会这一马克思主义的终极目标来庆祝革命成功的,但他这样做只是为了把这一目标的实现放到将来一个模糊的无限遥远的时候,并在共产主义胜利可能会激起这种乌托邦希望时对其加以抑制。正如毛泽东当时所讲的,马克思主义的根本目标不过是"顺便提一下",只有按照"人类进步的远景"才能对此有所理解。在此期间,在可以预见的将来,应把精力用于更为直接、更为现实和更为具体的任务——建设强大的国家和强大的经济。[6]"三年恢复,十年建设"是人民共和国历史进程开始时提出的口号,它反映了毛泽东主义当时比较冷静的特征。

187

毛泽东主义的革命战略具有一种"实用主义"特征,革命胜利后毛泽东和中国共产党其他领导人制定的发展战略同样如此。1949 年的毛泽东与 1917 年的列宁不同,他没有任何乌托邦式的指望在全世界爆发革命的愿望。因此,把社会主义目标的实现往后拖延一下并非难事,人们一开始就认为这是理所当然的事。对企图在经济和社会落后的条件下建设社会主义社会的历史生命力和道德根据,毛泽东也不像列宁那样怀有令人不安的疑虑。对毛泽东和中国共产党人来说,克服落后状态是应当承担的一项巨大的实践任务;但这并没有向他们提出任何迫切需要解决的马克思主义理论难题。之所以如此,部分原因在于他们远不像其俄国同事那样被紧紧地拴在正统的马克思主义关于社会主义的经济、社会和文化前提的假说上。而且,他们当时还对苏联的历史经验持信任态度,认为这种经验提供了一种可供仿效和采纳的模式。这种模式表明,一个经济落后的国家可以在另一个社会主义国家的政治支持下实现工业化,并且不经过资本主义道路走向社会主义。尽管在革命年代中国共产党人在很大程度上不信任斯大林的"指导"并对其加以抵制，但关于革命胜利后如何发展的问题，他们显然毫无保留地接受了斯大林主义的战略，未对其可靠性提出质疑。毛泽东虽然长期以来一直刻意防止"机械地照抄外国经验"（如他在 1940 年所说），事实却表明，20 世纪 50 年代初期，在接受和采纳斯大林主义经济发展战略方面，他显然未持任何批判态度；同样，也没有任何证据可说明，他当时对斯大林主义的经济发展战略会导致梦寐以求的社会主义目标这一点产生过什么怀疑。虽然除了在斯大林主义的官方教科书中读到的东西之外，中国共产党人对苏维埃社会的性质所知无几，但那个时候，毛泽东主义信念中的基本内容之一是：俄罗斯是"社会主义的祖国"，正如毛泽东在 1949 年所宣告的，苏联是"一个伟大而光荣的社会主义国家"。在人民共和国诞生的最初几年间，当共产党人为恢复数十年来被外敌入侵和内战所破坏的经济、在一个世纪之久的分裂之后重建政治秩序、为实现国家和民族的统一而奋斗时，"向苏联学习"是毛泽东主义指导性的口号。1952 年底，这个口号写入了中国的第一个五年计划（1953—1957），这是个以差不多全盘采纳斯大林主义方法、技术和理论假设为基础的计划。

188

中国共产党人竟如此热心且不加批判地接受现成的苏联模式，这似乎有点不可思议。他们是靠抛弃很多斯大林主义正统原则的革命战略取得政权的，这无疑是对斯大林政治权威的直接否认，而现在他们却迫不及待、不加批判地承认斯大林是经济战略家和"社会主义的创立者"的权威。他们在农村革命的环境中形成了特有的思想和组织模式，但是，当他们从这种环境中脱颖而出后，如今却抛弃了他们独具特色的革命遗产转而赞同一种要求农业服从现代工业、剥削农村使城市受益的高速度发展工业的方案。革命成功后的最初几年间，在带头提倡斯大林主义发展战略的中国共产党人中，毛泽东是有自己独到见解的一位。

由于中国主要是照苏联的方法和技术开始其工业化的，这个过程在社会和意识形态方向势必导致与苏联类似的趋势。中国第一个五年计划的社会后果是众所周知的：出现了新型的行政和技术精英阶层；城市工人阶级中日益深化的不平等和工人越来越屈从于严厉而压抑的劳动纪律；由日益官僚化的共产党统辖的更为强大、更具有压制性的国家机构；处于现代化过程中的城市与落后的农村之间逐渐扩大了的经济和文化的差距。

同时，马克思主义的社会目标随着新的社会不平等形式的出现，无限期地被拖延了，这种情形与苏联当年的情况非常相似。不错，中国的共产党人在 1953 年初正式着手实施第一个五年计划时，也宣告了"向社会主义过渡"时代的开始。然而，尽管他们对现代工业发展的追求相当明确，但其中社会主义的含义却变得越来越模糊了。中国社会似乎正在进一步离开而不是更接近革命所允诺要带来的社会主义未来。现代工业发展被想象为实现社会主义目标的手段，但这一过程的逻辑很快就使工业化本身成为首要鹄的了；与此同时，社会主义目标则被推延到更为遥远的未来，逐渐变成激励生产的一种冠冕堂皇的口号。斯大林主义的这一著名模式也成了那时毛泽东主义的著名模式，因为当时毛泽东全面接受了经济高度发展是社会主义改造的重要前提条件这一马克思列宁主义的正统观点。毛泽东强调社会主义和共产主义需要一个漫长而且没有确定期限的准备时期，没有人比毛泽东更有力地强调了这一点。直到这时为止，他根本算不上是个乌托邦空想家。在人民共和国的最初几年，中国共产党人无论在理论上还是在实践中都没有显示出会将革命胜利后建立的社会秩序抛入一种新的革命骚动之中去的乌托邦和启示录式的冲动。

在中国革命胜利后的历史中，奇特且异乎寻常之处在于，在新秩序逐渐巩固、常规化并似乎制度化以后过了很长时期，才出现了一种强大的革命乌托邦主义。显然，这与苏联的历史形成了鲜明的对照。在俄国，布尔什维克掌握政权时是满怀乌托邦的期待的——当苏维埃社会经历了罗伯特·塔克尔称之为"激进缓和"这个尽人皆知而且可能是不可避免的过程后，这些期待和希望随即消失和破灭了。比较而言，在中国，共产党人是作为相当冷静的现实主义者掌握政权的，他们一心要实现政治统一和经济现代化这些现实目标，而且他们发现手头有现成的苏联发展模式，这种模式非常适合于他们带有明显民族主义色彩的目标，于是，这种模式被采纳了。采纳外国模式并论证推延实现马克思主义社会目标的合理性，这同当时中国共产党人的理论视野是完全合拍的。众所周知的"毛泽东主义幻想"在历史舞台上的亮相是中国革命胜利后差不多十年以后的事，它使中国离开了苏联道路，并形成了一种独特的（而且是不安定的）中国在革命胜利后的历史发展模式。更确切些说，只是到了1958—1960年的"大跃进"运动时，注意当代中国的观察家们才发现了这种"毛泽东主义幻想"，而且正是在那个意义深远的乌托邦插曲时期，这一想象才得到了它最充分最质朴的表现。

"大跃进"的史前史始于1955年7月毛泽东关于农业集体化问题的讲话，止于1957年末毛泽东主义社会经济政策显而易见的胜利（"双百方针"时期告终之后）。就毛泽东作为一个乌托邦空想家的亮相而言，这是个至关重要的时期。无须深入考察作为该时期标志的复杂的政治斗争和政策冲突就可以说明，正在出现的毛泽东主义幻想涉及对苏联发展模式的全盘否定，并同对毛泽东的崇拜的整个现象、同其极端反官僚主义和反列宁主义的内涵有着极其密切的联系。

毛泽东1955年7月的讲话绝不仅仅是想要克服农村的经济萧条。这次讲话还是毛泽东个人拥有的一系列政策首创权的第一次运用，这种政策首创权使毛泽东作为一位至高无上的领袖和乌托邦先知凌驾于共产党之上。同时，这个讲话不仅标志着毛泽东主义开始抛弃斯大林主义的正统观点（至少是在经济领域内），而且意味着社会主义作为此时此刻就应为之积极奋斗的直接目标得到了复活。这同新近复活的农民是即将到来的社会主义改造的主要执行者的信念是结合在一起的，它使我们重新听到了《湖南农民运动考察报告》的声音，该报告认为，革命的创造性源泉不在党内，而在自发的农民运动之中。[7] 1955年，毛泽东再一次把革命的农民——"走在领导的前头"的"群众运动"——同不那么革命的党对立起来：

那些认为集体化步伐太快、超过群众接受能力的党的官员，不过是
暴露出他们本人对群众缺乏信心。[8] 在这里，我们隐隐约约可以看
出这样一种观点：充分代表农民利益和愿望的不是党本身，而只是
毛泽东个人。正是这种观点提供了一个舞台，使在决策中作为一种
能动力量的毛泽东主义幻想得以亮相，使毛泽东得以作为指出了通
向社会主义的新式农民道路的独一无二的预言家登台。

　　在 1956 年《论十大关系》的讲话中，毛泽东提出了毛泽东主
义关于经济发展和社会主义改造的新理论公式，这个讲话既含蓄地
否定了苏联模式，也否定了中国自己的第一个五年计划。[9] 但是，
毛泽东的建议遭到了党内大多数领导人的反对。如他后来所抱怨
的，那些建议大半被束之高阁。只是到了 1957 年底，毛泽东对
"百花齐放"运动以及作为其结果的反"右"加以引导，使之转而
成为粉碎党和国家中抵制他所倡导的激进社会经济政策的官僚主义
者的运动，他的那些建议才被人们所接受。1958 年，他又发动了
"大跃进"运动来执行这些政策。

　　毛泽东主义的未来观得到最充分的理论阐述，是在"大跃进"
期间。也正是在这个时候，出现了在社会实践中实现这种憧憬的最
雄心勃勃的尝试。这是个以积极的乌托邦主义和高度乐观的未来观
为标志的时代。一个广为流传的口号许诺说，三年苦干会换来千年
幸福，人们还预见，中国将在 15 年内达到先进工业国的经济水平。
可是，毛泽东主义者许下的诺言不仅仅是美好的物质生活，因为他
们所想象的"大跃进"并不仅仅是实现现代化的应急方案，据说它
还是从社会主义向共产主义的过渡时期。当时已被推迟到无限遥远
未来的经典马克思主义的根本目标，现在又变成了要在此时此地完
成的直接目标。农村公社不仅将带来经济奇迹，而且还将带来社会
奇迹——向以"按需分配"原则为基础的共产主义乌托邦跃进。公
社将消除城乡之间，体力劳动和脑力劳动之间，工人、农民和知识
分子之间的差别——甚至要促进国家内部职能的消亡。这些乌托邦
式的社会革命任务不是作为取决于物质生产力先期发展的长远目
标，而是作为当时的直接使命而被设想并加以宣传的，其实质在

于，在创造马克思为实现其社会理想所规定的物质前提的同时，就要追求并实现（至少是以不发达的形式）这一理想的最高目标。人们设想，在一个就思想观念和精神实质还纯粹是乡村式的背景中，把工业和农业结合起来，并坚定不移地相信群众固有的社会主义积极性、相信人类意识具有按照其指令塑造现实的力量，就可以使建设共产主义社会和发展现代经济齐头并进。这种观点假定，共产主义的现状同它的前提条件是可以相辅相成的，共产主义的手段和目的因而也将是和谐一致的。

"大跃进"的未来观是从经典马克思主义理论源泉中引申出来的，毛泽东主义者在马克思列宁主义传统中注入了更多的乌托邦色调。在"大跃进"时代经常引证的理论和通俗文献莫过于《德意志意识形态》中那段著名的话了。在那段话里，马克思和恩格斯对未来作了极为罕见的一瞥，把共产主义社会看成这样一种社会："任何人都没有特殊的活动范围，而是都可以在任何部门内发展，社会调节着整个生产，因而使我有可能随自己的兴趣今天干这事，明天干那事，上午打猎，下午捕鱼，傍晚从事畜牧，晚饭后从事批判，这样就不会使我老是一个猎人、渔夫、牧人或批判者。"[10]这种牧歌式的、田园诗式的共产主义憧憬同毛泽东主义当时的如下期待是完全一致的："全面发展"的"新人"将很快形成这样一个社会，这个社会的每个人同时既是脑力劳动者又是体力劳动者，任何人都可以是哲学家、科学家、作家或艺术家。"大跃进"文献中广泛宣传的还有从马克思《法兰西内战》和列宁《国家与革命》中引出的言论。人们认为，马克思主义的巴黎公社模式同把国家权力下放到集政治、经济组织于一体的农村公社的做法是一致的。这种公社被想象为"无产阶级专政"的工具，是一个实施从社会主义向共产主义过渡，并达到无国家、无阶级社会的机构。[11]

"大跃进"幻想中所宣布的社会目标受到了马克思主义的启示，但实现这些目标的手段却不然。无疑，在毛泽东主义关于社会革命性变革的真正创造性力量不在城市而在农村的信念中，在人的精神力量在新社会建设进程中居于决定性地位的信念中，或者在"社会主义向共产主义过渡"能够在经济匮乏的状况下实现的假说中，既没有马克思主义的也没有列宁主义的东西。"大跃进"运动是个意义深远的乌托邦式的历史插曲，是一种对世界大同充满热情和期待（这构成了该运动初级阶段的特征）的乌托邦，而且就马克思主义对这个词的贬义理解而言，它更称得上是"乌托邦的"。

　　虽然公开流行的"大跃进"理论体系保证一种和谐的共产主义乌托邦将或早或晚地到来，但人们不可能不注意到，在毛泽东本人的未来观中出现了一种矛盾的、部分是非理想化的倾向。毛泽东在1958年初提出他对"不断革命论"的奇特看法时（这是一种对"大跃进"政策作重要理论论证的学说），把"不平衡是经常的，绝对的"，"平衡是暂时的，相对的"这一见解当作历史发展普遍的永恒的规律，并对此作了详细的说明。[12]不仅"社会主义向共产主义过渡"这一整个时期会以不间断的一连串的社会矛盾和阶级斗争为特征，而且共产主义社会本身也将以思想和政治斗争的无休止过程为标志。毛泽东实际上是宣告了冲突的持久性，并否认了一切确定的解决方案。

　　我们将对毛泽东主义"不平衡"规律的非理想化方面以及它对于毛泽东主义未来观意味着什么作一简要的讨论。虽然新提出的"不断革命"原理是用来加强长期以来存在的毛泽东主义对斗争——社会领域中的斗争和征服自然界的斗争——的价值和必要性的强调，但在"大跃进"时代的理论中提出的未来观并不是那种无休止的斗争，指出这一点就足够了。不错，斗争在道德上是有意义的，但它不是目的本身。相反，当前的斗争和牺牲是实现未来共产主义乌托邦的手段。"三年苦干换来共产主义千年幸福"，就是反映当时乐观的乌托邦性质的口号。

　　在"大跃进"运动的初级阶段，毛泽东曾充当预言家的角色，鼓舞群众对乌托邦的期待，并以明确的方式把它们表达了出来。这是一种只要运动健康发展并取得预期成功他就可以继续持有的姿态，但是，当"大跃进"陷入经济困境并举步维艰的时候，采取这种姿态的根基就受到了破坏，毛泽东和群众之间的联系中断了。而

194

从激进的跃进政策迫不得已地向后倒退，使得党和国家的官僚得以重新维护其权力，随之而来的是在毛泽东看来是对未来日益增长的悲观主义和民众幻想的普遍破灭。到 1959 年夏，毛泽东不再谈论向共产主义转变的迫切性了，他这时开始把中国的现代经济和社会改造看成是一个漫长的历史过程："人民公社，我说是集体所有制。我说经过集体所有制到共产主义全民所有制的过程，要两个五年计划，短了一点，也许要二十个五年计划！"他承认，"这个乱子就闹大了，自己负责"[13]。他甚至考虑到革命工作被完全破坏，也许要有重新开始革命的可能性。在抱怨宣传工具在报道失败和错误方面有过度的自由时，他说：

195

> 假如办十件事，九件是坏的，都登在报上，一定灭亡，应当灭亡。那我就走，到农村去，率领农民，推翻政府。你解放军不跟我走，我就组织红军去，另外组织解放军。[14]

20 世纪 60 年代初，与"大跃进"运动彻底失败同时而来的是对未来日益加深的悲观主义。60 年代初是"热月党人"的年代，这时重新确立了正规官僚机构的权力，并出现了对"修正主义"社会经济政策的追求，毛泽东从党的日常事务中退出了，毛泽东主义者同党的官僚分子之间的冲突愈演愈烈。任何对社会主义刻不容缓地向共产主义转变的期待都荡然无存了。现在，从"必然王国向自由王国的飞跃"的设想被毛泽东说成是个其长度无法确定的渐进过程。[15]"大跃进"关于经济奇迹的许诺也同样被推迟了。毛泽东在1958 年虽曾宣告说中国超过工业化西方的经济水平只需要 15 年，但他在 1962 年却忧心忡忡地总结说："要使生产力很大地发展起来，要赶上和超过世界上最先进的资本主义国家，没有一百多年的时间，我看是不行的。"[16]他注意到，资本主义的发展经历了三个世纪之久，并暗示"社会主义和共产主义的发展或许要经过同样长的历史时期"[17]。

196

不仅共产主义的想象黯然失色了，对现存社会制度持久生命力的信心也烟消云散了。毛泽东主义者对历史倒退的可能性越来越担心。毛泽东在 1962 年 1 月宣称："在一个社会主义社会中，新生资产阶级因素依然可能产生，在整个社会主义阶段将始终存在阶级和阶级斗争，这种阶级斗争是长期的、复杂的，有时候甚至是很激烈的。"[18]绝对不可能保证这种长期的斗争会有一个令人满意的结局。毛泽东在 1962 年秋提到了"反革命阶级复辟"的可能性，并警告说："我们这个国家还是会要走向反面的。"[19]在"文化大革命"前的那几年中，作为毛泽东主义者心理状态一般特征的历史非决定论意识，表现为阴郁的悲观暗示和联想。

　　当然，恰恰是惧怕国家正在走向其"反面"及中国正在暗中发生"资本主义复辟"的忧虑，激发了后来正式命名为"无产阶级文化大革命"的那个非常事件。在那个迅猛爆发的社会动乱中，毛泽东（正如在"大跃进"时代一样，但却是以一种更加戏剧化、更加极端的方式）作为至高无上的乌托邦先知出现在政治舞台上，他居高临下，向成千上万的忠诚信徒发布他们应当响应并转化为革命行动的"命令"、"指示"和"消息"。但如果说毛泽东又一次摆出了乌托邦先知的架势，那么他此时正在预言的却是一种与"大跃进"时期相去甚远的未来景象。毛泽东主义现在的预言不再是保证经济繁荣，更不是向共产主义乌托邦的飞跃，而是强调要打碎那曾是为实现共产主义而建立起来的制度，特别是中国共产党本身。诚然，马克思主义的最终目标并未完全置于脑后；"文化大革命"被说成是最终将消除一切剥削形式的"无产阶级"革命过程的组成部分。但是，以乌托邦和世界大同的狂热为特征的动乱，不是指向伟大社会目标的完成，而是针对着无时不在的"反革命"和"资本主义复辟"的危险势力，进行永无止境的政治上和思想上的斗争。"破字当头，立在其中"，这既是现时的顺序，又确乎是未来的顺序，因此（正像毛泽东不久就宣称的那样），为扫除资本主义和修正主义的垂死势力，中国每代人都需要一次"文化大革命"。至于在必要的破坏活动之后将会到来的社会主义建设是否必定会带来某种确定的马克思主义的解决办法，这一点则含糊不清。例如，这出闹剧的

197

主要反派角色和受害者刘少奇，就曾因（除其他罪名之外）预言未来共产主义是个以和谐与不存在社会冲突为特征的社会而受到谴责。主宰着"文化大革命"的不是对未来的憧憬，而是对旧势力复活的恐惧。毛泽东主义现在带给我们的革命启示是一种捉摸不定的（或许是永无休止的）政治和思想斗争的未来。

二、毛泽东主义幻想的性质及其构成要素

毛泽东主义的未来观不是毛泽东主义者多年来百折不挠追求的固定而完整的"目标结构"。这种未来观是由多种矛盾因素构成的，这些因素曾经依据变化了的历史环境以不同方式经过了组合、再组合。由于人们在历史过程中所选择的角度不同，对毛泽东主义及其所形成的未来观，人们也可以以非常不同的方式归纳其特征。然而，尽管是以粗疏和概括的方式，仍然有可能概要地描绘出"毛泽东主义幻想"中那些最明显的要素，并确定其主要哲学假设和理论内涵。

这一未来观的核心部分肯定是未来共产主义乌托邦这样一个从马克思主义得来的概念。毛泽东主义者一贯宣称他们决心要实现经典马克思主义的目标，消除脑力劳动和体力劳动之间、城乡之间、工农之间的差别——直到国家最后"消亡"。毛泽东主义的社会经济政策和方案一直在热情洋溢地追求着这些马克思主义的目标（至少是前三项）——而且并非没有取得显著的历史性成果。这种颇有特色的毛泽东主义政策，如工业生产与农业生产相结合、强调农业和乡村工业的发展、重视教育与生产劳动相结合的各种不同"工读"方案和教育政策、坚持"脑力劳动者"定期参加体力劳动、反对官僚主义的猛烈运动，并没有创造出一个无阶级社会，或者说连个社会主义社会也没有创建出来。不过，这些政策确实减少了社会的不平等，确实发挥了缩小现代城市和落后乡村之间经济和文化差别的作用，并必将有助于防止官僚精英阶层和特权阶层的壁垒形成。不考虑毛泽东主义幻想中的马克思主义成分以及这些因素在决

定社会和政治行动方面所起的作用，就不能解释毛泽东主义时代的人民共和国在革命胜利后的社会经济发展过程。

即使毛泽东主义者承担起实现马克思预言的乌托邦目标的任务，他们设想的实现这些目标的方法，也同马克思主义和列宁主义的前提相去甚远。毛泽东主义的未来信念依赖于对人的思想和道德的改造，以此取代了马克思主义给社会主义和共产主义规定的经济和社会的必要条件。毛泽东宣称："不脱胎换骨，就进不了共产主义这个门。"[20]不错，共产主义觉悟和现代物质条件都应"不间断"地得到同步发展；但是"主观世界的改造"却被认为是"改造客观世界"过程中的决定性因素。这样一来，毛泽东主义者不仅把客观经济条件贬低为第二位的东西，而且是为据他们认为在经济普遍落后条件下固有的道德和思想的纯洁性大唱颂歌——这是一种在毛泽东关于"一穷二白"是社会主义优点的命题中得到其最极端表现形式的见解。

此外，他还认为，社会改造和思想更新这一关键的、必要的过程，应发生在农村而非城市。这一深刻的信念当然是全盘颠倒了马列主义关于现代革命历史过程中的乡村和城市之间关系的观点。正如毛泽东主义革命战略是依据对农民革命潜力的信念一样，革命后时代的毛泽东主义也以这样一种信念为特征：社会主义建设的真正源泉在乡村，这是一种被革命年代滋生的强烈的反城市偏见所强化的认识。当共产党人在 1949 年夺取了中国的城市时，毛泽东就告诫要警惕城市生活可能助长的道德和思想上的堕落。[21]20 年之后，他抱怨说，占领城市是件"坏事，使得我们这个党不那么好了"[22]。

如前所述，同对思想改造的重视和农民有实现社会主义目标的能力的信念紧密联系在一起的，是毛泽东主义关于落后对革命来说是优点这一一般信条。[23]虽然经济落后的状况最终要改变，但同经济发达国家或中国先进地区内在道德堕落和政治满足的影响下革命精神趋于窒息的情形相比，经济落后则被看作道德和革命纯洁性的根源。毛泽东对马克思和列宁最离奇的修正就是由这一信条产生的。他在 1960 年提出的论点大意是：经济愈落后，愈容易转化为

199

200

社会主义。[24]把青年人作为社会主义未来的建设者来推崇，把知识
分子当作社会主义未来的障碍加以猜疑，正是毛泽东主义思想中这
一倾向的体现。正如由于农民落后（相对于"发达"城市中的居民
而言）从而认为他们在思想上比较纯洁一样，青年人也因为他们年
轻、更容易接受道德和思想改造，从而被认为比他们的前辈更具有
革命潜力。毛泽东宣称："从古以来，创立新学派、新教派的，都
是一些学问不足的青年人"，因为"年轻人抓住一个真理，那些老
头子都不及他……所向披靡"。在毛泽东看来，年轻人"一眼看出，
就能抓住新的东西，同这些老古董作战，同这些有学问的人作战。
而他们一出来，这些有学问的总是反对他们的，没有不反对的"[25]，
这是一条历史上不言而喻的真理。

　　随着对青年人创造性的赞许而来的，是毛泽东主义对知识分
子、专业化和专长、正规教育的普遍的怀疑。毛泽东说："历史上
的状元就少有真正好学问的……汉高祖刘邦是个草包，也没有什么
文化。书读多了就反而做不好皇帝。"[26]毛泽东的论据不仅仅是从中
国历史中找出来的；为了论证他关于"上学并非绝对必要"的信
念，毛泽东特别提到本杰明·富兰克林和马克西姆·高尔基的创造
精神，他们都没受过什么正规教育。[27]毛泽东主义还有防止知识分
子和智力活动有害影响的补救方法："要把演戏的、写诗的统统赶
下乡去。"[28]而且，"就是马克思主义的书，也不能读得太多，只能
读那么几十本。读多了就要走向反面……成为教条主义或修正主
义"[29]。毛泽东尽管既不年轻又不是不读书，却仍以自己是个"粗
人，很不文明"而自豪。[30]

　　毛泽东主义同马克思主义之间的对比在任何方面都是很明显
的。马克思甚至列宁都是在极先进的、现代化的社会阶级的活动中
发现了一种社会主义未来的前途的；他们相信，社会主义只能建立
在现代资本主义的物质和文化基础之上，他们认为，新社会应当继
承并利用以往全部的历史和文化成果，这是理所当然的。与此相
反，毛泽东和毛泽东主义者却把他们对未来的信念置于落后状态和
落后的潜力中，寄希望于"没学问的人"和"文盲"的实践经验及

革命的自发性，歌颂"一穷二白"的优点，把农民和年轻人视为社会主义和共产主义的承担者。

此外，我们在第四章中已看到，毛泽东主义的社会主义道德特别注重斗争、自我牺牲、自我否定的禁欲主义价值观念的内在化。它包含着整整一套体现在革命年代模范游击队领导者身上的理论化和意识形态化的禁欲主义价值观念。在以极端唯意志论为特征的毛泽东主义的世界观中，在创造历史、实现共产主义理想方面起关键作用的，只是那些富于固有的革命精神和道德观念的人。

毛泽东主义与马克思主义分道扬镳，不仅简单地表现在毛泽东主义者为实现共产主义目的而主张运用具有乌托邦特征的手段方面，而且（更深刻的）还表现在赋予这些手段规范化的含义，并使它们部分地转变成为根本目标上。毛泽东主义的这些手段本身就是毛泽东主义关于未来美好社会幻想的构成要素。人民的道德改造不仅是共产主义的必要条件，而且是既作为精神乌托邦又作为物质社会乌托邦的未来观的一个部分。在毛泽东主义未来观中，一个核心因素是集体主义社会，它建立在共存的思想联系基础上，并通过无休止的"思想斗争"过程防范错误思想侵蚀的现实危险。毛泽东主义关于从"必然王国"向"自由王国"飞跃的概念使人想起的并不是马克思主义有益于个人潜力自由实现的社会形象，而是这样一种社会：其成员为了全面接受并实践既定的集体主义道德价值和社会规范而从事不停顿的斗争。

同样，关于未来乌托邦社会的真正创造性源泉主要不是在城市而是在乡村的信念，在一个以农业为主的国度中，实际上是个不得已而为之但却偏要理想化的东西。那些被视为乡村传统和农民美德的东西，本来是依据自身标准来评价的，但却被投射到未来美好社会的概念中去了。毛泽东主义对"勤劳简朴"这种乡村传统的赞颂不仅应当视为在现时起着一种功利主义作用的东西，而且还应看作是一种乡村乌托邦幻想的实质构成要素。这是对继承了乡村生活和普通农民文化传统之优点的一个新社会的想象。*

此外，毛泽东主义中反专家统治（不信任一般知识分子，特别

* 毛泽东主义对乡村通俗文化连篇累牍的赞扬——毛泽东在延安时期将其赞美为："或多或少具有民主和革命特征的美好的人民传统文化的东西"——当然同毛泽东主义对中国儒家传统和西方资产阶级传统的批判态度形成鲜明对比。

不信任技术和行政专家）的偏见，反映的不仅是毛泽东主义在社会主义的目的和手段之间遇到了困境——担心技术知识界的出现和官僚主义的发展将会阻止平等主义社会目标的实现，这些偏见还同"共产主义新人"这一积极的设想有着内在的联系。这种新人是"又红又专"的内行，他们是政治上自觉的"万能博士"，在日常工作中实现了"体力劳动与脑力劳动"的结合，并掌握了现代技术。毛泽东主义所谓未来"全面发展"的共产主义新人应该正是以当前"又红又专"的理想为原型的，而其典范则是过去延安时期的游击队领袖。

最后，斗争的价值并非简单的是为共产主义乌托邦建立社会经济基础的一种手段，而被想象为一种适应所有时代的绝对的道德律令。在毛泽东主义的世界观中，矛盾和斗争既被视为无限的，又被视为有益的，从而它们本身就是未来乌托邦想象的组成部分。

实现共产主义的手段转化成了共产主义的最终目标，在这种转化中，人们在毛泽东主义的思想中可以发现某种非理想化的格调，正是靠这种格调，现时占统治地位的倾向和价值观念、经济落后的现状被投射到一种精神性的、以乡村为基础的未来乌托邦的幻想之中。文化的落后产生了对没有文化的大众的永久创造性和年轻人的绝对优点的赞颂，同时，为改变落后状况而斗争和自我牺牲的价值观念本身变成了绝对的价值和最后的目的。实际上，当前历史条件规定必须去做的事变成了将来应全面实现的目标。

在毛泽东主义"矛盾普遍性"的信条中，这种非理想化格调特别显著。对毛泽东来说，矛盾和斗争不仅是阶级社会中历史变革的动力，而且是社会主义和共产主义社会也将继续存在的普遍永恒的自然和历史规律；它们不仅构成了当前历史时期的特征，而且还将永远存在下去。毛泽东在原则上（在政治和哲学上）是反对任何一种和谐统一的未来社会的构想的。

对矛盾和斗争极为重视，从一开始就是毛泽东主义思想的典型特征，但毛泽东提出矛盾是人类历史永恒不变特征的观点，却是在他的晚年。毛泽东在其延安时代的哲学著作中就把"事物的矛盾法

则"同"对立统一规律"等量齐观了，并且预言，矛盾在社会主义
社会中将变成"非对抗的"，并将随着共产主义社会成为现实而完
全消失。[31]到了20世纪50年代后期，他不仅坚持认为社会主义条 *204*
件下阶级斗争将继续存在，这种斗争具有必然性和不可避免性，而
且坚持认为矛盾和冲突在共产主义社会中也将继续存在，他所预言
的未来是个无休止冲突的未来。有关迹象在1956年第一次出现：
"一万年都有两点。将来有将来的两点，现在有现在的两点"[32]。
1957年，毛泽东宣布说，"在意识形态方面"，阶级斗争"还是长时
期的"[33]。他在第二年写道，即使到了无阶级社会，"人和人之间的
思想斗争、政治斗争以及革命一定还是会有的，并且不可能没
有"[34]。"对立统一"规律不能保证所有矛盾都将在未来共产主义社
会被克服，而是指出了一个永无止境的斗争的未来：

> 进到共产主义时代了，又一定会有很多很多的发展阶段。
> 从这个阶段到那个阶段的关系，必然是一种从量变到质变的关
> 系。各种突变、飞跃都是一种革命，都要通过斗争，"无冲突
> 论"是形而上学的。[35]

1971年，毛泽东说得更明确了："到了共产主义就没有斗争了？
我就不信。到了共产主义，也还是有斗争的，只是新与旧、正确与
错误的斗争就是了。……一万年或几万年以后，错误的东西也还是
会有的。"[36]

毛泽东主义关于不可避免的、无休无止的矛盾和斗争的未来 *205*
观，并不否认历史向前发展。在毛泽东看来，在他所说的"波浪式
前进"而非"持续上升"的历史过程中，社会主义和共产主义是可
以实现的。这种说法考虑到了历史的暂时倒退。毛泽东常常讲到，
中国既有可能前进到社会主义和共产主义，也可能一下子退回到资
本主义。根据毛泽东的观点，自然界和人类历史领域都是以"平
衡"与"不平衡"之间不断的辩证相互作用为特征的。正如毛泽东
所说："从不平衡到平衡，又从平衡到不平衡，循环不已，永远如

此，但是每一循环都进到高的一级。不平衡是经常的，绝对的；平衡是暂时的，相对的。"[37] 从这个"普遍的客观规律"必然得出矛盾和斗争无限性的见解，以及毛泽东主义关于"一分为二"是辩证法主要规律的一贯观点。

毛泽东主义的这些概念尽管并不排除历史的进步，但毕竟含蓄地抛弃了马克思主义对这样一种历史过程的想象：这种历史过程引起"全面的革命"和"最终"结局（马克思正是这样概括它的特征的），其结果是所有矛盾和对抗的最后克服。[38] 在毛泽东主义的世界观中，不可能存在矛盾的最后解决，完善的社会统一也毫无可能。在这里，毛泽东和皮埃尔·约瑟夫·蒲鲁东之间有一种极其显著的相似之处，而马克思则认为这位 19 世纪理论家的思想是"资产阶级社会主义"的一种形式。蒲鲁东同毛泽东一样相信，矛盾是一个绝对的、永恒的法则——虽然他的解决办法与毛泽东不同，是要建立矛盾和对立的平衡。但是（正如罗伯特·塔克尔注意到的那样），蒲鲁东同毛泽东一样，"在原则上反对寻求社会的统一"[39]。蒲鲁东的"辩证法"是围绕着"善"与"恶"之间的永久性差别转圈子，这同毛泽东预言的"正确"与"错误"之间的永恒斗争如出一辙。当然，正是在这些问题上，马克思对蒲鲁东进行了最尖锐的批判。马克思指责蒲鲁东甚至没有提出马克思所要克服和抛弃的种种矛盾的基础的问题；蒲鲁东把它们作为历史中固有的东西简单地接受下来，并试图加以调和。至于蒲鲁东对辩证法的理解，马克思并没有给予很高的评价："蒲鲁东先生从黑格尔的辩证法那里只学得了术语。而蒲鲁东先生自己的辩证运动只不过是机械地划分出好、坏两面而已。"[40]

如果说毛泽东主义中的非理想化格调是以把现时的矛盾和斗争投射到共产主义未来（尽管是以仁慈的形式）的方式去反映其自身的话，那么，毛泽东在对人类终极命运的哲学思辨中，就是一个更为深刻的非理想主义者了。毛泽东对人类终极命运的想象远远超出了共产主义未来的范围。按照最初在 1956 年提出的名言，即"凡是历史上发生的东西，都要在历史上消灭"[41]，人们发现，"毛泽东主义未来观"在 1958 年采取了下列形式：

> 社会主义社会也有始有终。共产主义社会将来要分阶段，
> 或者另起名字，总是要有始有终的……整个人类要消灭的……
> 地球要毁灭的。地球毁灭之后，我看要找人都找不到了。地球
> 都没有了，还有人？太阳要冷却。……它总是有始有终的。无
> 限是两个无限：一个空间无限，一个时间无限。[42]

到了 1964 年，毛泽东又一次把视线投向了"共产主义之后"　*207*
的未来：

> 辩证法的生命就是不断走向反面。人类最后也要到末日。
> 宗教家说末日，是悲观、吓人。我们说，人类灭亡是产生比人
> 类更进步的东西。现在人类很幼稚。[43]

这里，毛泽东主义的"辩证法规律"终于引申到尽管看上去合
乎逻辑、然而在历史上却是荒谬的结论。

三、毛泽东主义未来观的作用

关于毛泽东主义的乌托邦主义在当代中国社会历史发展中所起
的一般作用，我们可以作个简要的概括。同典型的积极乌托邦思想
一样，毛泽东主义在理想与实际存在之间形成了强烈的对比，在世
界应当如是的想象与世界的现状之间形成了一种非同一般的紧张
感，这样一来，它就能起到调整人类活动、使之按照它所描绘的未
来理想改造世界的作用了。毛泽东主义设计了马克思主义的社会主
义和共产主义未来的明确图像，在这个范围内，毛泽东主义可以
（如第四章所说）在道德上支持那些有助于促进生产和现代经济发
展的勤劳、自我约束、自我牺牲和斗争等等苦行主义的价值观念，
特别是因为这些众所周知的美德势必被说成是终极的价值观念和目

标本身。

极为强烈的反偶像崇拜、反传统教条的冲动，加强了毛泽东主义"促进现代化进程"的作用。同典型的乌托邦思想一样，为了奉行设想中的新社会的新伦理和新道德，毛泽东主义要求彻底抛弃以往的价值观念；要求断然否定孔子学说中崇尚与世无争的一切价值观念，要求根本蔑视传统的血缘关系和对家族的忠诚，要求抛弃孔子对体力劳动的鄙视。作为替代物，它所追求的是"以合理的方式驾驭世界"，并在这样做时鼓励有益于现代经济发展的实验精神和革新精神。毛泽东主义强烈的反传统姿态同马克思主义的下述观点是抵触的：新社会必须建立在它由之产生的旧社会的基础上，必须继承和利用以往的一切文化和物质成果才能建成社会主义。但是，这种姿态却同马克斯·韦伯的观点不谋而合。韦伯认为：与以往的传统和价值观念彻底决裂，是现代经济和政治合理化必不可少的条件。在受传统束缚的中国历史环境中，韦伯的信徒也许会满意地把毛泽东主义中包含的乌托邦和预言因素视为导致那种决裂的必要前提。

然而，毛泽东主义的乌托邦幻想所发挥的作用并不仅是作为"现代化"的手段，它所产生的社会效果和政治后果同大多数现代化理论所提出的东西截然相反。事实证明，毛泽东和毛泽东主义摆出的救世主的架势，是对官僚主义程式化的抵制，是对随着落后国家中现代经济发展自然而然出现的新型不平等的抵制，是对革命后形成的秩序的普遍制度化的抵制。如果说毛泽东主义未来观中深刻的平均主义和反官僚主义成分在现实社会中并未成为现实，那么，它毕竟还是带来了一种持续的斗争，反对种种与这个未来观不一致的社会的、政治的和思想的倾向。如果说实施毛泽东主义未来观的尝试并未带来与无产阶级社会（或社会主义社会）有某种相似之处的结果，那么，它至少还是成功地限制了社会不平等的程度。如果说官僚主义并没有像毛泽东所希望或允诺的那样被清除掉（或许根本不可能清除），毛泽东主义的政策毕竟起到了抑制官僚特权阶层的作用，这个阶层是在与毛泽东主义的政治道德相歧异的职业道德的基础上活动的。但是，最重要的或许是，毛泽东主义的乌托邦主义阻止了社会主义和共产主义目标被束之高阁的现象，并且避开了大概是不可避免的"缓和化"过程。[44] 对于例行公事化和制度化的这种抵制，在毛泽东主义后的时代是否能够继续下去，这当然是很成问题的，因为中国革命胜利后的历史过程中有很多与众不同、独一无二的东西，都是同对毛泽东的崇拜和毛泽东的那种未来观紧紧联结在一起的，而这二者都要以毛泽东本人的存在为前提。

　　如果说毛泽东的马克思主义的积极的未来观能够给人类活动指出方向、使之实现这种未来观所提出的经济和社会目标的话，那么，毛泽东主义思想中的非理想化格调——即那种把无休止的矛盾和斗争投射到未来的观点、那种不仅看到共产主义乌托邦而且看到共产主义被取代的观点、那种预见到历史的终结和宇宙解体的观点——在功能上有什么意义呢？看起来有点儿荒谬，但实际上却可能是这样一种情况：毛泽东的非理想化同他的乌托邦发挥着完全相同的社会作用。因为非理想化格调来源于这样一种哲学世界观，它假定，变化的永恒性既是不可避免的又是值得向往的，既是一种宇宙规律又是人类的一种需要。这样一种哲学教导我们说，变化是自然和历史的绝对的和客观的规律，与此同时，它又赋予变化和作为一种生活方式的变革以绝对的规范价值。毛泽东对于共产主义社会的乌托邦未来观要求人们此时此地就采取行动以创造那样一个社会，这样一来，他那从长远考虑的非理想化观点和思辨就起到了支持那种鼓动人们为变革而拼搏的政治和道德要求的作用。他思想中的乌托邦成分和非理想化成分都起着一种使人们行动起来，改造世界并改造他们自身的作用。如果毛泽东对辩证运动的最终想象超出了历史而导致人类的毁灭，导致"太阳冷却"和时间终止，那么，这种前景只能是那样一种未来：它太遥远，以至于同现时不存在任何可以想象的联系，并因与人类经验毫无关系而不可思议。在"世界末日"到来之前的历史时期中，毛泽东的非理想化哲学所传达的信息，是变化具有必然性并且符合人们的意愿，是为在现时世界中推进变革而进行的斗争具有道德价值。

210 毛泽东主义未来观中的非理想化成分，如果不是推演到历史终结、宇宙毁灭这一极端结论的话，或许倒有一种似非而是的效用，它使毛泽东主义的乌托邦比通常的乌托邦幻想中的未来完美秩序似乎更富有历史现实性，更能使人理解。因为，最常见且令人信服的批驳乌托邦的说法是，乌托邦是一幅干瘪的蓝图，它所描绘的归根结底是一种静止的、死气沉沉的、令人厌恶的社会，例如，拉尔夫·达朗多夫就发现，"除了乌托邦中偶尔会发生的某些事情"之外，它同坟墓之间没什么区别。但是，即使发生什么事情，也不会令人很感兴趣，因为"在乌托邦社会中相继发生的所有过程都在遵循一个循环往复的模子，并作为整体的一个组成部分在整体设计之内发生、进行，因此，乌托邦依然是'永恒不动的'"[45]。问题在于，乌托邦的绝大多数概念都排除了变化的可能性，或至少也是变化的合意性。正如乔治·凯特伯所注意到的那样，问题是"在绝大多数乌托邦作者的意图和事物变化的不可避免性以及道德合意性之间，存在着明显的不相容"。

> 几乎所有的乌托邦设想都没有想到变化，这种说法是正确的。共同的假设是，这种设想一旦在世界上成为现实——假如可能的话——它将无限期地处于它一开始的形式中。"秩序癖"主宰着乌托邦思想。乌托邦强大的动力就在于它能从绝顶的混乱和无秩序中拯救世界。乌托邦是个关于秩序、安宁、平静的梦幻。其背景是历史的噩梦。与此同时，秩序每每都被认为是人间事物所能达到的完善，或近于完善。说实话，一位既具有秩序癖又自以为拥有完美（或近乎完美）设想的思想家，怎么能够心情舒畅地听任变化发生呢？……从定义出发，背离完美状态的变化必然会导致坏的结局。因此，要想在乌托邦中注入变化的可能性就必须同乌托邦思想的通常前提妥协。[46]

毛泽东主张变化的不可避免性和斗争的永恒性，并将其具体表现在他的未来观之中，这就使他的乌托邦躲开了这种批评。毛泽东主义乌托邦不仅考虑到变化，而且要求变化，同时还预言了一种未来的乌托邦，它依然同斗争、同现在世界上人类经历的忧患相联系，这是一个仍然充满着危险和不确定性、依然要考虑人类勇气和英雄主义的未来。的确，在许多方面，毛泽东主义的未来观中都充斥着 H. G. 威尔斯为治疗乌托邦的历史惰性和人类的局限性毛病而推荐过的处方，这种处方要创造一种"现代乌托邦"，它不是静止的，而是运动的，它绝不会形成一种不变的状态，而是形成一个充满希望的阶段，引导人们去从事永无止境的长久攀登。[47]

第八章

乌托邦的形式化：毛泽东主义
时代后的中国马克思主义

一、革命后的时代

　　罗伯特·米歇尔斯在 20 世纪初这样写道："社会主义者也许能取胜，但不是社会主义，社会主义在其拥护者取得胜利之后，就会自行消亡。"[1]有人想对他这种讥讽的预言予以驳斥，但 20 世纪社会主义革命的种种经历几乎不能给他们提供什么依据，更不用说是令人满意的证据了。无论人们怎样评论在马克思主义政治思想指导下进行的革命所取得的社会及经济成果，很少有人会认为社会主义革命就一定产生社会主义社会。"真正人的生活"这一马克思主义的许诺还未实现，而且还没有任何迹象可以使人相信它能在现今任何一个共产党政府所随意标榜的社会主义社会中实现。

　　革命未能取得革命领导人及其思想家所期待的结果，这在现代社会主义革命中并非罕见。社会大革命总是由对未来完美社会秩序的乌托邦憧憬所推动，但革命一旦结束，这种辉煌的乌托邦憧憬也就随之消失，这已是一般的历史常识。这一现象并不简单地只是掌
权的革命者背叛了他们对崭新的更美好社会的理想和憧憬（虽然这也是屡见不鲜的现象），而是革命胜利后的政治、经济形势迫使变成了统治者的革命家们同现实和旧传统妥协。革命胜利后乌托邦的社会目标成为形式化的象征，人们还利用它来使新形式的社会不平

等和政治压迫合理化，这些都是革命中常见的现象，并在一些大家都熟悉的理论中得到了描述。最熟悉的也许是克雷·布林顿关于"热月反动复辟的普遍性"的论点。他指出"热月反动复辟的普遍性"发生在这样的时期，即"革命的狂热逐渐消退"，革命理想主义色彩开始减退，然后，一切又"回到常态"。[2] 最近，罗伯特·塔克尔提出了一个与布林顿相仿的有趣观点，他指出，马克思主义运动中存在着"反激进"过程。他认为，马克思主义运动迟早会愿意同现实妥协。[3]

在革命取得成功之后，社会采取的发展方向常常与人们最初的预言大相径庭，那些曾对革命起过巨大推动作用的乌托邦社会憧憬也渐渐淡薄乃至泯灭。承认这一观点并非就是全面反对革命。巴林顿·穆尔指出："某一阶段的乌托邦激进思想在下一阶段会变成人们所接受的各种制度上的老生常谈和哲学。"[4] 他在根据自己对现代革命的研究而得出这种结论时也许过于乐观了。如果对未来的乌托邦憧憬在革命胜利后还存在的话，它们也只能是被歪曲的，变了形的。它们不是作为建立新机构的基础，而是变成了公式化的政治口号，用来证实新的社会秩序的合理性，而这种新的社会秩序和它原来的概念相去甚远。确实，革命的悲剧就在于乌托邦式的理想演化成哲学的陈词滥调而不再是激励社会行动的活生生的动力。"热月政变"、"波拿巴主义"、"反激进"，描写革命之生命周期时常用的这类术语，本身就说明了乌托邦式的憧憬和革命理想的不幸命运。它们所揭示的不是革命的失败，而是革命胜利后的必然衰退过程。"所有革命的真谛并不在于它们变成了反革命，而在于它们变得令人厌倦了。"[5] 这话在某种程度上也许是有历史根据的。

要理解乌托邦式的革命理想和革命后的现实之间的差别，不应从革命者个人的局限性出发，而应从那时环境所造成的历史局限性入手。因为激起革命的乌托邦理想，甚至在革命战争时期产生的更高的乌托邦希望，总是超越客观历史的可能性。英国内战时平等派和掘地派所抱有的共产、平等的梦想，同资产阶级要建立一个有利于现代资本主义工商业发展的社会秩序的愿望相冲突，结果他们的

214

梦想破碎了。法国革命后那些曾倡导"自由、平等、博爱"的激进知识分子以及为之而奋斗的狂热大众，在推翻了"旧统治"后，很快就被清除出历史舞台。正如艾萨克·多伊彻所说："英国清教徒和法国雅各宾派革命的不现实性主要起源于造反群众的过高希望和这种革命的资产阶级局限性之间的矛盾。"[6]

215 　　革命乌托邦理想和客观历史局限性之间的矛盾在 20 世纪的社会主义革命中表现得尤为尖锐。卡尔·马克思坚持认为，现代资本主义的两大产物，即高度发展的工业经济和强大的政治上成熟的无产阶级队伍，是实现社会主义的前提，但在现代马克思主义革命运动史上，以马克思主义为指导的社会主义革命并没有像马克思主义理论教导的那样，发生在那些已为社会主义革命做好准备的先进工业国家，而是发生在那些缺乏马克思规定的社会主义革命所必需的物质和社会前提的经济落后的国家。这不能不说是一种讽刺。在这种不符合马克思主义规定的条件下取得的革命胜利，其后果有目共睹。当马克思主义革命者取得胜利后，由于农业落后，国力虚弱，他们不得不将全部力量转向工业化建设，使他们所统治的这种落后国家实现工业化。事实上，他们面临的任务是为社会主义革命创造必需的物质条件而非建设社会主义本身。

　　人民共和国的毛泽东主义时代似乎曾许诺绝不走我们所熟悉的这条路，即革命后建立实现工业化的种种制度和机构，使乌托邦目标成为空洞的形式。1949 年，中国取得政治胜利后，毛泽东主义中的乌托邦冲动非但没有减弱，反而越来越强烈了。在五六十年代，人们对马克思主义最高目标的信奉采取了迫不及待使之实现的形式，这预示着一场更为激进的革命即将开始。这一场革命试图揭开实现未来共产主义的序幕。中国经济的落后不再成为推迟社会主义改造的障碍，相反，在毛泽东主义意识形态中却成了有利于社会主义改造的因素。毛泽东宣扬"一穷二白"，把它看作社会主义的一个优点，这虽然违背了正宗的马克思列宁主义原理，但并不意味着毛泽东想把共产主义建立在永久的贫困之上。同他的继承者一样，毛泽东重视中国的现代化建设，将它放在政治日程的重要位置上。

216

但在毛泽东时代，现代化总是伴随着一种独特的愿望，即正视在一个经济落后国家发展社会主义的手段同其目的之间的两难问题，要求人们以调和工业化的手段同社会主义、共产主义的目标及价值观念的方式去解决这个两难问题，当中国还处在建立马克思主义所规定的社会主义经济前提的阶段时，中国就应通过要求人们进行越来越深刻的"不断革命"改造，为马克思主义理论所预见的最高目标而奋斗。中国革命胜利后的头 25 年内，至少在毛泽东及其拥护者执政时期，并没有像人们所预料的那样，出现那种不可避免的"反激进"阶段。这一时代的乌托邦精神在毛泽东的《水调歌头·重上井冈山》中表现得淋漓尽致。

> 可上九天揽月，
> 可下五洋捉鳖，
> 谈笑凯歌还。
> 世上无难事，
> 只要肯登攀。[7]

　　但是，现在看来，毛泽东的理想主义在他从历史舞台上消失后，就告结束了。如果以当今中国政治、思想倾向或其他国家革命后的经历来推测中国社会的未来，这无疑将是很冒险的，中国革命在过去的几十年中已发生过许多始料不及的转变，也许那些暂居幕后的"演员们"还会演出一场新的革命戏剧。纵观当前形势，中国革命最终似乎未能逃避"热月复辟的普遍性"这一规律，而只是比其他大多数国家晚了一点。毛泽东逝世后，中国社会出现了社会经济生活非政治化、政治生活非激进化的形势。这也是许多外国观察家所为之庆幸的中国领导人政策的"实用主义"性质。与这种情况同时出现的是一种新版的中国马克思主义理论。这一理论不仅反映了现存的社会秩序，而且促使人们适应这种秩序。"马列主义、毛泽东思想"现在还是官方理论，但同毛泽东在世时相比已面目全非了。它实际上已消除了所有空想和偏激的成分，由新作者改写或摒弃了中国版马克思主义中大多数带有十足毛泽东主义特点的东西，成了更加正统的马列主义理论。对最近发生的这一思想转变过程的几个主要特点可以作一简略的考察，因为它们揭示了乌托邦目标和憧憬的形式化过程。

二、经济决定论及客观发展规律

毛泽东以后时代中国马克思主义最显著、最普遍的特点之一就是开始信奉历史及经济发展的客观规律。毛泽东在世时，毛泽东主义是以唯意志论为特点的，它相信用正确的思想和觉悟武装起来的人民能克服物质障碍，按自己的理想和愿望改造社会。现在，中国的马克思主义理论家的代表性观点，则是把社会历史的发展看成一种"不以人的意志为转移的客观发展规律，对待它应和对待自然界的发展规律一样"*。

人们认为，可以以近似于自然科学研究所能达到的科学准确性去确定这种客观的社会规律。这种将自然规律与历史发展规律等同的倾向给今中国马克思主义思想披上了近于实证主义的色彩。例如，人们反复强调："社会的发展同自然界的发展一样，是由客观规律决定的。"[8]

人们相信，正如在历史发展中存在着必须遵从的普遍规律一样，在社会主义社会中一定也存在着决定其发展的特殊的（但不是主观的）经济规律，因此，所谓进步就是指顺乎"社会主义经济发展的客观规律"，并据此制定政策。反之，则会招致灾难，因为，"客观规律是不可违背的，谁违反了，就会受到它的惩罚"。林彪、"四人帮"当然是违背了这一规律的臭名昭著的例子（还暗示毛泽东也违背了这一规律）。中华民族在他们反科学的坏政策的指引下受到客观规律的惩罚。[9]

毛泽东以后的理论家们认为社会主义经济发展客观规律的存在是不言而喻的，但对这种规律的实质及内容却并非一清二楚。他们只是重复卡尔·马克思和约瑟夫·斯大林的客观规律决定论的条

218

*中国社会科学院哲学研究会上的讨论，北京，1980年6月25日。根据原文译出，暂未查到中文版。

1980年6月15日至7月15日，七位西方学者，包括此书的作者，在北京和中国知名的马克思主义理论家和学者进行了讨论，此观点就是在讨论会上提出的。如需了解更多的讨论内容，可查阅《讨论集》。此集提供了讨论的地点、时间、发言人的单位，但没指出发言人的姓名。此次中国之行靠国家人文科学基金会提供的研究经费才得以实现。

条，并以此为满足。他们从马克思主义中引证那些众所周知的命题：经济"基础"决定社会政治的"上层建筑"；认为正是由于颠倒了这两者的关系才导致了过去许多重大的错误（他们喜欢引用的权威著作一般是马克思在其《政治经济学批判》一书的导言中关于唯物史观的著名小结）。斯大林因对"社会主义的经济规律"，特别是生产关系必须符合生产力特征的规律，国民经济必须按计划进行的规律，以及社会主义经济中保留"价值规律"作出了说明而备受赞誉。[10]

对客观历史及经济规律的信奉是在一种新的中国马克思主义背景中出现的。这种理论的特点是对一般原理作出越来越倾向于经济决定论的解释。在社会主义物质前提问题上，这一倾向表现得更加突出。毛泽东认为，要取得一种社会主义的历史成果，社会关系和人民觉悟改造的"持久"过程应和现代经济发展同时进行（实际上却是先于经济发展）。而他的政治和思想接班人却强调正统的马克思主义观点，即实现社会主义的首要根本前提应是优先使生产力发展到很高的水平。他们强调马克思的教导："社会主义只能建立在高度发展的社会化大生产的基础上。"[11] 人们进一步指出，建设社会主义所必需的经济前提将是一个很漫长的历史过程。一位重要的理论家推测说："也许要到 2050 年，我们才能实现高度的现代化，达到社会主义的发达阶段。"[12]

220

毛泽东以后的中国马克思主义文献强调历史客观规律的目的，与其说是要表明社会主义未来是历史的必然这样一种乐观的看法，倒不如说是一种警告，提醒人们客观规律总是严格地限制着人们的行动和社会变动的可能性。因此，人们一再强调，决定历史发展进程的客观规律"不以人的意志为转移"，甚至也不以"党的主观意愿"[13] 为转移。这样一来，人们就必须承认客观规律的制约并遵守客观规律。人们确实认为，毛泽东主义时代的经济失败及政治动乱是由于过分强调人的意志和觉悟、过早地改变社会关系所造成的后果。

毛泽东以后的中国马克思主义理论家们，宣传历史和经济发展的客观规律，试图使社会主义的理论依赖于客观规律的作用，这样一来，不仅将社会主义及共产主义的实现推迟到遥远的未来，而且还告诫人们不能人为地加速美好社会的到来。因为客观社会规律、尤其是当它们被看成是自然规律时，所起的作用是缓慢的，它产生预料中的社会主义结果只能是逐步的，因此，要想在可预见的未来就实现理想中的社会将是"空想的"、"不科学的"。既然客观规律是不以人的意志和觉悟为转移的——最近的历史经验的确证明，违背客观规律不仅在历史上一无所获，而且在政治上也将贻害无穷——那么，社会主义的未来只能完全取决于客观历史发展规律，221 而且，这一规律将以非人格的方式发挥作用。反复地强调生产力发展到最高水平是产生名副其实的社会主义的首要根本前提，使得实现这一目标所经过程的漫长性和非人格性也得到突出的表现。鉴于中国贫穷落后，要走的道路还很漫长、艰辛，因此，共产主义目标的实现还很遥远。在这期间，应将人力尽可能投入到生产中去，建设社会主义所必需的经济基础，而不是社会主义本身。

因此，现在的中国马克思主义者认为，历史的发展是由客观规律而不是人的欲望和美好憧憬所决定的，他们所期待的是历史的进化而不是革命。虽然现在的理论仍然叫"马克思主义、列宁主义、毛泽东思想"，但它却从经过重新解释的正统理论体系中删去了毛泽东主义传统中与这种进化论观点不相符的激进因素。例如，毛泽东的"不断革命"的理论现在被斥为"非马克思主义"[14]，或者有时干脆将它重新解释成是指"一场技术革命，和现代化同义"[15]。毛泽东关于社会主义制度下阶级斗争继续存在的理论被阶级斗争逐渐消亡的理论所代替。正如斯大林在 1936 年宣布苏联境内已不存在阶级斗争一样，现在，中国共产党领导人也宣称"阶级斗争已不再是我们社会中的主要矛盾了"[16]。有时，他们把阶级斗争当作"历史遗迹"[17]而不加考虑。阶级斗争已告结束这一概念（其更深的含义以后再议），加深了这样一个印象（即使未必是现实）：一个以平稳和渐进方式向前发展的和谐而稳定的社会。就目前讨论的需要222 而言，只要指出下列事实就足够了：社会发展的进化概念极大地排除了人的意图在历史发展中的作用，这种观点当然和任何一种空想的乌托邦主义毫无相似之处。有人注意到："即使在进化过程中出现某种乌托邦社会秩序，它的出现也将是很久以后的事，并且是纯属偶然。"[18]

三、历史的负担

那种强调中国"封建"历史顽固性的新的历史分析方法，进一步传达了激烈的社会变革必须推迟、社会主义和共产主义乌托邦被置于遥远未来的信息。[19]中国虽然坚持认为自己是一个社会主义社会，然而她至今仍承受着漫长历史的沉重负担。这一过去的重负在今天的社会中则表现为经济落后及"封建意识"根深蒂固。有人认为，由历史带来的经济、思想负担使社会主义制度的发展比至今所料想的要更加困难、漫长。

中国长期滞留在"封建落后"状态这样一种悲观的评价同毛泽东对中国过去、现在和未来的看法形成鲜明的对照。毛泽东由于受到想回避历史重负的乌托邦理想的推动，将中国所继承的落后状态变成建设社会主义的有利因素。他指出，资产阶级统治西方工业发达国家达三个世纪之久，使"资产阶级的毒素变得异常强大"，渗透到西方社会的"每一个角落"；而中国则幸运地只受到三代资产阶级的统治。西方资产阶级政体异常巩固，从而阻碍了激进的社会和思想转变，而中国则因较少受资本主义影响的拖累，能经得起连续不断的革命变革。僵化的、过于奢华的资本主义国家所固有的道德败坏渐渐削弱了工人阶级的革命斗志，而中国人民据称有"一穷二白"的美德，正如毛泽东常说的，一张白纸能画最新最美的革命蓝图；穷则思变，要变革，要革命。针对列宁"国家愈落后，它由旧的资本主义关系过渡到社会主义关系就愈困难"的观点，毛泽东作出了惊人的乐观结论："事实证明，在资本主义有了一定发展水平的条件下，经济愈落后，从资本主义过渡到社会主义是愈容易，而不是愈困难。人愈穷，才愈要革命。"[20]贫穷落后肯定是要克服

223

的，但目前这种贫穷落后正是中国所固有的特殊道德和革命潜力所在，它孕育着中国未来社会主义的伟大前景。毛泽东认为落后的一定能很快赶上先进的。

毛泽东的上述著名观点现在被斥为"乌托邦的"，只是并不将这些观点归咎于毛泽东本人。毛泽东之后的中国马克思主义者在中国经济、社会及文化的落后状态中看不到社会主义或别的什么主义的优点；相反，他们把中国现代史上缺乏完整的真正的资本主义发展阶段看成是一大历史悲剧，因为"资本主义的一定发展是战胜封建关系的必要因素"，这种观点已被视为马克思主义的一项原则。人们强调说，"马克思主义认为，社会主义是资本主义高度发展的生产力冲破原有生产关系的结果。社会主义只能建立在高度发展的社会化大生产的基础上"。由于外国帝国主义和本国封建主义的"相互勾结"，阻碍了中国真正的民族资产阶级的产生，而形成了一个"官僚买办资产阶级及其政治统治"。在这种制度下，中国未能得到资本主义所带来的物质的及社会的好处，"古老的封建体系始终没有遭到根本的破坏"[21]。

如果中国曾避免了资本主义制度带来的许多危害和弊端，那么，她现在受害更大，因为，资本主义未能实现，使危害极其深广的封建主义流毒得以延续，一直延续到革命胜利后，干扰着新社会的政治、经济生活："在中国这样的落后国家，无产阶级夺取政权以后，封建复辟仍然是革命所面临的重大危险。历史不是一刀切齐的。"[22]

"封建思想"的顽固存在和"封建复辟"的长久危险不仅是中国现代史上客观历史条件所造成的，而且还是中国共产党在政治及意识形态上的错误所致。如果说，中国现代资本主义夭折了，土生土长的资产阶级又非常虚弱，不能完成其历史使命，那么，完成"资产阶级民主革命"的任务就落到了中国共产党的肩上。但人们承认，中国共产党所领导的"新民主主义革命"并不是完全成功的[23]，部分原因是共产党在"夺取政权后放松了对封建余毒的警惕，并且在很长一个时期里形而上学地否定资本主义发展的一切成果"[24]。因此，在革命胜利后，深埋在两千年一成不变的"小农经济"中的"封建意识"依然存在，现代经济发展速度相对迟缓，使它得以生存下来；广大农民的封建习俗、传统和思想方法又为它提供了天然的社会基础。这样，中国就不是处于毛泽东视之为优点的那种"一穷二白的"的状况，而是处于令人十分痛苦的"贫穷和落后"之中。[25]有人指出，正是由于这种状况，才导致了毛泽东后期以混乱局势为特点的政治上和经济上的错误。

225

这一论点说明中国不仅重新搬出了马克思主义关于资本主义制度有其历史进步性的观点，而且还恢复了马克思对农民的评价，肯定了他对"愚昧的农村生活"常常带有讥讽意味的刻画。对毛泽东来说，农村则是社会进步和革命创造性的源泉，农民是真正的革命阶级。毛泽东逝世后，中国的马克思主义理论家则认为农民的思想是狭隘的，农民的习惯是保守的，并把广大农村看作贫穷落后的大本营，农民被看作"封建思想"和"小资产阶级意识"的社会承担者。这种"封建思想"和"小资产阶级意识"是"大跃进"运动中表现出来的危险的极左思潮的基础，并在林彪、"四人帮"实行"封建法西斯统治"时，在政治上得到了淋漓尽致的发挥。

因此，不久前的错误和现在的问题的存在，其责任已不再在于北京那些着眼于城市发展的首脑人物，而成了中国历史上长期遗留下来的"封建残余"。与此同时，农民则被明确地指责为落后思想和意识的社会根源。正如一位著名马克思主义理论家所说："小生产者主宰着我们的国家，他们习惯于屈从威严的家长作风，总是梦想着绝对的平均。要改造他们需要很长的时间。"[26]

强调历史的遗害和摆脱传统束缚的必要性，其目的是要否认中国所面临的问题是新社会制度本身固有的矛盾，认为这些问题仅仅是从数千年历史中延续下来的东西。在此回顾一下苏联的情况也许是有益的。苏联人在意识形态领域内曾极力强调要克服旧的沙皇时代的遗迹，其目的却一直是想以此来回避革命后新社会秩序所产生的矛盾。

226

"封建意识"被看作现代化建设及社会主义发展的主要障碍。

如果"封建意识"归根结底是个思想问题，那么，解决的办法只能是通过经济手段。靠教育来"解放思想"无疑是必要的，但解决问题的最终办法是"发展生产力"从而提高大众的文化水平。[27]有人声称："封建意识的幽灵，终将会被现代化的隆隆炮声所送走。"[28]但现代化建设自然是一个漫长的过程。于是，美好社会的来临只能等到现代化过程结束后才能到来。

四、社会主义的不同阶段

当代中国马克思主义理论认为，中国是一个社会主义国家，而不是仅处于"向社会主义过渡"的阶段。根据是中国已于1956年消灭了生产资料私有制，实行了生产资料公有制。这是社会主义社会的根本特点。但人们又承认，这是一个"低级的"，或"尚不发达的社会主义"。虽然"我们建立了社会主义公有制，但是，还没有建立马克思在《哥达纲领批判》一书中所描述的社会主义社会。我们还处在从资本主义向社会主义过渡阶段中的不发达的社会主义时期"*。

这种观点强调指出，社会主义并不是历史发展中一个孤立的阶段，它是由许多阶段构成的一个过程，每一个阶段都同经济发展水平相关联，并归根结底是由经济发展水平所决定的。社会主义要经历和走完这许多阶段所需的时间是不固定的，也是无法预测的。这种观点认为：至于这一过程将延续多长时间，我们不是算命先生，不能掐算。但鉴于我国生产力落后，无疑这一过程是非常、非常的漫长，且要分好几个阶段才能走完。[29]

社会主义将经历多种不同的发展阶段，这种观点当然并无新颖独特之处，在马克思主义著作和毛泽东的思想中都能找到这种观点。毛泽东曾谈论过革命胜利后社会发展必须经历的不同"阶段"。值得注意的是，毛泽东之后关于"社会主义阶段"的理论实质上是以进化论的观点来认识社会主义发展进程的，把这一过程看作是由低级到高级的逐渐的和缓和的发展过程，它的每一个阶段都反映着

*苏绍智：《关于当前我国社会的主要矛盾》，载《学术月刊》，1979（6）。另一位著名理论家说："在不发达的社会主义阶段，农业生产力仍然低下，所有制形式仍多种多样，商品生产仍是一个现实问题。按劳分配原则并没有起到马克思所预言的效果，因生产力仍不发达。"此观点发表在1980年6月28日天津南开大学经济学院的《讨论集》上。（根据原文译出，暂未查到中文版。——编者注）

生产力的发展水平。在毛泽东看来，正好相反，他认为社会主义的整个发展过程——从过渡到社会主义直到实现共产主义乌托邦——的特点是连续不断地同过去进行彻底的革命决裂，对现实进行实质性的改造，并在他所设想的"一个接着一个"的不断的革命中尽可能迅速地实现社会关系和人民群众觉悟的改造。[30]

毛泽东认为，社会关系、政治组织形式，尤其是群众思想的社会主义改造是经济现代化发展的前提而非结果，毛泽东之后的理论接班人则认为，社会和思想改造的根本前提是物质生产力的发展。毛泽东把"社会主义发展的不同阶段"理解为连续不断的革命改造过程，社会矛盾和斗争是这一革命过程中的推动力量；毛泽东的接班人所预期的则是一个长期、缓慢的社会发展过程，其特点是经济和社会的发展将在相对和平、协调的气氛中进行。毛泽东和他之后的理论家们在中国马克思主义理论上存在的这些分歧在阶级斗争这一具有重大现实和理论意义的问题上，表现得尤其突出。

228

毛泽东强调社会矛盾和阶级斗争是社会历史发展的必不可少的动力；与此相反，毛泽东之后的中国意识形态领域里出现的进化观点则认为社会发展是和谐地进行的。因此，毛泽东关于社会主义社会中继续进行阶级斗争的理论受到指责，在理论上被认为是错误的，在实践上是有害的。[31]诚然，现在中国的理论家们依然承认，社会中存在着某些阶级差别，还必须进行某种形式的阶级斗争，否则就很难从理论上解释为什么"无产阶级专政"继续存在，但是，此时的阶级斗争已转变成对那些被称为旧的剥削阶级的"残余"，剥削思想的遗迹以及"一小撮反革命分子"的斗争。剥削阶级本身已被消灭，在"生产资料公有制的社会主义制度下"，旧的剥削阶级既不能复生，新的剥削阶级也不能出现。[32]事实告诉我们，社会主义发展已经历了第一阶段，现在正处于第二阶段，即只存在生产资料的两种不同公有制形式，而没有阶级和阶级斗争的阶段。[33]

因此，中国社会的主要矛盾已不再是敌对的社会阶级之间的矛盾，而是相对落后的生产力和大体上具有社会主义性质的相对先进的生产关系之间的矛盾。解决这一矛盾的明显方法就是全力建设一

229

个现代化的工业经济，下面这段话是对这一思想比较有代表性的阐述：

> 因为社会主义社会中阶级关系发生了根本性的变化，社会主义社会的主要矛盾不再是无产阶级和资产阶级之间的矛盾，而是社会主义生产远远不能满足社会需要的矛盾。要解决这一矛盾，必须首先加强社会主义建设，尽快实现四个现代化。回顾前段历史，由于混淆了社会主义过渡时期和社会主义本身的划分，把阶级斗争看成是首要矛盾，将主要精力用于搞政治运动，而没有将工作重点转到生产上，从而失去了建设社会主义的大好时机。我们决心不再重蹈覆辙。[34]

其他所有矛盾都是次要的，非对抗性的。人们很有信心地认为，随着生产力的发展，这些矛盾将会以和平的方式逐渐得到解决。

不再把阶级斗争当作重点来抓，这不仅支持了"社会主义发展的不同阶段"将在一段很长的历史时期内逐渐展开的进化论观点，而且还起到掩饰当前社会矛盾的作用。矛盾之一，就是城乡差别，以及由此而产生的工人和农民之间的利益冲突。这一矛盾在毛泽东主义思想中占有突出的位置。毛泽东之后的中国马克思主义思想极大地忽略了这一现实的社会矛盾。它将阶级斗争限定在对旧剥削阶级"残余"斗争这样的狭小范围内，提出了"人民内部没有根本的经济利益冲突"[35]这样新的正统理论。虽然消除城乡差别仍是一个最终目标，但实现这一目标要等到生产力发展到足够成熟的时候。既然社会变革必须在经济发达之后才能进行（这是反复强调的观点），消除城乡差别的目标就游离于当前的社会实践之外，被推迟到将来某一无法具体说明的时刻，从而顺顺当当地成了一种空洞的口号。

当前的阶级斗争非主要矛盾论所要掩饰的第二个更加重要的社会经济矛盾就是统治者与被统治者之间的矛盾。当私有制被基本取消，国家成为社会经济的实际管理者之后，社会的主要矛盾就是那些在国家机构中掌握政治权力的人与那些没有掌握这种权力的人之间的矛盾，矛盾的性质不再是经济的，而是政治的了，这实际上就是统治者与被统治者之间的区分。毛泽东早就注意到这一基本事实：他在 1957 年曾特别指出过"领导和群众"[36]之间的矛盾，并由此得出了无情的结论，说中国政治及经济官僚正在形成一个新的剥削阶级。他在 1965 年指责说，他们是"吸工人血的资产阶级分子"[37]。实际上，这些政治、经济官僚虽然没有财产，但就其职能而言已成为资产阶级，他们能利用手中掌握的政治权力剥削社会，攫取大量的社会劳动成果。当毛泽东和他的拥护者谈及"无产阶级和资产阶级"之间的阶级斗争时，"资产阶级"不是指已被没收了财富的旧资产阶级的残余，而是指那些解放后在中国共产党内部身居高位的人，认为官僚能形成一个新的统治阶级的观点与米洛凡·德热拉斯的"新阶级"理论十分相似。在"文化大革命"中，毛泽东的这一观点得到了理论家们充分的发挥和说明。[38]

231

　毛泽东主义关于官僚统治阶级的理论在现在中国的马克思主义著作当中当然已经消灭，因为它显然会使执政者感到不安，并且对坚持认为阶级斗争在社会主义社会发展过程中的作用日益减弱这样一种思想体系来说也是毫无益处的。诚然，人们承认，官僚及官僚主义在中国社会仍是一个问题，但现在它被归咎于经济、文化的落后，封建残余和顽固的"小生产"思想。可是，那种认为已出现了同广大群众利益根本对立的官僚统治阶级的理论，在政治范畴内已不能为人们所接受，因为正统的理论早就断定，在一个已建立了生产资料公有制的社会中，不可能再产生新的剥削阶级。因此，不再强调阶级斗争，其作用就是掩盖革命胜利后由新社会秩序自身中产生的社会矛盾，将人们的注意力引向历史遗留问题，特别是经济发展落后所带来的问题上去。

　"社会主义的不同阶段"这一进化概念产生出一个新的理论体系：既然假定社会的发展必须反映经济的发展，并随经济的发展而发展，既然中国经济是落后的，那么，在可预见的未来，很少甚至不会发生社会变革。这一理论的目的是要维持社会现状，并为之提供理论依据。它起着消除人们对未来抱有过多幻想的作用，因为它教导人们：人所能做到的事是和他们所处的社会发展阶段紧密相连并受其制约的，而社会发展的阶段又由生产力的发展水平决定。因此，实现社会主义和共产主义目标，归根结底不取决于人的愿望及意志，它完全是由与人无关的力量和经济发展的客观规律所决定的。

五、社会主义与现代化

毛泽东之后的中国马克思主义理论竭力强调建设社会主义和共产主义所必需的经济基础，其目的是要为毛泽东的接班人推行的"四个现代化"政策提供理论依据。与毛泽东相反，当代中国的马克思主义者将生产力置于生产关系之前，认为历史发展变化的动力是经济发展而非阶级斗争。毛泽东之后的理论认为社会关系的改造必须服从生产力的发展，这就把马克思理论所预言的共产主义理想推迟到遥远的未来，直到经济发展到足以适应新的社会变革的水平之时。为这一推延提供辩护的主要理论思想，从根本上说，是苏联的老观点（50 年代初，中国共产主义者非常推崇这一观点，50 年代末，毛泽东把它抛弃了），即生产资料公有制同现代生产力的高速发展相结合，似乎就会以一种差不多是自发的方式造成一个共产主义的理想社会。

根据马克思的定义，社会主义当然包含有不平等。如果社会产品根据"按劳分配"的原则分配，那么，由于每个人的能力不同，劳动贡献不一，就必然产生不平等现象。但马克思主义理论认为，向社会主义和共产主义过渡需要不断缩小社会和经济方面的不平等。

然而，只要粗略地看一下毛泽东之后中国的经济政策及思想倾向就能发觉，毛泽东所提倡的平均主义几乎完全被否定了；取而代之的政策能否使经济高速发展，还不能肯定，但它们显然会带来更

大的社会不平等。日益扩大的工资差别，重新强调物质奖励，计件
工资，奖金等，无疑将扩大城市工人中的经济差别。在工厂里，强
化管理人员及技术人员的权力，从资本主义国家引进管理方法，严
格"劳动纪律"，这些都可能拉大管理人员与工人的差距。由于现
在重新把知识分子看成"工人阶级的一部分"，他们的工资、地位
都提高了，这也许能带来短期的经济利益，但从长远看，它必将促
进官僚、知识分子同工人、农民大众之间的分化，并使他们的差距
越来越大。企业赢利的多少是衡量其管理好坏的标准，这有可能使
本来很不平衡的地方经济产生更大的差距。农业政策不再强调集体
劳动，而是侧重于扩大农民个体家庭的自留地以及同市场的联系，
这必将在农村形成更大的社会经济不平等现象。最后，放弃了毛泽
东所进行的教育革命，而采取 50 年代的教育制度，这必将从整体
上扩大、强化社会差别，因为，在任何社会中，尤其是当生产资料
私有制被废除，人们的社会地位取决于他们的收入和职务而不是财
产时，教育制度当然是形成平等或不平等的一个强大力量。高中、
大学重新采用统一考试录用制度，恢复传统的教育方法和教育标
准，重新设立特殊学校招收才智非凡的青年，这些措施无疑对官僚
和知识分子的子女有利而对工人阶级家庭的子女不利，对城市居民
有利而对农村居民不利。

　　把马克思经济决定论理解为一切工作都要服从于尽可能快地发
展生产力是错误的。这并不是有助于解决社会主义目标和建设方法
之间矛盾的马克思主义观点。毛泽东在世时，毛泽东主义的特点是
致力于调解现代经济发展手段和社会主义目标之间的矛盾；而毛泽
东之后的"马列主义、毛泽东思想"却对此只字不提。修改后的马
列主义、毛泽东思想是建立在这样一个坚定的信念之上的，即技术
是解决社会弊病和矛盾的灵丹妙药。在经济发展过程中，发展经济
的手段变得越来越像最终目的了。当今中国马克思主义思想的奇特
之处在于，它特别喜欢用生产力来解释社会主义。在开始实行"四
个现代化"政策时，党的理论杂志《红旗》就声明："革命就是要
解放生产力。"[39] 在最有名的马克思主义期刊中曾指出："我们的一

234

切革命斗争，终极目的就是要解放和发展生产力，就是要发展社会
235 主义经济建设，提高全体人民的物质文化水平。"[40]党的高级官员也
反复声明："我们党领导全国人民闹革命、夺取政权的目的，归根
到底，是要发展经济。"[41]

在含有上述观点的文章和讲话中，很少有谈及马克思的社会主
义和共产主义革命目标的，即使谈到，也是非常形式化地一带而
过。"社会主义"实际上已同现代化和生产力的高速发展等同起来。
诚然，生产力的发展水平常常被视为衡量社会主义社会的标准，如
中国一本主要的经济杂志所提出的问题："如果社会主义经济的发
展速度长期低于资本主义经济，那么社会主义的优越性表现在哪
里？"[42]但人们也许要问：如果社会主义的目的是要"发展生产力"，
那么，社会主义同资本主义的区别又表现在何处呢？

中国现今的政治、思想领导人相信他们正在朝社会主义和共产
主义方向迈进，我们没有理由怀疑他们对此信念的真诚。但有人会
问，他们所采取的方法和他们宣称所要达到的目标是否一致呢？

使社会的和意识形态的考虑依附于发展现代化生产力的任务的
经济学理论，以及合乎意愿的社会形态会自发地从发达的经济中脱
颖而出的假设，不仅忽略了协调实现工业现代化的手段和社会主义
目标之间的矛盾，而且忽视了据说正在建设理想社会的人的本质的
236 问题。而社会主义理想和物质条件一样，是实现社会主义不可缺少
的前提。毛泽东之后的中国马克思主义理论宣传这样一种观点，即
只靠"生产力的飞速发展和物质生活的逐步提高，就能使人们的思
想渐渐地转变为社会主义思想"[43]。这一信念如不是抄袭来的话，
至少也同苏联流行很久的正统思想非常相似，提高物质生活水平就
能在人民大众中自发地产生社会主义觉悟。几乎没什么理由可使人
相信，这一信念及在此信念指导下制定的政策能在中国取得比苏联
业已取得的更好的社会效果。

当代中国马克思主义者常常将马克思的"存在决定意识"中的
"存在"狭隘地解释为经济发展水平。对马克思主义的这种决定论
的理解不仅曲解了马克思主义学说，而且也背弃了毛泽东的教导。

例如，马克思并不认为，社会主义制度以至社会关系的变化，是单纯的现代经济发展的产物。他强调指出，人们应该通过他所说的"革命的实践"在改造社会的过程中改造自己，实现人的社会主义改造。马克思写道："关于环境和教育起改变作用的唯物主义学说忘记了：环境是由人来改变的，而教育者本人一定是受教育的。……环境的改变和人的活动或自我改变的一致，只能被看作是并合理地理解为**革命的实践**。"[44]对马克思来说，"新人"的出现是一个新社会到来的诸多前提之一。

　　在这一点上，毛泽东与马克思主义的观点非常一致。他反复强调"重新塑造人"*的重要性。

　　卡尔·马克思说道："历史只不过是人在追求他们目标时的活动。"[45]毛泽东之后的中国马克思主义理论体系是一种提出了进化的、渐进的社会发展方案的理论体系，它认为，这种社会发展是一个由客观的、不以人的意志为转移的经济、历史规律所决定的，人的意志、愿望和觉悟在创造历史方面的作用是微不足道的。这一理论体系的作者首先考虑的是历史遗留下来的严重问题，而不是描绘未来的美好图景；他们更强调历史现实的局限性而不是历史所赋予的发展潜力。这一理论虽然认为"现代化建设"最终会产生共产主义，但它还教导人们，人们现在所能做的仅仅是建设未来美好社会所需的经济基础，而对未来社会本身现在却无所作为。实际上，毛泽东之后的中国马克思主义基本上是一种现代经济发展的理论，其目的是在可预见的未来逐步提高人们的物质生活水平。

　　邓小平说："社会主义的目的是要使国家富强起来。"[46]这是近百年来持不同政治和思想见解的中国维新者和民族主义者所追求的共同目标，当然也是现代所有国家的民族主义领导人追求的目标。使国家"富强"的目标可以满足中国民族主义者的激情，但它并不一定能产生建设理想社会的动力，也不可能感召许多人为马克思的乌托邦而奋斗，尽管中国共产主义领导人反复强调马克思主义的根本原则就是"实践是检验真理的唯一标准"。

　　一位外国专家指出："共产主义运动初期所特有的理想主义、

*毛泽东注意到，苏联的意识形态只强调机器在社会主义过渡中的作用。但是，"如果不提高农民的觉悟，不改造人的思想，只靠机器，怎么能行？"[中华人民共和国国史学会编：《毛泽东读社会主义政治经济学批注和谈话》（清样本），227页。]

238

冲天干劲以及近乎于宗教般的狂热，到'文化大革命'结束时就大体上消失了。"[47]当马克思主义被简化成一种实现现代化的思想时，当其理论实质被"实事求是"这一法则作了新的定义时，当社会主义本身实际上等同于现代经济发展时，理想主义被明显淡化也就在所难免了。

革命的终止并不是由于没有实现乌托邦梦想，而是由于这些目标被置于如此遥远的未来以至于在可预见的将来很难看到它实现的可能性。这正是后毛泽东主义时代的彻底反乌托邦性质所起的作用。

注　释

译者序

　　[1] 俞可平：《现代化进程中的民粹主义》，载《战略与管理》，1997（1）。

序

　　[1] Frank E. Manuel and Fritzie P. Manuel，*Utopian Thought in the Western World*，Cambridge，Mass.：Harvard University Press，1979，p. 811.

　　[2] See Maurice Meisner，*Mao's China：A History of the People's Republic*，New York：The Free Press.

第一章　马克思主义与乌托邦主义

　　[1] See Lewis Mumford，*The Story of Utopias*，New York：Viking Press，1962，p. 1.

　　[2] See Max Weber，*The Sociology of Religion*，Boston：Beacon Press，1963，p. 144.

　　[3] Hans Gerth and C. Wright Mills，eds. ，*From Max Weber：Essays in Sociology*，New York：Oxford University Press，1958，p. 236.

　　[4] Karl Mannheim，*Ideology and Utopia*，New York：Harcourt Brace，1952，p. 236.

　　[5] See Judith Shklar，"The Political Theory of Utopia：From Melancholy to Nostaligia，" in Frank E. Manuel，ed. ，*Utopias and*

Utopian Thought，Boston：Beacon Press，1967，p. 105.

［6］Karl Kautsky，*Thomas More and His Utopia*，New York：International Publishers，1927，p. 249.

［7］Ibid. ，p. 243.

［8］Sir Thomas More，*Utopia*，New York：Appleton-Century-Crofts，1949，p. 83.

［9］关于对现代中国坚持传统乌托邦动机和概念的情况及这种乌托邦同毛泽东主义版马克思主义的融合的说明，参见 Wolfgang Bauer 写的引人入胜、饶有趣味的著作 *China and the Search for Happiness*，New York：The Seabury Press，1976，esp. pp. 371-420。

［10］《马克思恩格斯选集》，2 版，第 1 卷，294 页，北京，人民出版社，1995。

［11］同上书，85 页。

［12］《马克思恩格斯选集》，2 版，第 3 卷，721 页。

［13］《马克思恩格斯选集》，2 版，第 1 卷，304 页。

［14］同上书，304～305 页。

［15］《马克思恩格斯选集》，2 版，第 3 卷，722 页。

［16］同上书，732 页。

［17］《马克思恩格斯选集》，2 版，第 1 卷，585 页。

［18］［19］《马克思恩格斯选集》，2 版，第 3 卷，724 页。

［20］《马克思恩格斯选集》，2 版，第 1 卷，303 页。

［21］同上书，87 页。

［22］See Norman Cohn，*The Pursuit of the Millennium*，New York：Harper & Row，1961，pp. 308-309.

［23］J. L. Talmon，*The Origins of Totalitarian Democracy*，New York：Praeger，1965，pp. 252-253.

［24］Adam Ulam，"Socialism and Utopia," *Daedalus* 94. 2 (spring 1965)：392.

［25］Ibid. ，p. 399.

［26］Cited in Carl Friedrich，ed. ，*Revolution*，New York：

Atherton Press，1967，pp. 29-30.

[27] Edward Hallett Carr，*What Is History?* New York：Vintage，1967，p. 208. 正如卡尔指出的："乌托邦主义"和"救世主义""已经变成了称呼社会前景的最激进思想的一种轻蔑的通用术语了"。见 205 页。

[28] Richard Lowenthal，"Development vs. Utopia in Communist Policy," in Chalmers Johnson，ed.，*Change in Communist Systems*，Stanford，Calif.：Stanford University Press，1970，p. 51.

[29] 在 Talmon 的 *Origins of Totalitarian Democracy* 一书里到处可见。

[30] See Waldemar Gurian，"Totalitarianism as Political Religion," in Carl J. Friedrich，ed.，*Totalitarianism*，New York：Grosset & Dunlap，1964，pp. 119-137. Gurian 在 Bolshevism：An Introduction to Soviet Communism（Notre Dame，Ind：University of Notre Dame Press，1952）一书中所作的论述显然经过了精心推敲和斟酌。

[31] Carl J. Friedrich，"The Unique Character of Totalitarian Society," in Friedrich，ed.，*Totalitarianism*，p. 52.

[32] See Michael Walzer，*The Revolution of the Saints*，Cambridge，Mass.：Harvard University Press，1965，pp. ⅩⅢ-ⅨX.

[33] *New York Review of Books*，16 September 1965，p. 14.

[34] Frederick L. Polak，"Utopia and Cultural Renewal," in Manuel，ed.，*Utopias and Utopian Thought*，p. 288.

[35] Weber，*Sociology of Religion*，p. 125.

[36] 正如韦伯指出的那样："……享有较高的社会和经济特权的阶层是不太可能演化出救世思想的。相反的，他们让宗教承担起使他们自己在世界中的生活模式和状况合法化的基本功能。"同上书，107 页。

[37] Peter Worsley，*The Trumpet Shall Sound*，2nd ed.，New York：Shocken Books，1968，p. ⅩⅢ.

[38] Peter Worsley, *The Trumpet Shall Sound*, 2nd ed., p. ⅩⅣ. 对于这里没能充分考察的有关理论问题，如果读者希望得到有启发性的论述，请看沃斯利的介绍，9～19 页。

[39] 正像弗兰克·曼纽尔和弗里奇·曼纽尔（Frank E. Manuel and Fritzie P. Manuel）所说的那样，他们两人指出了"使得一切成为可能的技术和科学手段的积累与可怜的目标贫乏状况之间的不协调"。见 *Utopian Thought in the Western World*，p. 811。

[40] George. Plekhanov, *Izbrannye filosofskie proizvendeniya*, Moscow, 1956, vol. 4, p. 86, See A. Walicki, *The Controversy Over Capitalism*, Oxford：Clarendon Press, 1969, p. 159.

[41] Wilbert E. Moore, "The Utility of Utopias", *American Sociological Review* 31（1966）：767. 在后期的著作里，恩格斯可能无意识地促成了用进化论解释马克思历史理论的倾向。因为他有一种把自然规律与历史规律统一起来的趋向。

[42] Adam Ulam, *The Unfinished Revolution*, New York：Random House, 1960, p. 45.

第二章 毛泽东主义中的乌托邦社会主义论题：城乡关系

[1] 卡尔·马克思：《政治经济学批判大纲》，见 Karl Marx, *Pre-Capitalist Economic Formations*, New York：International Publishers, 1965, p. 78。

[2]《马克思恩格斯全集》，中文 1 版，第 23 卷，390 页，北京，人民出版社，1972。

[3]《马克思恩格斯选集》，2 版，第 1 卷，70 页。

[4] 参见《马克思恩格斯选集》，2 版，第 1 卷，103～106 页。

[5] 同上书，276～277 页。

[6]《马克思恩格斯选集》，2 版，第 1 卷，104 页。

[7] 同上书，294 页脚注②。

[8]《马克思恩格斯选集》，2 版，第 4 卷，487 页。

[9] 马克思在《路易·波拿巴的雾月十八日》中论述过这种可

能性，参见《马克思恩格斯选集》，2 版，第 1 卷，579～689 页。有关中国农民与对毛泽东个人崇拜之间的关系，见本书第六章的有关论述。

[10]《马克思恩格斯选集》，2 版，第 3 卷，58 页。

[11]《马克思恩格斯选集》，2 版，第 1 卷，277 页。

[12][13] 同上书，293 页。

[14] 同上书，294 页。

[15]《马克思恩格斯全集》，中文 1 版，第 23 卷，8 页。

[16]《马克思恩格斯全集》，中文 1 版，第 4 卷，331～332 页，北京，人民出版社，1958。

[17]《马克思恩格斯选集》，2 版，第 3 卷，273 页。

[18] 同上书，304 页。

[19]《马克思恩格斯选集》，2 版，第 3 卷，740 页。

[20] George Lichtheim, *The Origins of Socialism*, New York：Praeger, 1969, p. 5. 虽然 Lichtheim 的评论总的来说是真实的，但还是有一些明显例外，如 Saint-Simon，他是现代工业主义的拥护者和"技术统治论"的先驱者。

[21]《马克思恩格斯选集》，2 版，第 1 卷，303～304 页。

[22] Quoted in J. L. Talmon, *The Origins of Totalitarian Democracy*, New York：Praeger, 1965, p. 244.

[23] Quoted in J. L. Talmon, *The Origins of Totalitarian Democracy*, New York：Praeger, 1965, p. 244.

[24] Lichtheim, *The Origins of Socialism*, p. 29.

[25] See Étienne Cabet, *Voyage en Icarie*, Paris：Au bureau du Populaire, 1846.

[26] 欧文的著作和评论他著作的作品非常之多。对他的思想的一个简单评述可见 G. D. H. Cole, *A History of Socialist Thought*, London Macmiuan, 1953, vol. 1, pp. 86-101.

[27] See Martin Buber, *Paths in Utopia*, Boston：Beacon Press, 1958. 所引观点在书中比比皆是。

［28］Quoted by Martin Buber, *Paths in Utopia*, p. 27.

［29］Ibid. , p. 34.

［30］See A. Walicki, *The Controversy Over Capitalism：Studies in the Social Philosophy of the Russian Populists*, Oxford：Clarendon Press, 1969, pp. 88-90.

［31］有关魏特林的思想旨要，详见 Cole, *History of Socialist Thought*, vol. 1, pp. 226-228.

［32］列宁在 1899 年写的《俄国资本主义的发展》中，用大量的经济数据，进行了长篇的论证。见《列宁全集》，中文 2 版，第 3 卷，221～250 页，北京，人民出版社，1984。

［33］George Plekhanov, "Our Difference," in *Plekhanov, Selected Philosophical Works*, Moscow：Foreign Languages Publishing House, n. d. , vol. 1, p. 326.

［34］《列宁全集》，中文 2 版，第 2 卷，196～197 页，北京，人民出版社，1984。

［35］《列宁全集》，中文 2 版，第 1 卷，406 页，北京，人民出版社，1984。

［36］《列宁全集》，中文 2 版，第 2 卷，407 页。

［37］最明显的是在 1926 年未修订的《中国社会各阶级的分析》和 1927 年版的《湖南农民运动考察报告》当中，关于这些，下面我们还会提到。

［38］《毛泽东选集》，2 版，第 2 卷，631 页，北京，人民出版社，1991。

［39］《毛泽东选集》的官方文本对这篇有名的原稿只收入了很少一部分。这段引文摘自 Stuart R. Schram, *Political Thought of Mao Tse-tung*（New York：Praeger, 1969）一书中所翻译的原文。参见该书 210～214 页。

［40］Stuart R. Schram, *Political Thought of Mao Tse-tung*, p. 214.

［41］《毛泽东选集》，2 版，第 2 卷，630 页。

[42]《毛泽东选集》，2版，第2卷，623页。

[43][44][47]同上书，626页。

[45]同上书，627页。

[46]关于普遍的、单线的历史进化的整个观点都是斯大林的独特见解，与马克思和列宁的观点不同。

[48]《毛泽东选集》，2版，第2卷，625页。

[49]《毛泽东选集》，2版，第1卷，289页，北京，人民出版社，1991。

[50]施拉姆在他对原著的评论中注意到了这一点：*Political Thought of Mao Tse-tung*，p. 203。

[51]《毛泽东选集》，2版，第1卷，13页。

[52]参见中华人民共和国国史学会编：《毛泽东读社会主义政治经济学批注和谈话》（清样本），144页，1998年印。Richard Levy 在他的"New light on Mao"一文中对此也作了分析，见 *The China Quarterly*61号（1975年3月），95～117页。

[53]《毛泽东选集》，2版，第2卷，651页。

[54] See Buber, *Paths in Utopia*, pp. 46-47.

[55] See Rhoads Murphey, "City and Countryside as Ideological Issues：India and China," *Comparative Studies in Society and History* 14.3 (June 1972)：253-254. 关于中国传统思想方面更详细的讨论，见 Murphey, "Man and Nature in China," *Modern Asian Studies*1.1 (January 1967)：313-333.

[56] See Frederic Wakeman, *Strangers at the Gate*, Berkeley and Los Angels：University of California Press，1966，pp. 48-51.

[57]《毛泽东选集》，2版，第1卷，39～40页。

[58]同上书，15页。

[59]同上书，335页。

[60]同上书，336页。

[61] John Lewis, ed., The *City in Communist China*, Stanford, Calif：Stanford University Press，1970，p. 1. See also Lewis, "Political

Aspects of Mobility in China's Urban Development," *American Political Science Review* 60.4，December 1966，pp. 899-912.

[62]《毛泽东选集》，2 版，第 2 卷，635 页。

[63] 同上书，636 页。

[64]《毛泽东选集》，2 版，第 4 卷，1427 页，北京，人民出版社，1991。

[65][67] 同上书，1438 页。

[66] 同上书，1439 页。

[68] 参见上书，1468～1482 页。

[69]《关于人民公社问题的决议》，载《人民日报》，1958 - 12 -19。

[70] 关于人民公社政治含义的讨论，见本书第五章，133～135 页。

[71] 参见《关于人民公社问题的决议》。

[72][73] 这方面最典型的例子可见陈伯达：《在毛泽东同志的旗帜下》，载《红旗》，1958 (4)。

[74] 陈正亮：《人民公社是我国政治和经济发展的必然产物》，载《新建设》，1959 (11)。

[75] Stuart Schram，*Mao Tse-tung*，New York：Simon and Schuster，1966，p. 318.

[76]《马克思恩格斯选集》，2 版，第 1 卷，294 页。

[77] Quoted in Regis Debray，*Revolution in the Revolution?* New York：Grove Press，1967，p. 69.

[78] Ibid.，pp. 70-77.

[79] See Frantz Fanon，*The Wretched of the Earth*，New York：Grove Press，1966，especially pp. 29-163.

第三章　列宁主义和毛泽东主义：中国马克思列宁主义的若干民粹主义观点

[1] Isaac Deutscher，*Ironies of History*，London：Oxford

University Press，1966，pp. 89-90.

［2］A. Walicki，"Russia," in Ghita Ionescu and Ernest Gellner，eds.，*Populism，Its Meaning and National Characteristics*，London：Weidenfeld and Nicolson，1969，p. 91.

［3］这些概念和观点，首先是由 Alexander Herzen 于 19 世纪 50 年代初期在给 Jules Michelet 的一封信中，特别引人注目地提出来的。这封信极有影响，题为：《俄国人民和社会主义》（1851）。See Herzen，*From the Other Shore*，London：Weidenfeld and Nicolson，1956，pp. 165-208。

［4］这种思想特别清晰地表达在赫尔岑的 "The Russian People and Socialism" 一信里。

［5］Quoted in Franco Venturi，*Roots of Revolution*，New York：Grosset & Dunlap，1966，p. 34.

［6］See Herzen，"The Russian People and Socialism," p. 189.

［7］Quoted in Venturi，*Roots of Revolution*，p. 35.

［8］Quoted in Venturi，*Roots of Revolution*（引文做了强调）。

［9］Quoted in Venturi，*Roots of Revolution*，Introduction，p. xviii.

［10］Karl Kautsky，*Class Struggle*，Chicago：Kerr，1910，p. 119.

［11］关于车尔尼雪夫斯基对列宁影响的很有洞察力的论述，可参见 Leopold Haimson，*The Russian Marxists and the Origins of Bolshevism*，Cambrige，Mass.：Harvard University Press，1955，特别是 pp. 97-103。

［12］当然，这些观点，是由列宁 1902 年在他的论文《怎么办?》中非常明白地提出来的。

［13］引文见《俄国社会民主党的组织问题》，《卢森堡文选》，上卷，504 页，北京，人民出版社，1984。

［14］同上书，514 页。

［15］以上引文见《俄国革命》，《卢森堡文选》，上卷，391 页。

［16］Barrington Moore，*Soviet Politics-The Dilemma of Power*，

Cambridge，Mass.：Harvard University Press，1959，pp. 81-82.

［17］Barrington Moore，*Soviet Politics-The Dilemma of Power*，p. 60.

［18］Benjamin Schwartz，"The Intelligentsia in Communist China：A Tentative Comparison，" *Daedalus* 89. 3（Summer 1960）：615.

［19］参见谭彼岸：《俄国民粹主义对同盟会的影响》，载《历史研究》，1959（1）；荣孟源：《辛亥革命前中国书刊上对马克思主义的介绍》，载《新建设》，1953（3）。

［20］北京"平民教育讲演团"，1919 年初发起，4 月正式开始活动，作者在引用材料上有误。——译者注

［21］关于李大钊的民粹主义观点，参见 Maurice Meisner，*Li Ta-chao and the Origins of Chinese Marxism*，Cambridge，Mass.：Harvard University Press，1967。

［22］引自 Stuart Schram 在 *The Political Thought of Mao Tse-tung* 中摘译的毛泽东在《湘江评论》1919 年 7 月号、8 月号上的文章，New York：Praeger，1969，p. 163。

［23］《毛泽东选集》，2 版，第 1 卷，13 页。

［24］Benjamin I. Schwartz，*Chinese Communism and the Rise of Mao*，Cambridge，Mass.：Harvard University Press，1952，p. 76.

［25］此评论在"大跃进"初期的空想狂热期间作出。相关评论载《红旗》，1958（6）。

［26］联合国出版物研究服务中心，49826（1970 年 2 月 12 日）：30（下引作 JPRS）。

［27］Rhoads Murphey，"Man and Nature in China，" *Modern Asian Studies* 1. 4，October 1967：325-326.

［28］See Herzen，*The Russian People and Socialism*，pp. 166-167.

［29］如瓦利基所引用的。见《俄国》一书 84 页。也可参见 A. Gerschenkron，*Economic Backwardness in Historical Perspective*，Cambridge，Mass.：Belknap Press of Harvard University，1962， p.173。翻译略有不同。

〔30〕Quoted in Walicki, The *Controversy over Capitalism*, p.117.

〔31〕这个思想包含于前面提及的毛泽东于 1919 年在《湘江评论》发表的著作里。

〔32〕*JPRS*，49826：48。

〔33〕《毛泽东选集》，2 版，第 2 卷，708 页。

〔34〕Herzen, "The Russian People and Socialism," p.199.

〔35〕自然，毛泽东津津乐道于他自己不是知识分子的身份。他在 1959 年一次演说开始时说："我是个粗人，没有太多的教养。"无中文公开版本，按原文译出。——编者注

〔36〕参见《毛泽东著作选读》，下册，785 页，北京，人民出版社，1986。

〔37〕See *New Republic*, 27 February 1965, pp.17-23.

〔38〕Stuart Schram, *The Political Thought of Mao Tse-tung*, New York：Praeger, 1969, p.33.

〔39〕"他们"指"工农群众"。——译者注

〔40〕《毛泽东著作选读》，上册，300 页，北京，人民出版社，1986。

〔41〕《毛泽东选集》，2 版，第 3 卷，1079 页，北京，人民出版社，1991。

〔42〕《毛泽东著作选读》，下册，467 页。

〔43〕《毛泽东著作选读》，上册，51 页。

〔44〕参见上书，319～321 页。原文查无此话，疑作者引用有误。——译者注

〔45〕1941 年毛泽东写道："和全党同志共同一起向群众学习，继续当一个小学生，这就是我的志愿。"《毛泽东著作选读》，下册，468 页。

〔46〕《毛泽东文集》，第 6 卷，423 页，北京，人民出版社，1999。较早的译本，用语稍有不同，参见 Robert R. Bowie and John K. Fairbank, eds., *Communist China* 1955—1959, *Policy Documents with Analysis*，Cambridge，Mass.：Harvard University Press，1962，p. 96。

[47] 毛泽东的这些话不是在"大跃进"时期，而是在农业合作化时期说的。作者的说法有误。——译者注

[48] See Benjamin Schwartz，"The Reign of Virtue：Some Broad Perspectives on Leader and Party in the Cultural Revolution，" *The China Quarterly* 35（July-September 1968）：1-17；Stuart Schram，"The Party in Chinese Communist Ideology，" *The China Quarterly* 38（April-June，1969）：1-26. 两篇文章见于 John W. Lewis，ed.，*Party Leadership and Revolutionary Power in China*，London：Cambridge University Press，1970。

[49] Max Weber，*The Theory of Social and Economic Organization*，New York：The Free Press，1964，p. 340.

[50] 1933 年毛泽东的这句话是很有代表性的，他说："要把官僚主义方式这个极坏的家伙抛到粪缸里去"。《毛泽东选集》，2 版，第 1 卷，124 页。

[51] 参见 Schram，*The Political Thought of Mao Tse-tung*，pp. 98-101。Schram 在 *La 'Révolution permanente' en Chine*（Paris：Mouton，1963）一书里提供了一种更为充分的分析。

[52] 关于列宁在其生命的最后时刻对苏维埃制度所作的尖锐评论，可参见 Isaac Deutscher，*Ironies of History* 中的 "The Moral Dilemmas of Lenin，" London：Oxford University Press，1966，pp. 167-173。

[53] Angus Stewart，"The Social Roots"，in Ionescu and Gellner，eds.，*Populism*，p. 181.

[54]《列宁全集》，中文 2 版，第 1 卷，462 页。

[55] 雅努斯，古罗马神话中守护出口、入口的门神，有前、后两副面孔，人们常以它来比喻两面派人物。——译者注

[56] See Stewart，"The Social Roots"，pp. 186-191.

[57] 作为对"卡顿主义"的一种讨论，参见 Barrington

Moore，*Social Origins of Dictatorship and Democracy*，Boston：Beacon Press，1966，pp. 490-496。

[58] See Barrington Moore，*Social Origins of Dictatorship and Democracy*，pp. 494-495.

[59] 参见《中国革命和农民运动的策略》，载《布尔什维克》，1930 年 5 月 12 日。

[60] See "Scientific Socialism and Petty Bourgeois Ideology"，24 October 1966，in *Current Digest of Soviet Press*，18.43：4-6.

第四章　毛泽东主义中的乌托邦目标与苦行价值观

[1][2]《毛泽东选集》，2 版，第 3 卷，1102 页。

[3]"老三篇"的另两篇是《为人民服务》和《纪念白求恩》。关于这些文章如何成为经典，参见《干革命的马克思主义——"老三篇"》一文，载《北京周报》，1967 - 01 - 06。

[4]《毛泽东选集》，2 版，第 2 卷，660 页。

[5] 关于加尔文主义世界观的杰出分析，参见：Michael Walzer，*The Revolution of the Saints*，Cambridge，Mass.：Harvard University Press，1965；Max Weber，*The Protestant Ethic and the Spirit of Capitalism*，New York：Scribner's，1958，pp. 98-128。

[6] 邵冰：《关于消灭体力劳动和脑力劳动差别的几个问题——兼评冯策、王翚同志有关的几个论点》，载《光明日报》，1960 - 09 - 26。

[7] 参见恽希良：《社会主义社会中的体力劳动和脑力劳动》，载《经济研究》，1965（11）。

[8] 参见许立群：《从是否"已经到了共产主义"说起》，载《红旗》，1958（12）。

[9] 参见赵凤歧、吴仕康：《不断革命论和革命发展阶段论的统一》，载《新建设》，1959（2）。

[10] 有关"脱产学习"的精辟分析，参见 Donald J. Munro，"Maxims and Realities in China's Educational Policy：the Half-

Work，Half-Study Model，" *Asian Survey* 12. 4（April 1967）：254-272。

[11] 下列叙述和引文均根据或出自 1958 年至 1962 年的《中国青年》。

[12]《中国青年》，1960（10）。

[13]《中国青年》，1960（11）。

[14] Herbert C. Kelman，"From Dystopia to Utopia：an Analysis of Huxley's *Island*," in Richard Farson，ed. , *Science and Human Affairs*，Palo Alto：Science & Behavior Books，1965，p. 168.

[15] Max Weber，"Politics as a Vocation," in Hans Gerth and C. Wright Mills，eds. , *From Max Weber：Essays in Sociology*，New York：Oxford University Press，1958，p. 128.

第五章　巴黎公社在中国马克思主义者思想中的反映

[1] 关于示威游行的记述，参见《北京周报》，1968 - 05 - 31。

[2] *The New York Times*，23 May 1968.

[3] See "Exhibition on the Paris Commune Opens in Peking," *Survey of the China Mainland Press* 3671，30 March 1966.

[4] 关于那个时期的文献中有关巴黎公社的有代表性的材料，见 K. H. Fan，ed. , *The Chinese Cultural Revolution：Selected Documents*，New York：Grove Press，1968，especially pp. 161-196，239-258。

[5] 参见刘惠明：《巴黎公社的全面选举制》，载《红旗》，1966（11）。

[6]《马克思恩格斯选集》，2 版，第 1 卷，585 页。

[7] Martin Buber，*Paths in Utopia*，Boston：Beacon Press，1958，p. 98.

[8] 参见《毛泽东选集》，2 版，第 3 卷，1061～1062 页。又见毛泽东的《新民主主义论》。

[9]《毛泽东选集》，2 版，第 4 卷，1468 页。

［10］参见《毛泽东选集》，2 版，第 4 卷，1468～1481 页。

［11］关于"仅仅具有历史含义"与"历史的真实含义"之间在用法上的差别，可参见 Joseph Levenson 一书中引人入胜的讨论：*Confucian China and Its Modern Fate*，Berkeley：University of California Press，1965。

［12］参见《关于无产阶级专政的历史经验》（编辑部文章），载《人民日报》，1956 - 04 - 05。

［13］［17］参见关锋：《略论人民公社的伟大历史意义》，载《哲学研究》，1958（5）。乡是国家政权机构基本的、最基层的单位，它一般包含几个村和镇。

［14］《人民日报》，1958 - 09 - 03。

［15］［16］吴芝圃：《由农业生产合作社到人民公社》，载《红旗》，1958（8）。

［18］参见吴传启：《从人民公社看共产主义》，载《人民日报》，1958 - 10 - 01。

［19］《马克思恩格斯选集》，2 版，第 3 卷，56 页。

［20］参见恩格斯在 1891 年为马克思《法兰西内战》德文版所写的导言。

［21］《马克思恩格斯全集》，中文 1 版，第 22 卷，276 页，北京，人民出版社，1965。

［22］吴芝圃：《论人民公社》，载《中国青年报》，1958 -09 -16。

［23］刘惠明：《巴黎公社的全面选举制》，载《红旗》，1966（11）。关于巴黎公社在文化革命的意识形态和政策中的作用，参见 John Bryan Starr，"Revolution in Retrospect：The Paris Commune Through Chinese Eyes," *The China Quarterly*，January-March 1972，pp. 106-125。

［24］郑之思：《巴黎公社的伟大启示》，载《红旗》，1966（4）。

［25］郑之思：《巴黎公社的伟大启示》，载《红旗》，1966（4）。

[26]《马克思恩格斯选集》，2 版，第 3 卷，63 页。

[27] 同上书，34 页。

[28] 同上书，73 页。

[29]《马克思恩格斯选集》，2 版，第 3 卷，56 页。

[30] See Edward Hallett Carr，*What Is History*? New York：Vintage Books，1967，p. 176.

第六章　对毛泽东的崇拜

[1][2]《关于无产阶级专政的历史经验》（编辑部文章），载《人民日报》，1956 - 04 - 05。

[3]《关于无产阶级专政的历史经验》（编辑部文章），载《人民日报》，1956 - 04 - 05。

[4] 这句话摘自赫鲁晓夫 1956 年 2 月的报告，这是苏联领导人对斯大林时代的罪恶所做的主要解释。

[5] 原文如此。——编者注

[6][美] 埃德加·斯诺：《西行漫记》，63 页，北京，三联书店，1979。

[7] 原文如此。——编者注

[8][美] 埃德加·斯诺：《西行漫记》，62 页。

[9] 同上书，64 页。

[10] 同上书，65 页。

[11] 巴莱托又译博洽德（1848—1923），意大利经济学家和社会学家，《通俗资本论》的作者。——译者注

[12][美] 埃德加·斯诺：《西行漫记》，69 页。

[13][14]《刘少奇选集》，上卷，336 页，北京，人民出版社，1981。

[15] 同上书，337 页。

[16] As quoted in James P. Harrison，*The Long March to Power*，New York：Praeger，1972，p. 470.

[17]《毛泽东著作选读》，上册，12 页。

［18］《毛泽东文集》，第 6 卷，418 页。

［19］同上书，419 页。

［20］同上书，429 页。

［21］邓小平：《关于修改党的章程的报告》，见中共中央办公厅编：《中国共产党第八次全国代表大会文献》，92 页，北京，人民出版社，1957。

［22］参见《毛泽东著作选读》，下册，758～791 页。

［23］Stuart R. Schram，ed.，*Mao Tse-tung Unrehearsed：Talks and Letters 1956—1971*，Middle-sex：Penguin Books，1974，pp. 99-100.

［24］Stuart R. Schram，ed.，*Mao Tse-tung Unrehearsed：Talks and Letters 1956—1971*，p. 99.

［25］以上引文见中国人民解放军总政治部编印：《毛主席语录》，再版前言，1968。

［26］Edgar Snow，*The Long Revolution*，New York：Random House，1972，pp. 68-69.

［27］Ibid.，p. 205.

［28］Ibid.，p. 66.

［29］《马克思恩格斯选集》，2 版，第 1 卷，585 页。

［30］David Milton and Nancy Dall Milton，*The Wind Will Not Subside：Years in Revolutionary China，1964—1969*，New York：Pantheon，1969，p. 330.

［31］Ibid.，p. 335.

［32］See Snow，*The Long Revolution*，pp. 106-107.

［33］《中国共产党中央委员会关于无产阶级文化大革命的决定》，载《人民日报》，1966 - 08 - 09。

［34］See Stuart R. Schram，ed.，*Authority，Participation and Cultural Change in China*，Cambridge，England：Cambridge University Press，1973，p. 104.

［35］See Edgar Snow，*The Long Revolution*，pp. 18-19.

［36］ Franz Michael, "Ideology and the Cult of Mao," in Frank N. Trager and William Henderson, eds. , *Communist China*, *1949—1969*, New York: New York University Press, 1970, p. 27.

［37］ Leonard Schapiro and John Wilson Lewis, "The Roles of the Monolithic Party under the Totalitarian Leader," in John Wilson Lewis, ed. , *Party Leadership and Revolutionary Power in China*, Cambridge, England: Cambridge University Press, 1970, pp. 114-115.

［38］ 关于20世纪30年代初期斯大林崇拜和斯大林主义哲学教条的关系，参见 Robert C. Tucker, "The Rise of Stalin's Personality Cult," *American Historical Review* 84. 2（April 1979）: 349-352。

［39］ Tucker, "The Rise of Stalin's Personality Cult," pp. 352-365.

［40］［美］埃德加·斯诺:《西行漫记》, 62 页。

［41］ 这个故事是1965年龚彭讲给斯诺的，龚彭是当时外交部部长助理。见 Edgar Snow, *The Long Revolution*, p. 69。

［42］《毛泽东文集》, 第6卷, 429 页。

［43］ Schram, ed. , *Mao Unrehearsed*, p. 64.

［44］《毛泽东思想万岁》, 台北1969年版, 389~399 页。

［45］ Schram, ed. , *Mao Unrehearsed*, pp. 232-233.

［46］ 对文化革命后农村经济政策和教育改革的深刻而公正的分析，参见: Jon Sigurdson, "Rural Industry and the Internal Transfer of Technology," in Schram, ed. , *Authority*, *Participation and Cultural Change in China*, pp. 199-232; John Gardner and Wilt Idema, "China's Educational Revolution," Ibid. , pp. 257-289。

［47］《马克思恩格斯选集》, 2版, 第1卷, 677 页。

［48］ 同上书, 678 页。

［49］ 同上书, 677~678 页。

［50］ Tucker, *The Rise of Stalin's Personality Cult*, p. 347.

[51] 这一评论是毛泽东在 1970 年 12 月 18 日与斯诺的一次长时间的讨论中所作的，参见 Edgar Snow，"A Conversation with Mao Tse-tung," *Life Magazine*，30 April 1971，p. 46。

[52] 叶剑英在庆祝建国 30 周年大会上的讲话，载《北京周报》，1979 - 10 - 05。

[53]《人民日报》，1979 - 10 - 30。

[54]《正确认识个人在历史上的作用》，载《人民日报》，1980 - 07 - 04。

[55] 参见《马克思恩格斯选集》，2 版，第 1 卷，680～681 页。

[56]《马克思恩格斯全集》，中文 1 版，第 1 卷，443 页，北京，人民出版社，1956。

第七章 毛泽东主义未来观中的乌托邦成分和非理想化成分

[1] 参见 Benjamin Schwartz，*Chinese Communism and the Rise of Mao*，Cambridge，Mass.：Harvard University Press，1952，189 页以下。

[2]《毛泽东选集》，2 版，第 2 卷，651～652 页。

[3] 同上书，686 页。

[4]《毛泽东选集》，2 版，第 3 卷，1059 页。

[5] *Times*（London），1938 - 07 - 25。

[6] 参见《论人民民主专政》，《毛泽东选集》，2 版，第 4 卷，特别是 1469 页。

[7] 参见《毛泽东选集》，2 版，第 1 卷，15～16 页。

[8] 参见《毛泽东文集》，第 6 卷，418～419 页。

[9] 参见《毛泽东文集》，第 7 卷，41～44 页，北京，人民出版社，1999。

[10]《马克思恩格斯选集》，2 版，第 1 卷，85 页。

[11] 它的典型说法是，"乡社合一，实际和巴黎公社差不多，经济组织和政权组织合一"。吴芝圃：《论人民公社》，载《中国青

年报》，1958 - 06 - 16。

[12] 参见《工作方法六十条》（草案），《毛泽东文集》，第 7
卷，352 页。

[13] Schram, ed., *Mao Unrehearsed*, pp. 145-146.

[14] Ibid., p. 139.

[15] Ibid., pp. 170-173.

[16] Ibid., p. 175.

[17] Ibid., pp. 174-175.

[18] Ibid., p. 16.

[19] Ibid., p. 189.

[20] Ibid., p. 149.

[21] 参见《毛泽东选集》，2 版，第 4 卷，1438～1439 页。

[22] Schram, ed., *Mao Unrehearsed*, p. 288.

[23] 参见本书第三章，94～96 页。

[24] 参见《毛泽东思想万岁》，台北 1969 年版，333～334 页。

[25] 以上引文见 Schram, ed., *Mao Unrehearsed*, pp. 118-
119。

[26] Ibid., p. 264.

[27] Ibid., pp. 119-120.

[28] Ibid., p. 207.

[29] Ibid., pp. 210-211.

[30] Ibid., p. 140.

[31] 参见《毛泽东选集》，2 版，第 1 卷，299～337 页。

[32]《毛泽东文集》，第 7 卷，41 页。

[33] 同上书，230 页。

[34] [35] [37] 同上书，352 页。

[36] 汪东兴：《汪东兴回忆——毛泽东与林彪反革命集团的斗
争》，109 页，北京，当代中国出版社，1997。

[38] 参见《马克思恩格斯全集》，中文 1 版，第 4 卷，198 页。

[39] Robert C. Tucker, "Marx and Distributive Justice," in

Robert C. Tucker, *The Marxian Revolutionary Idea*, New York：Norton，1969，p. 52.

［40］《马克思恩格斯全集》，中文1版，第4卷，146页。

［41］《毛泽东文集》，第7卷，35页。

［42］Schram，ed.，*Mao Unrehearsed*，p. 110.

［43］Ibid.，p. 228.

［44］See Robert C. Tucker，"The Deradicalization of Marxist Movements," in Tucker，*Marxian Revolutionary Idea*，pp. 172-214.

［45］Ralf Dahrendorf，"Out of Utopia：Toward a Reorientation of Sociological Analysis," in George Kateb，ed.，*Utopia*，New York：Atherton Press，1971，p. 106.

［46］Kateb，ed.，*Utopia*，p. 8.

［47］See H. G. Wells，*A Modern Utopia*（1905），quoted in Kateb，ed.，*Utopia*，p. 9.

第八章　乌托邦的形式化：毛泽东主义时代后的中国马克思主义

［1］Robert Michels，*Political Parties*，Glencoe，Ⅲ.：The Free Press，1949，p. 391.

［2］See Crane Brinton，*The Anatomy of Revolution*，rev. ed.，New York：Vintage，1965，pp. 205-236.

［3］See Robert C. Tucker，"The Deradicalization of Marxist Movements," in Robert C. Tucker，*The Marxian Revolutionary Idea*，New York：Norton，1969，pp. 172-214.

［4］Barrington Moore，*Social Origins of Dictatorship and Democracy*，Boston：Beacon Press，1966，p. 505.

［5］Kenneth Allsop，*The Spectator*，March 1959，as quoted in James H. Mcisel，*Counter-Revolution*，New York：Atherton，1966，p. Xⅱ.

［6］Isaac Deutscher，*The Unfinished Revolution：Russia 1917—1967*，London：Oxford University Press，1967，p. 27.

[7]《毛泽东诗词选》，131 页，北京，人民文学出版社，1986。

[8]《伟大的转变和历史唯物主义的重要课题》（评论员文章），载《哲学研究》，1979（2）。

[9] 参见薛暮桥：《研究和运用社会主义经济发展的客观规律》，载《经济研究》，1979（6）。

[10] 参见薛暮桥：《研究和运用社会主义经济发展的客观规律》，载《经济研究》，1979（6）。

[11] 李银河、林春：《试论我国建设社会主义时期反封建残余的斗争》，载《历史研究》，1979（9）。

[12] 中国社会科学院哲学研究会上的讨论，北京，1980 年 6 月 25 日。根据原文译出，暂未查到中文版。——编者注

[13] 薛暮桥：《研究和运用社会主义经济发展的客观规律》。

[14]《人民日报》，1980 - 06 - 19。

[15][17] 中国社会科学院哲学研究会上的讨论，北京，1980 年 6 月 25 日。根据原文译出，暂未查到中文版。——编者注

[16]《中国阶级状况的根本变化》，载《北京周报》，1979 - 11 -23。

[18] Wilbert E. Moore, "The Utility of Utopias," *American Sociological Review* 31, 1966：767.

[19] 参见李银河、林春：《试论我国建设社会主义时期反封建残余的斗争》。

[20] 中华人民共和国国史学会编：《毛泽东读社会主义政治经济学批注和谈话》（清样本），145 页。

[21][22] 李银河、林春：《试论我国建设社会主义时期反封建残余的斗争》。

[23][25] 参见《论封建意识》（评论员文章），载《文汇报》，1979 - 09 - 16。

[24] 李银河、林春：《试论我国建设社会主义时期反封建残余的斗争》。

[26] 中国社会科学院哲学研究会上的讨论，北京，1980 年 6

月 25 日。根据原文译出，暂未查到中文版。——编者注

[27] 参见李银河、林春：《试论我国建设社会主义时期反封建残余的斗争》。

[28]《论封建意识》（评论员文章），载《文汇报》，1979-09-16。

[29] 参见孙叔平：《试论社会主义社会的基本矛盾》，载《学术月刊》，1977（7）。

[30] 参见毛泽东：《在最高国务会议上的讲话》，1958 年 1 月 28 日，引文转引自 *Chinese Law and Government* 1.4：10-14。

[31] 参见王锐生等：《漫谈社会主义社会的特点和性质》，载《经济研究》，1977（10）。

[32] 参见《论目前的阶级和阶级斗争》（评论员文章），载《解放日报》，1979-07-23。

[33] 参见孙叔平：《试论社会主义社会的基本矛盾》，载《学术月刊》，1977（7）。

[34] 王锐生等：《漫谈社会主义社会的特点和性质》。

[35] 吴江：《正确处理人民内部矛盾是一个总题目》，载《红旗》，1979（2）。

[36]《毛泽东文集》，第 7 卷，210 页。

[37] 毛泽东：《对陈正人同志蹲点报告的批示》，1965 年 1 月 29 日。

[38] 参见马彦文：《无产阶级与官僚主义阶级——学习毛主席重要指示的体会之四》，载《北京大学学报》，1976（4）。

[39]《中国共产党中央委员会主席华国锋同志在第二次农业学大寨会议上的讲话》，载《红旗》，1977（1）。

[40]《伟大的转变和历史唯物主义的重要课题》（评论员文章），载《哲学研究》，1979（2）。

[41] 韩光（译音）：《论现代化工业的发展》，载《北京周报》，1979-03-23。

[42] 薛暮桥：《研究和运用社会主义经济发展的客观规律》。

[43] 孙叔平：《试论社会主义社会的基本矛盾》。

[44]《马克思恩格斯选集》，2 版，第 1 卷，55 页。

[45] Karl Marx, *Selected Writings in Sociology and Social Philosophy*, T. B. Bottomore and Maxmilian Rubel, eds., London: Watts, 1956, p. 63.

[46] 1980 年邓小平接见一个罗马尼亚代表团时的讲话，载《纽约时报》，1980 - 12 - 30。无中文公开版本，按原文译出。——编者注

[47] Fox Butterfield, "Apathy Replaces Idealism among Chinese," *New York Times*, 30 December 1980, p. 1.

参考文献（一）

乌托邦主义

学术界对乌托邦及乌托邦思维模式已经进行了长时期连续不断的研究，然而，没有一本能比新近出版的这本书在质和量上论述得更为丰富的了，那就是由 Frank E. Manuel 和 Fritzie P. Manuel 写的 *Utopian Thought in the Western World*（Cambridge，Mass.：Harvard University Press，1979）。就采用多角度的学术研究方法对乌托邦主义进行研究而言，一个具有代表性的范例是由 Frank E. Manuel 主编的 *Utopias and Utopian Thought*（Boston：Beacon Press，1963）。其他有影响的著作包括：

Lewis Mumford.（1962），*The Story of Utopias*. New York：Viking Press.

Joyce O. Hertzler.（1963），*The History of Utopian Thought*. New York：Macmillan.

Norman Cohn.（1961），*The Pursuit of the Millennium*. New York：Harper & Row.

J. L. Talmon.（1965），*The Origins of Totalitarian Democracy*. New York：Praeger.

J. L. Talmon.（1960），*Political Messianism*. New York：Praeger.

George Kateb, ed.（1971），*Utopia*. New York：Atherton.

Peter Worsley.（1969），*The Trumpet Shall Sound*. New York：Schocken Books.

Michael Walzer.（1965），*The Revolution of the Saints*. Cambridge，

Mass.：Harvard University Press.

Wilbert E. Moore. (1966)，"the Utility of Utopias," *American Sociological Review*，31：765-772.

就乌托邦思维模式进行卓有成效的理论展望的著作，参见：

Max Weber. (1963)，*The Sociology of Religion*. Boston：Beacon Press.

Karl Mannheim. (1952)，*Ideology and Utopia*. New York：Harcourt Brace.

Sheldon S. Wolin. (1960)，*Politics and Vision*. Boston：Little, Brown & Co.

论述中国传统中的乌托邦格调的著作包括：

Wolfgang Bauer. (1976)，*China and the Search for Happiness*. New York：The Seabury Press.

Fredric Wakeman. *History and Will*.

Vincent Shih. (1967)，*The Taiping Ideology*：*Its Sources, Interpretations and Influences*. Seattle：University of Washington Press.

Hisiao Kung-chuan. (1968)，*In and Out of Utopia*：*K'ang Yu-wei's Social Thought*. Seattle：Far Eastern and Russian Institute, University of Washington.

Jean Chesneaux. (1968)，"Egalitarian and Utopian Traditions in the East," *Diogenes*，62：76-102.

论中国传统思想中乌托邦主义的相对缺乏，参见：

Max Weber. (1951)，*The Religion of China*，translated and edited by Hans H. Gerth，Glencoe, Ill.：The Free Press.

马克思主义和乌托邦主义

马克思和恩格斯在乌托邦思维模式上的主要论断是：

Karl Marx and Friedrich Engels. (1950)，"The Manifesto of the Communist Party," Part III，in Marx and Engels，*Selected Works*， vol. 1，Moscow：Foreign Languages Publishing House.

Engels，"Socialism：Utopian and Scientific"，in Marx and Engels，*Selected Works*，vol. 2.

正统马克思主义者对近代第一个乌托邦思想家的评价，参见：

Karl Kautsky. (1927)，*Thomas More and His Utopia*. New York：International Publishers.

论及马克思主义者理论中的乌托邦主义的主要解释性著作包括：

George Lichtheim. (1961)，*Marxism：An Historical and Critical Study*. New York：Praeger.

Shlomo Avineri. (1968)，*The Social and Political Thought of Karl Marx*. Cambridge：Cambridge University Press.

Robert C. Tucker. (1961)，*Philosophy and Myth in Karl Marx*. Cambridge：Cambridge University Press.

Robert C. Tucker. (1969)，*The Marxian Revolutionary Idea*. New York：Norton，especially chapters 1 and 7.

Erich Fromm. (1961)，*Marx's Concept of Man*. New York：Frederick Ungar.

Ernst Bloch. (1968)，*Das Prinzip Hoffnung*，3 vols. Frankfort am Main：Suhrkamp.

Herbert Marcuse. (1970)，*Five Lectures：Psychoanalysis，Politics and Utopia*. Boston：Beacon Press.

Bertell Ollman. (1977)，"Marx's Vision of Communism：A Reconstruction," in Seweryn Bialer，ed.，*Radical Visions of the Future*. Boulder，Colo.：Westview Press，pp. 35-83.

Adam Ulam. (1965)，"Socialism and Utopia," *Daedalus* 94 Spring. pp. 382-400.

Stanley Moore. (1969)，"Utopian Themes in Marx and Mao," *Monthly Review*，21. 2 June：pp. 33-44.

乌托邦社会主义和民粹主义

有关乌托邦社会主义的历史及它与马克思主义的联系参见：

G. D. H. Cole. (1953), *Socialist Thought：The Forerunners 1789—1850*. London：Macmillan.

George Lichtheim. (1969), *The Origins of Socialism*. New York：Praeger.

Martin Buber. (1958), *Paths in Utopia*, Boston：Beacon Press. 这是一部对乌托邦社会主义传统极有说服力的现代论著。

论及俄国民粹主义的著作包括：

Franco Venturi. (1966), *Roots of Revolution*. New York：Grosset & Dunlap.

Leopold Haimson. (1955), *The Russian Marxists and the Origins of Bolshevism*. Cambridge，Mass.：Harvard University Press.

Richard Wortman. (1967), *The Crisis of Russian Populism*. London：Cambridge University Press.

有关马克思主义者和民粹主义者之间思想的交互作用，参见：

A. Walicki. (1969), *The Controversy Over Capitalism*. Oxford：Clarendon Press.

两本关于民粹主义多样性的重要论著是：

Ghita Ionescu and Ernest Gellner, eds. (1969), *Populism*. New York：Macmillan.

Peter Worsley. (1970), *The Third World*. Chicago：University of Chicago Press.

参考文献（二）

有大量主要论述"马克思主义"、"毛泽东主义"和"乌托邦主义"的文献，但很少有论及三者之间内在联系的著作。下面开列的书目只是与这本书论题相关的个人论著选编，建议读那些以马克思主义者的视角比较深入地探寻马克思主义者的乌托邦思想方面的书籍，或者读那些寻求与前面章节不同解释的书籍。

毛泽东的论著

《毛泽东选集》（1926—1957）有五种官方版本，由北京外文出版社以英文出版的有1965年和1977年两个版本。除了没有吸收毛泽东的早期作品和1957年后他的许多较重要的作品外，官方版本还删除了1926—1957年他的许多作品并更改了许多作品的原文，这种删改是为了掩饰毛泽东思想中更多的乌托邦因素。目前，中国不打算出版毛泽东全集，因此在可预见的将来看到辑录1957年后作品的第六本毛泽东选集似乎是不可能的了，而恰恰是1957年以后的作品最充分地展现出了毛泽东主义者心理状态上的乌托邦特征。

在一定程度上讲，官方选集的这些缺陷被海外出版的几本书所弥补，大约300页从毛泽东1917年到20世纪60年代中期作品中的选粹由原文译出并被收录在这本书中：Stuart R. Schram, *The Political Thought of Mao Tse-tung*，New York：Praeger，1969，修订扩充版。大量1957年后的作品和演讲稿被编辑在：*Jerome Ch'en in Mao Papers*，London：Oxford University Press，1970。26篇从1956年到1971年的文章被编译在：Stuart Schram，ed.，*Chairman Mao Talks to the People*，New York：Pantheon，1975。后者

最初在英国以这个书名出版: *Mao Tse-tung Unrehearsed*: *Talks and Letters*: *1956—1971*, Penguin, 1974。

官方未授权的毛泽东作品在"文化大革命"中被有效利用, 1967 年和 1969 年在台北以《毛泽东思想万岁》为书名重印, 这些文章的一些英译本能在"共产主义者中国译丛"中找到。特别有意义的是毛泽东 1959 年 12 月 10 日至 1960 年 2 月 9 日读苏联《政治经济学教科书》下册的谈话记录稿, 被翻译并载于 *Publications Research Service* 61269-2: pp. 247-313。

毛泽东 1949 年以后的作品英文译文有个非常有用的文献指南被编辑在 John B. Starr and Nancy A. Dyer 的这本书中: *Post-li-beration Works of Mao Zedong*: *A Bibliography and Index*, Berkeley: University of California, Center for Chinese Studies, 1976。

毛泽东 1949 年以前作品的一个相对完整的中文版本是 1970 年在日本出版的: *Mao Tse-tung Chi*, Tokyo: Mo Takuto Bunken Shiryo Kenyukai, 1970。出版中英文完整版本的毛泽东著作的计划由布朗大学 Kan Ying-Mao 教授实施。

毛泽东主义

以下几本毛泽东传记分析了毛泽东的思想和生平:

Stuart R. Schram. (1967), *Mao Tes-tung*. New York: Simon and Schuster.

Jerome Ch'en. (1965), *Mao and the Chinese Revolution.* London: Oxford University Press.

Ross Terrill. (1980), *Mao*. New York: Harper & Row.

论及马克思主义的本质及马克思主义同马列主义者传统间的关系的主要作品有:

Benjamin I. Schwartz. (1951), *Chinese Communism and the Rise of Mao*. Cambridge, Mass.: Harvard University Press.

Stuart R. Schram. (1969), *The Political Thought of Mao Tsetung*. New York: Praeger.

Stuart R. Schram. *Mao Tse-tung*.

Frederic Wakeman. (1973), *History and Will: Philosophical Perspectives of Mao Tse-tung's Thought*. Berkeley: University of California Press.

John B. Starr. (1979), *Continuing the Revolution: The Political Thought of Mao*. Princeton, N. J.: Princeton University Press.

Maurice Meisner. (1977), *Mao's China: A History of the People's Republic*. New York: The Free Press.

Benjamin I. Schwartz. (1968), *Communism and China: Ideology in Flux*. Cambrige, Mass.: Harvard University Press.

Franz Schurmann. (1968), *Ideology and Organization in Communist China*. Berkeley: University of California Press.

James Peck and Victor Nee, eds. (1975), *China's Uninterrupted Revolution*. New York: Pantheon.

Stuart Schram. (1963), La *"revolution permanente" en Chine*. Paris: Mouton.

Helene Carrere d'Encausse and Stuart R. Schram. (1969), *Marxism and Asia*. London: Allen Lane.

K. S. Karol. (1967), China: *The Other Communism*. New York: Hill & Wang.

Paul M. Sweezy and Charles Bettelheim. (1971), *On the Transition to Socialism*. New York: Monthly Review Press.

Raya Dunayevskaya. (1973), *Philosophy and Revolution*. New York: Dell.

Stuart R. Schram. (1973), "The Cultural Revolution in Historical Perspective," in Schram, ed., *Authority, Participation and Cultural Change in China*. Cambridge: Cambridge University Press.

James C. Hsiung, ed. (1974), *The Logic of "maoism"*. New York: Praeger.

Dick Wilson, ed. (1977), *Mao Tse-tung in the Scales of*

History. Cambridge：Cambridge University Press.

论及西方各种各样不同观点和解释的典范，参见 "Symposium on Mao and Marx," *Modern China*，2.4（October 1976）and 3.1，2，4（January，April，October，1977）。

毛泽东以后中国人对毛泽东的评价和对 "毛泽东思想" 的重新定位体现在 1981 年 6 月 27 日至 29 日召开的中国共产党十一届六中全会上，更确切地说，体现在《关于建国以来党的若干历史问题的决议》中。参见 *Beijing Review*，27（July 6，1981）：10-39。

马克思主义的典型的苏联看法请参见：

F. V. Konstantinov et. al.（1972），*A Critique of Mao Tse-tung's Theoretical Conceptions*. Moscow：Progress Publishers.

关于青年毛泽东的早期思想发展历程，参见：

Angus W. McDonald.（1978），*Urban Origins of Rural Revolution*. Berkeley：University of California Press.

Jerome Ch'en. *Mao and the Chinese Revolution*.

Stuart R. Schram. *Mao Tse-tung*.

Frederic Wakeman. *History and Will*.

后三本书揭示了中国传统思想对毛泽东主义发展演变的影响。

另有一本书也强调了这一点：

Wolfgang Bauer.（1976），*China and the Search for Happiness*. New York：The Seabury Press.

列宁对民粹主义者意识形态的批判，参见：

V. I. Lenin.（1960），"The Economic Content of Narodism," *Collected Works*，vol. 1. Moscow：Foreign Languages Publishing House，pp. 333-507.

"A Characterisation of Economic Romanticism" and "the Heritage We Renounce," *Collected Works*，vol. 2，pp. 129-265 and 491-534.

马克思主义、毛泽东主义与现代化重要的理论文献包括：

Adam Ulam.（1960），*The Unfinished Revolution*. New York：Random House.

Alexander Gerschenkron. （1965），*Economic Backwardness in Historical Perspective*. New York：Praeger.

Herbert Marcuse. (1958)，*Soviet Marxism*. New York：Columbia University Press.

Barrington Moore. （1950），*Soviet Politics-The Dilemma of Power*. Cambridge，Mass.：Harvard University Press.

Robert C. Tucker. *The Marxian Revolutionary Idea*，chapter 4.

Charles Bettelheim. (1976)，*Class Struggles in the U. S. S. R.：First Phase，1917—1923*. New York：Monthly Review Press.

Paul Baran. （1957），*The Political Economy of Growth*. New York：Marzani and Munsell.

John G. Gurley. （1976），*Challengers to Capitalism：Marx，Lenin，and Mao*. San Francisco：San Francisco Book Co..

Stephen Andors. （1977），*China's Industrial Revolution*. New York：Pantheon.

Benjamin Schwartz. (1965)，"Modernization and the Maoist Vision，" *China Quarterly* 21 （January-March）：3-19.

James Peck. (1975)，"Revolution versus Modernization and Revisionism"，Victor Nee and James Peck，*China's Uninterrupted Revolution*. New York：Pantheon，pp. 57-217.

Carl Riskin. (1975)，"Maoism and Motivation，" Nee and Peck，eds.，*China's Uninterrupted Revolution*，pp. 415-461.

论个人崇拜

经典的马克思主义者论点，参见：

Karl Marx，"The Eighteenth Brumaire of Louis Bonaparte，" Marx and Engels. *Selected Works*，vol. 1，pp. 221-311.

George Plekhanov. （1940），*The Role of the Individual in History*. New York：International Publishers.

Antonio Gramsci. （1971），"The Modern Prince" and "State and

Civil Society" in *Selections from the Prison Notebooks of Antonio Gramsci*. New York: International Publishers, pp. 123-276.

其他相关的作品和文件包括:

Max Weber. *The Sociology of Religion*.

Geoffrey Nelson. (1968), "The Concept of Cult," *The Sociological Review* 16. 3: pp. 351-362.

Isaac Deutscher. (1949), *Stalin: A Political Biography*. New York: Oxford University Press.

Nikita Khrushchev. (1956), "Speech at the Twentieth Congress of the Soviet Communist Party", English translation in *The Anti-Stalin Campaign and International Communism*. edited by the Russian Institute Columbia University, New York: Columbia University Press, pp. 1-89.

Isaac Deutscher. (1966), "Khrushchev on Stalin" in Deutscher, *Ironies of History*. London: Oxford University Press, pp. 3-17.

On the Historical Experience of the Dictatorship of the Proletáriat. Peking: Foreign Languages Press, 1961.

Frederic Wakeman. *History and Will*. chapters 1-6.

Adrian Hsia. (1972), *The Chinese Cultural Revolution*. New York: The Seabury Press.

Robert C. Tucker. (1979), "The Rise of Stalin's Personality Cult," *American Historical Review* (*April*): 114-145.

Leonard Schapiro and John W. Lewis. (1970), "The Roles of the Monolithic Party under the Totalitarian Leader," in John W. Lewis, ed. , *Party Leadership and Revolutionary Power in China*. Cambridge: Cambridge University Press, pp. 114-145.

Edgar Snow. (1972), *The Long Revolution*. New York: Random House.

Robert Jay Lifton. (1968), *Revolutionary Immortality*. New York: Random House.

David Milton and Nancy Dall Milton. (1976)，*The Wind Will Not Subside：Years in Revolutionary China：1964—1969*. New York：Pantheon.

Stuart R. Schram. (1969)，"The Party in Chinese Communist Ideology," *China Quarterly* 38 (April. June)：pp. 1-26.

Benjamin Schwartz. (1968)，"The Reign of Virtue：Some Broad Perspectives of Leader and Party in the Cultural Revolution," *China Quarterly* 35 (July-September)：pp. 1-17.

Central Committee of the Communist Party of China. (1981)，"Resolution on Certain Questions in the History of Our Party Since the Founding of the People's Republic of China" (27 June) .

保守与反激进

其中重要的理论性和历史性著作有：

Crane Brinton. (1965)，*The Anatomy of Revolution*. revised edition，New York：Vintage.

Robert Michels. (1949)，*Political Parties*. Glencoe，Ill. ：The Free Press.

Adam Ulam. *The Unfinished Revolution*.

Robert C. Tucker. *The Marxian Revolutionary Idea*，especially chapter 6.

James H. Meisel. (1966)，*Counter-Revolution*. New York：Atherton.

Paul M. Sweezy. (1980)，*Post Revolutionary Society*. New York：Monthly Review Rress.

Leon Trotsky. (1937)，*The Revolution Betrayed*. New York：Merit Publications.

Isaac Deutscher. (1965)，*The Prophet Unarmed：Trotsky，1921—1929*. New York：Vintage.

The Unfinished Revolution，Russia 1917—1967. London：

Oxford University Press，1967.

Barrington Moore. *Soviet Politics-The Dilemma of Power.*

Moshe Lewin. (1968)，*Lenin's Last Struggle.* New York：Pantheon.

Charles Bettelheim. (1978)，*Class Struggles in the USSR：Second Period，1923—1930.* New York：Monthly Review Press.

Milovan Djilas. (1957)，*The New Class.* New York：Praeger.

Ezra Vogel. (1967)，"From Revolutionary to Semi-Bureaucrat：The 'Regularization' of Cadres," *China Quarterly* 29 （January-March）：pp. 36-60.

Charles Bettelheim. (1978)，"The Great Leap Backward," *Monthly Review* 30. 3 （July-August）：pp. 37-130.

索 引

（所注页码为英文原书页码，即本书边码）

A

Advantages of backwardness：Maoist belief in 落后的优势：毛泽东主义
　　者的信念 58，60，96，101～103，199～201，216，222～223

Russian Populist notion of 俄国民粹主义者的观念 81，82，101

Lenin on 列宁论 87

Anti-intellectualism：of utopian socialists 反知识分子主义：乌托邦社会
　　主义者的 46～47

　　of Russian Populists 俄国民粹主义者的 83

　　of Mao 毛泽东的 97，103，200～201，202

Anti-traditionalism：in utopian mentalities 反传统主义：在乌托邦意识形
　　态中 22

　　in Maoism 在毛泽东主义中 114，124～125，127～150，169，175，
　　207～208

　　in Marxism 在马克思主义中 150

Anti-urbanism：and utopian socialism 反城市主义：与乌托邦社会主义
　　42～48

　　and Maoism 与毛泽东主义 61～72，97，99，100，138，177～179，
　　199，200，202

　　in contemporary socialist ideologies 在当代社会主义者意识形态中 72～74

　　and Russian Populism 与俄国民粹主义 83，100

　　and Catonism 与卡顿主义 114

Anti-Utopianism：in contemporary social thought 反乌托邦主义：在当代
　　社会思想中 viii～ix，13～20

in post-Maoist Chinese Maxism　在毛泽东以后的中国马克思主义中 217~239

Arendt Hanna　汉纳·阿伦特，　14

Asceticism：in Utopian Socialism　禁欲主义：在乌托邦社会主义中　47

　　Marx on　马克思论　47，47n

　　in Maoism　在毛泽东主义中　119~131，150，201，207

B

Babouvism　巴贝夫主义　42~53

Bendix，Reinhard　莱因哈德·本迪克斯　23

Berlin，Isaiah　艾赛亚·伯林　86

Bonapartism　波拿巴主义，　214

Marx on　马克思论　34，74，179~180

Brinton，Crane　克雷·布林顿　213

Buber，Martin　马丁·布伯　45，60，136，237

Buonarroti，Philippe Michel　菲利普·米歇尔·包纳罗蒂　42~43

C

Cabet，Étienne　埃蒂耶纳·卡贝尔44

Caesarist-type dictatorships：Marx on 恺撒式专政：马克思论　34

Calvinism　加尔文主义　120~121，124，128

Campanella　康帕内拉　8

Capitalism：and Utopian Socialists 资本主义：与乌托邦社会主义者　8，10~13，29，38~48

　and Socialism　与社会主义　27，29~30，215

　Marx and Marxist Views on　马克思和马克思主义者观点　32~38，41，74，130，201，215

　Lenin on　列宁论　48~52，53，87，93，116n，201

　Mao on　毛泽东论　52~61，65，103，111，195~197，205，206，222~223

　Russian Populists on　俄国民粹主义者论　79~82，113~114

　and Populism　与民粹主义　112~115

and Catonism　与卡顿主义　114～115

and ascetic values　与苦行主义价值观　120，130

and anti-traditionalism　与反传统主义　124

in Post-Mao Chinese Marxist theory　在毛泽东以后的中国马克思主义者
理论中　223～225

Carr, Edward Hallett　爱德华・哈利特・卡尔　16，154

Castroism　卡斯特罗主义　72～73，74

Catonism　卡顿主义　114～115

Ch'en Po-ta　陈伯达　160n

Ch'en Yi　陈毅　160～161

Chernyshevsky　车尔尼雪夫斯基　78，83，89，101，115

Chiang K'ai-shek　蒋介石　157

Chinese Communist Party：Critique of Mao's Utopianism　中国共产党：对
毛泽东乌托邦主义的批判　vii-viii

　　Mao's attitudes towards and conflicts with　毛泽东的态度倾向和矛盾之
处　77，104～107，108，109，110，145～146，152，156～175，
196，230

　　mentioned　提及　59，66，68，95，119，139，155，156，224

Chou En-lai　周恩来　179

Chuang Tzu　庄子　6

Ch'ü Ch'iu-pai　瞿秋白　116

Chu Teh　朱德　157～158，158n

Class Struggle：Marx on　阶级斗争：马克思论　7，12，34，40

　　Lenin on　列宁论　87

　　Mao on　毛泽东论　97，196～197，203～205，230～231

　　deemphasis on in post-Maoist　Chinese Marxist theory　毛泽东后的中国
马克思主义者理论中不再强调　221，228～231

Cohn, Norman　诺曼・科恩　14

Collectivization（of agriculture）：in Soviet Union　集体化（农业的）：在苏
联　52，182

　　in China　在中国　140，156，160～161，173，176，190，191

Communes　公社　67～70，98～99，141～145，177，192，193，194

see also Paris Commune　也参见巴黎会社

Confucianism　儒家思想　5，61～62，207

Cultural Revolution：and Paris Commune　文化大革命：与巴黎公社
133，134～135，145～151

　and dictatorship of the Proletariat　与无产阶级专政　141～154 页到处可见

　and Mao Cult　与毛泽东崇拜　156，157，165，166，167～171，173，
178～179

　mentioned　提及　vii，xi，23n，71，77，99，100，102，103，105，
106，196～197，231，238

D

Dahrendorf, Ralf　拉尔夫·达朗多夫　210

Debray, Regis　雷吉斯·德布雷　72n

Deutscher, Isaac　艾萨克·多伊彻　76，214

Dictatorship of the Proletariat：and Maoism　无产阶级专政：和毛泽东主
义　69，139～154

　Populist Critique of　民粹主义者的批判　85

　and Leninism　与列宁主义　92，143

　Marx on　马克思论　132～139，143～153

　and Paris Commune　与巴黎公社 133～134，136～148，193

　and post-Maoist Chinese Marxism　和毛泽东以后的中国马克思主义
228

Djilas，Milovan　米洛凡·德热拉斯　231

E

Economic Determinism：in post-Maoist Chinese Marxism　经济决定论：在
毛泽东以后的中国马克思主义中　218～221，226～232，234～236

Engels, Friedrich：on utopian socialists　弗里德里希·恩格斯：论乌托邦
社会主义者　8，9，10～12，39～40

　on town and countryside　论城乡关系　30

　on peasants　论农民　34

on state 论国家 35

on preconditions for socialism 论社会主义的先决条件 37

on Paris Commune 论巴黎公社 144，147

mentioned 提及 7，80，174

Enlightenment：and utopianism 启蒙运动：与乌托邦主义 4，6，14

Erfurt Program 爱尔福特纲领 144

Evolutionary Conception of History：and European Marxism 历史进化论：与欧洲马克思主义 26，88

and post-Maoist Chinese Marxism 与毛泽东以后的中国马克思主义 220～222，226～232，237～238

F

Fanon，Frantz 弗朗茨·范农 72，73

Feudal-Fascism 封建法西斯主义 vii，181～182，225

First Five Year Plan（1953—1957）第一个五年计划 67，176，188～189，191

Fourier，Charles 查尔斯·傅立叶 8，10，39，44，46

Four Modernizations 四个现代化 viii，229，232～236

Franklin，Benjamin 本杰明·富兰克林 200

G

Gang of Four 四人帮 181，218，220，225

Gaulle，Charles de 查尔斯·戴高乐 132

Gorky，Maxim 马克西姆·高尔基 200

Great Leap Forward campaign：and Maoist utopianism "大跃进"运动：与毛泽东乌托邦主义 67～71，190～196

and Paris Commune 与巴黎公社 141～145

and Mao cult 与毛泽东崇拜 156，163～165，176，177，190

mentioned 提及 vii，23n，100，106，141

Gurian，Waldemar 沃尔德马·格里恩 18

H

Herzen，Alexander 亚历山大·赫尔岑 78，81n，82，83，84，101，

115

Hugo, Victor 维克多·雨果 20

Hundred Flowers campaign "百花齐放"运动 162～163，190，191

J

Jacobinism 雅各宾主义 14，85，92，136，143，214

K

Kateb, George 乔治·凯特伯 210

Kautsky, Karl 卡尔·考茨基 5，25，86，136

Khrushchev: speech on Stalin 赫鲁晓夫（谈斯大林） 155，156，162

   Mao on 毛泽东论 166

Kropotkin 克鲁泡特金 46～47

Kuan Feng 关锋 142

L

Lenin, V. I. (and Leninism): and utopian socialism 弗·伊·列宁（与列宁主义）：与乌托邦社会主义 12n

   utopianism of 乌托邦主义的 19～20，26，137，187

   on relationship between town and countryside 论城乡关系 48～52，53

   on capitalism 论资本主义 48～52，53，87，93，116n，201，223

   on peasantry 论农民阶级 50～51，86～87

   on proletariat 论无产阶级 50～51，86～87，88～92，152

   and Stalinism 与斯大林主义 51～52，56n

   and Maoism 与毛泽东主义 76～78，94，96～117页到处可见，163

   and Russian Populism 与俄国民粹主义 86～93，113～114，115～116

   and Paris Commune 与巴黎公社 137，138，143，146；

   mentioned 提及 72，75，95，139，156，174，193，199

Levenson, Joseph 约瑟夫·莱弗森 140

Lewis, John 约翰·刘易斯 65～66，172

Lichtheim, George 乔治·利希特海姆 20，39～40，44

Lin Piao 林彪 134，165～166，181，218，220，225

Li Ta-chao 李大钊 63，95，96，174n

Liu Hsiu 刘秀 200

Liu Pang 刘邦 200

Liu Shao-ch'i 刘少奇 71，159，159n，162，174n，197

Long March 长征 157，165

Luxemburg, Rosa 罗莎·卢森堡 91~92

M

Mannheim, Karl 卡尔·曼海姆 4，27

Mao Tse-tung（and Maoism）：post-Maoist Chinese Marxist critique of 毛泽东（和毛泽东主义）：毛泽东以后中国马克思主义者批判的 vii~viii，217~239 页到处可见

　Utopianism of 乌托邦主义的 vii~x，13，27，20，26~27，29，67~72，118~131，163，184~211，215~217

　on relationship between town and countryside 论城乡关系 28~30，54，61~72，98~99，100，108，109，152，159，176~179，182，193，198，199，200，202

　on Capitalism 论资本主义 52~61，65，103，111，195~197，205，206，222~223

　affinities with utopian socialism 与乌托邦社会主义的密切关系 52~72

　on peasantry 论农民阶级 57，58，63~72，96~100，108，113，116，138，138，140，152，190~193，199，200，201，202，225

　on proletariat 论无产阶级 58，59，61，65，72，99~100，113，138，142，151~152

　on advantages of backwardness 论落后的优势 58，60，96，101~103，199~201，216，222~223

　anti-urbanism of 反城市主义的 61~72，97，99，100，138，177~179，199，200，202

　on dictatorship of Proletariat 论无产阶级专政 69，139~154

　and Leninism 与列宁主义 76~78，96~117 页到处可见，148，187

　and relationship with Chinese Communist Party 与中国共产党的关系 77，104~107，108，109，110，145~146，152，156~175，196，

230

populist strains in　民粹主义者论调　84，86，94～117

and dilemma of means and ends 目标与手段的矛盾　107～111，116，121～122，126～127，192，201～203，216，234

anti-traditionalism of　反传统主义的　114，124～125，127，150，169，175，207～208

ascetic values of　苦行价值观的　119～131，150，201，207

and Paris Commune　与巴黎公社 132～154 页到处可见

cult of　崇拜的　156～183，209

pre-1949 vision of Communism　1949 年以前的共产主义幻想　184～186

postponement of utopian goals　乌托邦目标的延期　186～187，188～190

post-1949 vision of Communism　1949 年以后的共产主义幻想　190～211，219

dystopian strains in　非理想化论调　193，194，203～207，209，211

on stages of Socialism　论社会主义阶段　227，228

on bureaucratic class　论官僚阶层　230～231

mentioned　提及　23n，89，232，236～237，239

Manuel Frank E. and Fritzie P.　弗兰克·曼纽尔和弗里奇·曼纽尔　viii，16～17n，24～25n

Marx, Karl: Marxism as an ideology of modernization　卡尔·马克思：作为现代化意识形态的马克思主义 viii～ix，26～27，215～239 页到处可见

and Utopian goals　与乌托邦目标　6～13，17～18，25，26～29，127，131，136，153，191～193，198

critique of utopian socialism　对乌托邦社会主义的批判　6～13，37～40，47

on class struggle　论阶级斗争　7，12，34，40

on proletariat　论无产阶级　8，10，11，32～38，80，88，138，142，148，151

on relationship between town and countryside　论城乡关系　28～38，143，152

on peasantry 论农民阶级 32~35，182

on capitalism 论资本主义 32~38，41，74，130，201，215

on personality cults 论个人崇拜 34，179~180；

on preconditions for socialism 论社会主义的先决条件 34~41，187，
    201，251，236

influence on Russian Populists 对俄国民粹主义者的影响 79~80

interpretation of Paris Commune 巴黎公社的说明 132，133，134，
    135，136，138~139，143~144，146~153

quoted 转述 169，183，237

vision of Communism contrasted with Mao's 共产主义理想与毛泽东理
    想之比较 197~208

on transformation of human beings 论人类的改造 236

mentioned 提及 111，116，174，219，226

Marxist utopian goals and Maoism（see Mao Tse-tung） 马克思主义者的
    乌托邦目标与毛泽东主义（参见毛泽东）

Mass Education Speech Corps 平民教育讲演团 95

Means and Ends，dilemma of：in utopian socialism 目标与手段的两难困
    境：在乌托邦社会主义中 8

and utopianism 与乌托邦主义 18~19

and populism 与民粹主义 84~86

and Leninism 与列宁主义 91~93

and Maoism 与毛泽东主义 107~111，116，121~122，126~127，
    192，201~203，216，234

in socialist revolutions 在社会主义者革命中的 215

in post-Maoist China 在毛泽东后的中国 234~239

Mental and manual labor 脑力劳动和体力劳动 46~47，122~123，125，
    126，128~129，130，192，198，207

Michael，Franz 弗朗兹·迈克尔 172

Michels，Robert 罗伯特·米歇尔斯 212

Moore，Barrington 巴林顿·穆尔 19n，92，93，114，115，213

Moore，Wilbert 威尔伯特·穆尔 26

More，Sir Thomas 托马斯·莫尔 3，4，5，8，24

Mumford，Lewis　刘易斯·芒福德　3

Murphey，Rhoads　罗兹·默菲　61～62，99

N

Napoleon III（Louis Bonaparte）　拿破仑三世（路易·波拿巴）　34n，135，179～180，182

Nyerere，Julius　朱利叶斯·尼雷尔　72，74

O

Objective laws，Marxist belief in：in post-Maoist Chinese Marxism　客观规律（马克思主义者观念中的）：在毛泽东以后的中国马克思主义中　vii，217～222，232，237

　　absent in utopian socialism　乌托邦社会主义中的空缺　9

　　in orthodox Marxism　在正统马克思主义中　25～26，88

　　Mao's lack of faith in　毛泽东对此缺乏信心　60～61，103，123

Owen，Robert　罗伯特·欧文　8，10，39，44

P

Paris Commune：in Chinese Communist thought and politics　巴黎公社：在中国共产主义者的思想和政治中　132～136，137～144，145～151，193

　　Marx's analysis of　马克思的分析　136，138～139，143～144，146～153

　　Lenin and　列宁与巴黎公社　137，138，143，146

　　Engels on　恩格斯论　144

Peasantry：Marx on　农民阶级：马克思论　32～35，182

　　Lenin on　列宁论　50～51，86～87

　　Mao on　毛泽东论　57，58，63～72，96～100，108，113，116，138，139，140，152，190～193，199，200，201，202，225

　　in contemporary Marxist ideologies　在当代马克思主义者意识形态中　73～74

　　in Russian Populist theory　在俄国民粹主义者理论中的　79～83

in early Chinese Marxism　在中国早期马克思主义中　95

and personality cults　与个人崇拜　155~156，179~183

and Mao cult　与毛泽东崇拜　157~161，163，168~169，175~183

in post-Maoist Chinese Marxism　在毛泽东以后的中国马克思主义中
　224~225

P'eng P'ai　彭湃　95，174n

P'eng Te-huai　彭德怀　174n

People's Liberation Army（Red Army）　人民解放军（红军）　134，157~
　158，165~166，170，177，195

Permanent Revolution, Maoist doctrine of　继续革命（毛泽东主义者教条
　的）　109，122~123，145，153，193~194，216，221，227

Personality Cults：Marx on　个人崇拜：马克思论　34，74，179~180

of Stalin　斯大林的　155~156，164，166，172~175

of Mao　毛泽东的　156~183，209

Pettee, George　乔治·佩蒂　15

Plato　柏拉图　4，17n，24

Plekhanov, George　乔治·普列汉诺夫　25~26，48，88

Polak, Frederick　弗雷德里克·波拉克　21

"Poor and Blank" thesis（Mao）"一穷二白"命题（毛泽东）　60，102~
　103，199，201，216，223，225

Popper, Karl　卡尔·波珀　14

Populism：in Russia　民粹主义：在俄国　37，41，45，48~50，75，78~86

and Leninism　与列宁主义　48~50，86~93

and Maoism　与毛泽东主义　84，86，94~117，152，161

in early Chinese revolutionary movement　在中国早期革命运动中　96~
　96

Proletariat：Marx on　无产阶级：马克思论　8，10，11，32~38，80，
　88，138，142，148，151

and utopian socialism　与乌托邦社会主义　40~41

and Leninism　与列宁主义　50~51，86~87，88~92，152

and Maoism　与毛泽东主义　58，59，61，65，72，99~100，113，
　138，142，151~152

in contemporary Marxist ideologies　在当代马克思主义者意识形态中　73～74

and Chinese revolution　与中国革命　137

and Mao cult　与毛泽东崇拜　108

Proudhon, Pierre Joseph　皮埃尔·约瑟夫·蒲鲁东　39，45，205～206

R

Red and Expert, Maoist notion of　又红又专（毛泽东主义者观念中的）　125～130，202～203

Red Guards　红卫兵　133，134，157，167～168

Ritualization of utopian goals　乌托邦目标的形式化　20，137，189，208，212～239

Rousseau, J. J. (and Rousseauism)　卢梭（和卢梭主义）　39，41，47，83，100

S

Saint-Simon, Claude Henry　克劳德·亨利·圣西门　8，10，39，40n

Schapiro, Leonard　伦纳德·夏庇罗　172

Schram, Stuart　斯图尔特·施拉姆71，71n，104

Schwartz, Benjamin　史华慈　94，97，184～185

Shanghai People's Commune　上海人民公社　134，135

Shklar, Judith　朱迪思·希克拉　4～5

Snow, Edgar　埃德加·斯诺　103，157，158，166，168，171，175，175n，181n

Socialist Education Movement　社会主义教育运动　177

Socialist Revolutionaries　社会主义革命　50，51

Socialist Youth Corps　社会主义青年团　95

Stalin, Joseph (and Stalinism)：and ritualization of utopian goals　约瑟夫·斯大林（与斯大林主义）：与乌托邦目标的形式化　20

relationship to Leninism　与列宁主义的关系　51～52，56n

and Strategy of development　与发展战略　109，152，187～188，190，191

cult of　崇拜的　155～156，164，166，172～175，180～181，182

and post-Maoist Chinese Marxism　与毛泽东以后的中国马克思主义　219，221

and anti-egalitarianism　与反平均主义　234

T

Talmon，J. L.　塔尔蒙　14，17～18，42

Taoism　道教　5～6，169

Teng Hsiao-p'ing　邓小平　162，238

Totalitarianism：and Utopianism　集权主义：与乌托邦主义　14，17～20

Town and Countryside, relationship between：Mao and Maoism on　城市与乡村（二者关系）：毛泽东与毛泽东主义论　28～30，54，61，72，98～99，100，109，138，152，159，176，177，178～179，182，193，198，199，200，202

Marx on　马克思论　28～38，143，152

utopian socialist conceptions of　乌托邦社会主义者设想中的　42～48

Lenin on　列宁论　48～52，53

in contemporary socialist ideologies　在当代社会主义者意识形态中　72～74

Russian Populist conception of　俄国民粹主义者设想中的　82～83，100

and Great Leap　与"大跃进"　143，192

and China's First Five Year Plan　与中国第一个五年计划　188

in post-Maoist China　在毛泽东以后的中国　229～230，233

Toynbee，Arnold　阿诺德·汤因比　39n

Trotsky，Leon　利昂·托洛茨基　174

Tsai Ho-sen　蔡和森　174n

Tucker，Robert C.　罗伯特·C·塔克尔　180，189，205，213

T'ung-meng-hui　同盟会　94

U

Ulam，Adam　亚当·乌拉姆　14，15，215

Utopianism：of Mao　乌托邦社会主义：毛泽东的　vii～x，13，17，20，26～27，29，52～72，94～117，118～131，163，184～211，215～

217

ambiguities of 模糊含义的 3～6

and history 与历史 3～6，8～13，20～27

and Chinese tradition 与中国传统 5～6

contemporary critiques of 现代批判的 13～20，210～211

and totalitarianism 与集权主义 14，17～20

and revolution 与革命 14～17

of Marx 马克思的 17～18，25，26～27，29，136，153，192，198

of Lenin 列宁的 19～20，26，137，181

religious and secular forms of 宗教和世俗形式的 23～24

and modernization 与现代化 118～131页到处可见，207～208

see also Utopian Socialism；Mao Tse-tung 参见乌托邦社会主义（毛泽东）

Utopian Socialism；Marxist Critique of 乌托邦社会主义：马克思主义者批判的 6～13，37～40，47

Characteristics of 特征 10～13，38～48，52～53，78～79

Maoist affinities with 与毛泽东主义者的密切关系 29～30，52～72

mentioned 提及 5

W

Wakeman, Frederic 魏斐德 62

Walicki, A. A. 瓦利基 79

Walzer, Michael 迈克尔·沃尔泽 18

Weber, Max 马克斯·韦伯 4，22，23n，108，120，130，208

Weitling, Wilhelm 威尔姆·魏特林 47

Wells, H. G. H. G. 威尔斯 211

Wolin, Sheldon 谢尔登·沃林 17n

Worsley, Peter 彼得·沃斯利 22～23，23n，24n

Y

Yenan era 延安时期 157～159，173，173n，175，203

Marxism, Maoism and Utopianism: Eight Essays

by Maurice Meisner

图书在版编目（CIP）数据

马克思主义、毛泽东主义与乌托邦主义：典藏本/（美）迈斯纳（Meisner，M.）著；张宁，陈铭康等译 .—北京：中国人民大学出版社，2013.8
（国外毛泽东研究译丛/石仲泉，萧延中主编）
ISBN 978-7-300-17632-1

Ⅰ.①马… Ⅱ.①迈…②张…③陈… Ⅲ.①马克思主义—研究②毛泽东思想—研究③乌托邦—研究 Ⅳ.①A81②A84③D091.6

中国版本图书馆 CIP 数据核字（2013）第 155935 号

国外毛泽东研究译丛
主编 石仲泉 萧延中
马克思主义、毛泽东主义与乌托邦主义
典藏本
[美] 莫里斯·迈斯纳 著
张 宁 陈铭康 等 译
Makesi Zhuyi、Mao Zedong Zhuyi yu Wutuobang Zhuyi

出版发行	中国人民大学出版社	
社　　址	北京中关村大街 31 号	**邮政编码**　100080
电　　话	010 - 62511242（总编室）	010 - 62511770（质管部）
	010 - 82501766（邮购部）	010 - 62514148（门市部）
	010 - 62515195（发行公司）	010 - 62515275（盗版举报）
网　　址	http://www.crup.com.cn	
经　　销	新华书店	
印　　刷	北京联兴盛业印刷股份有限公司	
开　　本	720 mm×1000 mm　1/16	**版　　次**　2013 年 10 月第 1 版
印　　张	16 插页 3	**印　　次**　2024 年 12 月第 6 次印刷
字　　数	216 000	**定　　价**　68.00 元